Michèle Brunnmeier
Stephanie Friedrich

GLANZLICHTER

Ideen aus der
Kerzenwerkstatt

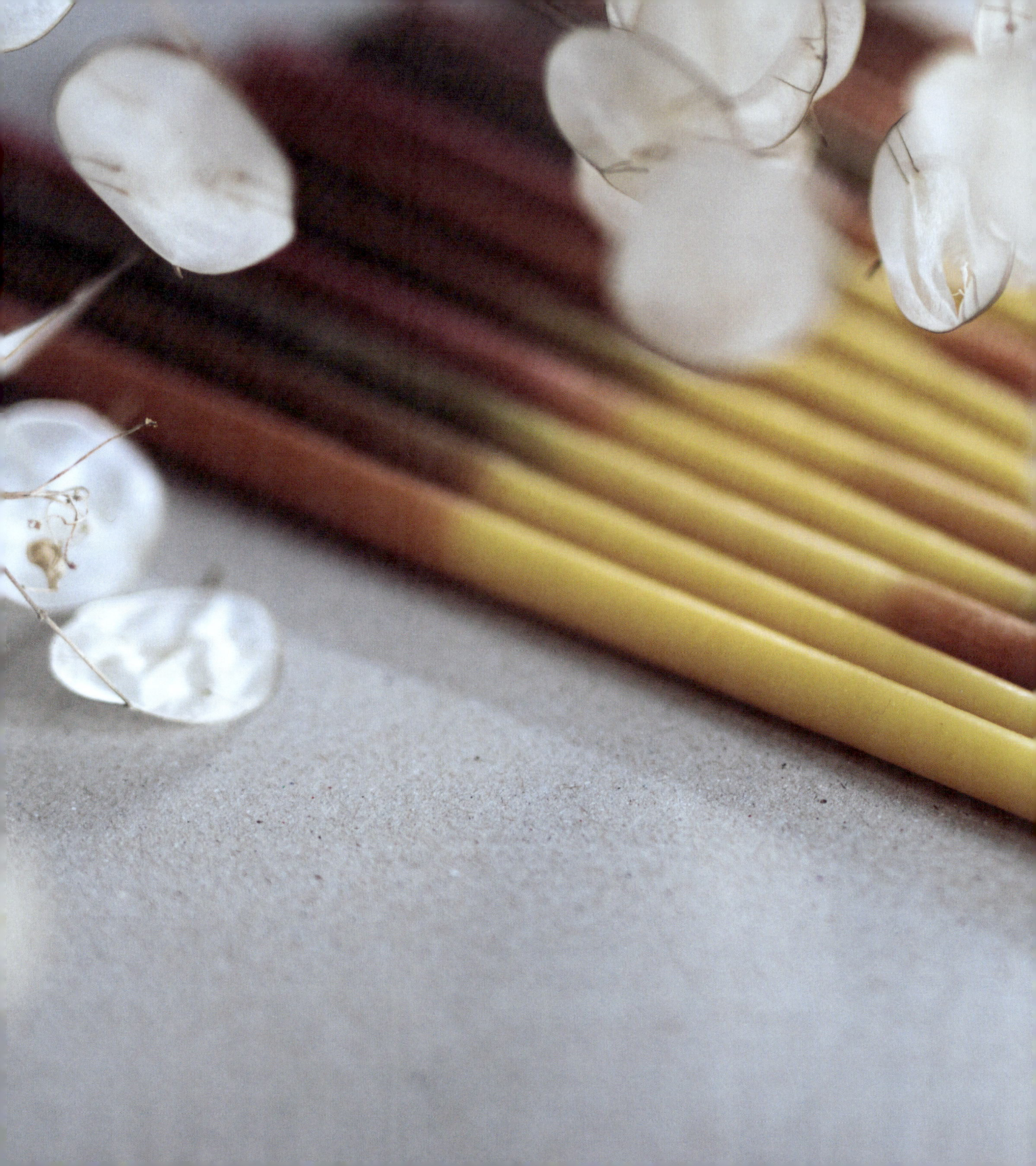

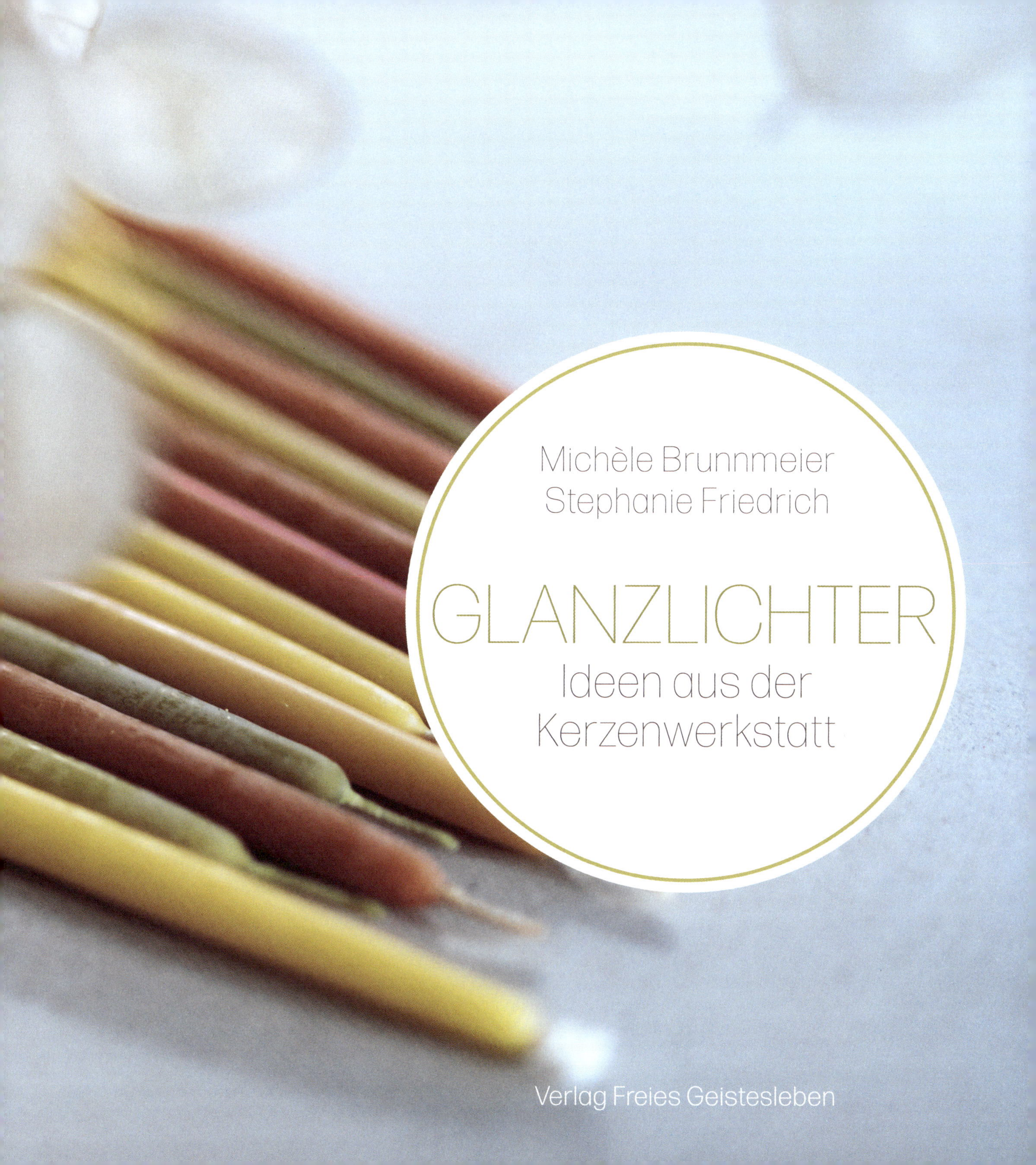

Michèle Brunnmeier
Stephanie Friedrich

GLANZLICHTER

Ideen aus der Kerzenwerkstatt

Verlag Freies Geistesleben

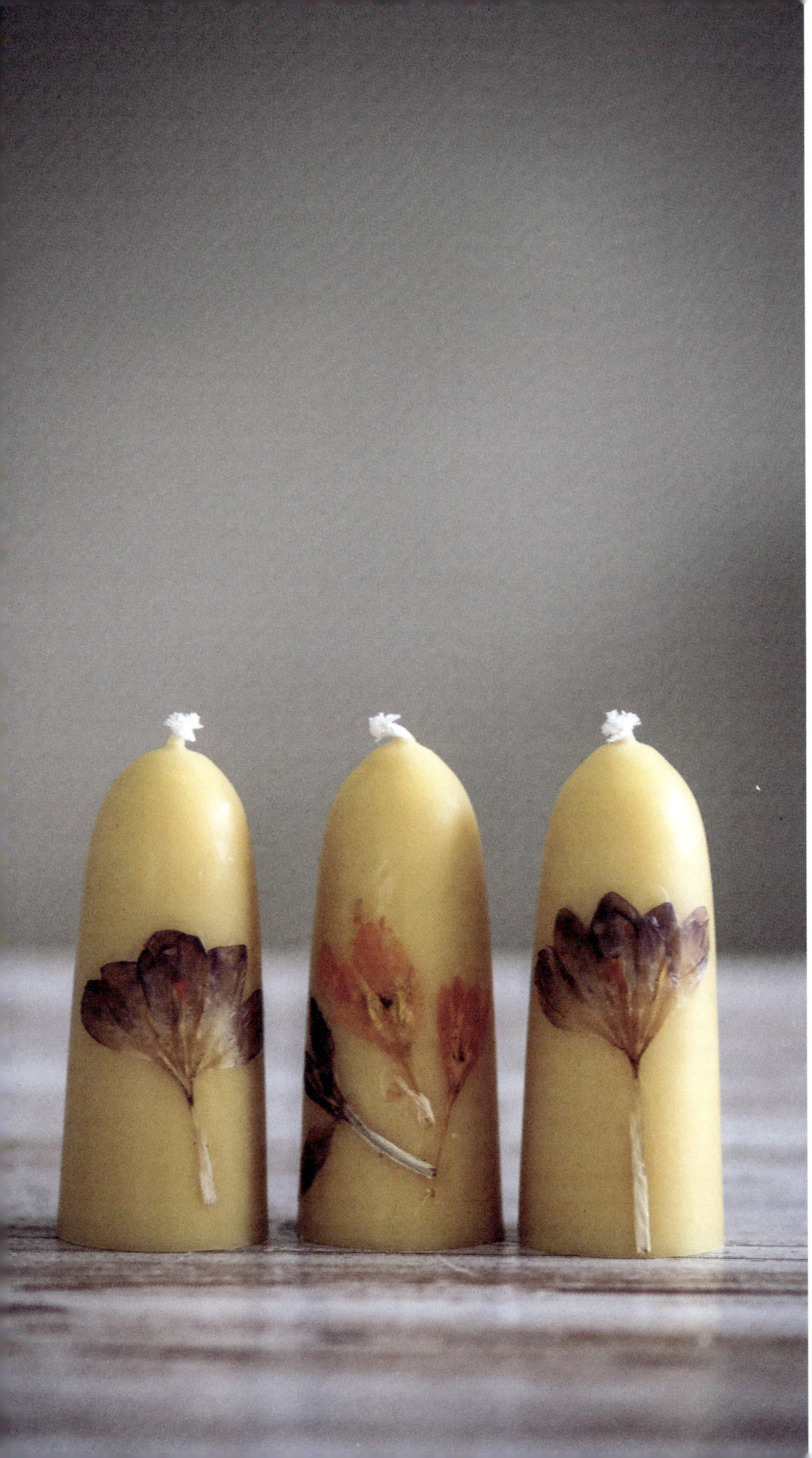

INHALT

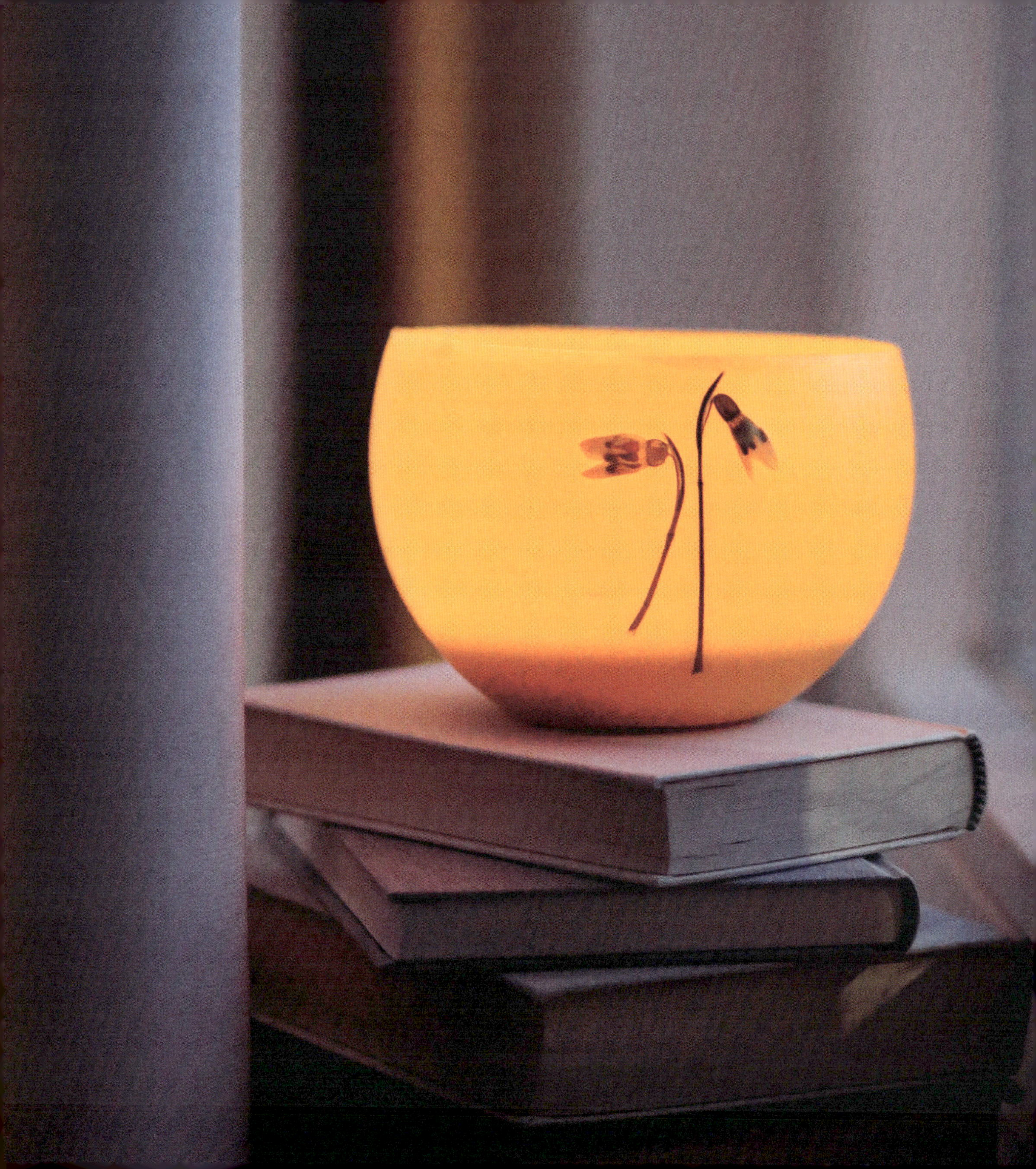

EINLEITUNG

Kerzen spenden uns Menschen seit Tausenden von Jahren Licht und sind bis heute kaum aus unserem Alltag wegzudenken. Eine Kerze ist nicht nur Lichtbringer – Kerzenschein schafft zudem eine wohlige Atmosphäre, schenkt Geborgenheit, lässt uns innehalten, Stille und Freude spüren. Das tröstende Licht einer Kerzenflamme vermag es, Herz und Seele zu umhüllen, trägt sanft durch von Trauer gefüllte Zeiten, weckt Hoffnungen und erhellt besondere Tage im Leben mit einem festlichen Glanz.
Wir laden mit diesem Buch herzlich in unsere Kerzenwerkstatt ein und möchten in achtsamer Weise dazu inspirieren, Kerzen bewusst einen besonderen Platz im Alltag zu schenken.
Für die Herstellung unserer Kerzen haben wir Bienenwachs und andere nachhaltige Wachsarten verwendet. Wir haben uns intensiv mit dem Markt von Soja- und Rapswachs und ähnlichen Materialien beschäftigt, die es noch keine zehn Jahre (Stand 2023) gibt. Diese Materialien verhalten sich anders als Paraffinwachs (meist aus Erdöl oder Braunkohle gewonnen), aber auch anders als Bienenwachs. Wir haben viel ausprobiert und experimentiert und möchten diese Erfahrungen in unserem Buch teilen, das gefüllt ist mit ästhetischen und nachhaltigen Kerzen-DIY-Projekten, die uns durch das ganze Jahr begleiten und unseren Alltag erhellen.

ZUM INHALT UND AUFBAU UNSERES BUCHES

Zunächst stellen wir die Materialien und das Zubehör vor und zeigen anschließend verschiedene Kerzen-Grundtechniken. Uns ist es wichtig, sowohl einfache Techniken anzubieten – die auch mit Kindern umgesetzt werden können – als auch anspruchsvolle Techniken vorzustellen, damit für alle etwas dabei ist.
Jede Grundtechnik wird Schritt für Schritt und mit entsprechenden Bildern, Materialangaben sowie Erfahrungswerten vorgestellt, damit die Projekte gut nachgearbeitet werden können. Verschiedene Inspirationsfotos sollen zudem dazu einladen, selbst kreativ zu werden.
Nach den Grundtechiken gibt es die Kapitel «Feste» und «Trauer». Hier möchten wir Anregungen dafür geben, wie das Kerzenlicht für diese Anlässe gefertigt und zur Feier oder Andacht verwendet werden kann.
Zum Schluss gibt es unter dem Kapitel «Licht und hell» ein buntes Potpourri aus verschiedenen kombinierten Techniken und Kerzenzubehör.
Wir wünschen viel Freude beim Herstellen und Leuchtenlassen eigener Glanzlichter.

Herzlichst,
Stephie & Michèle

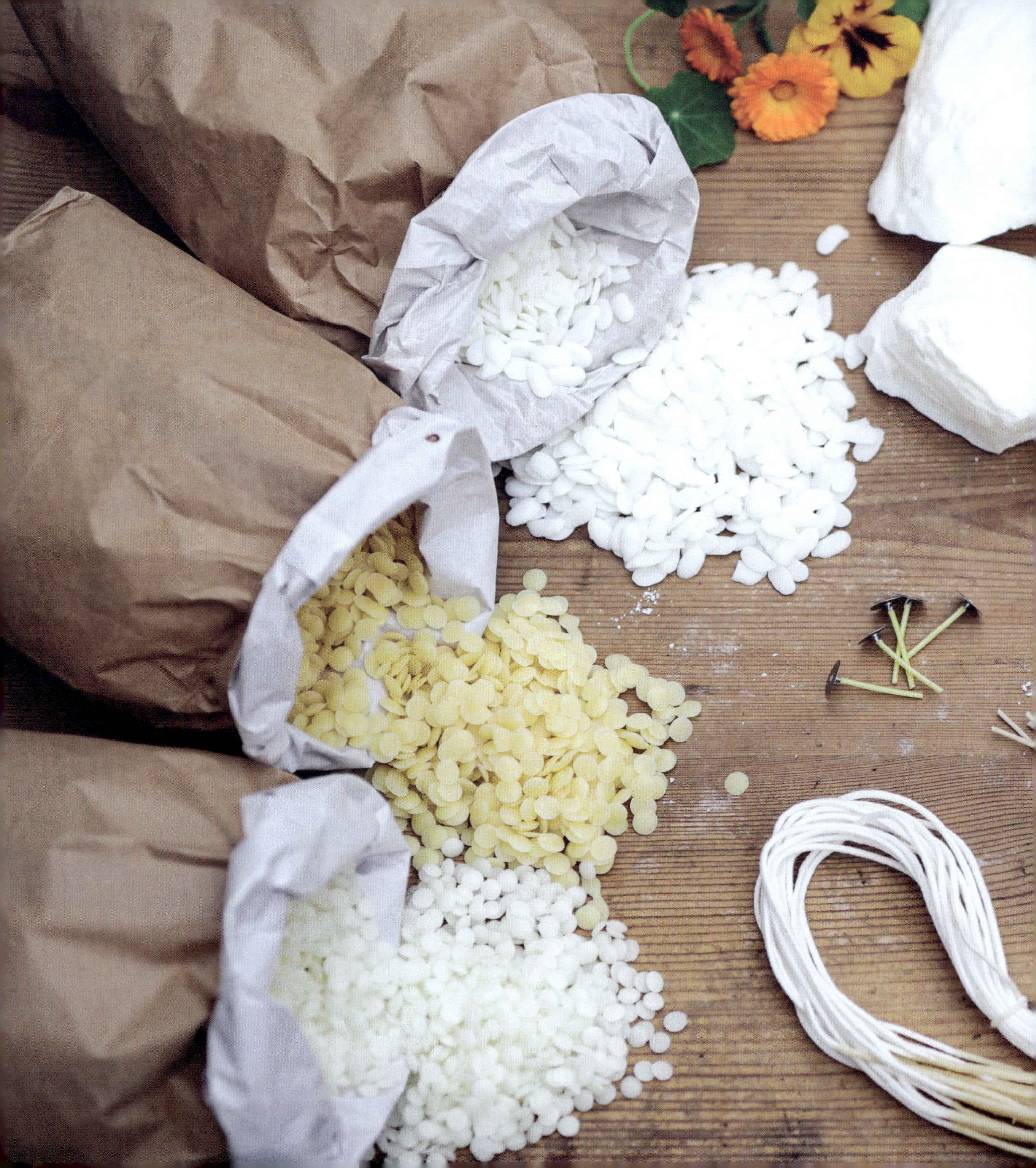

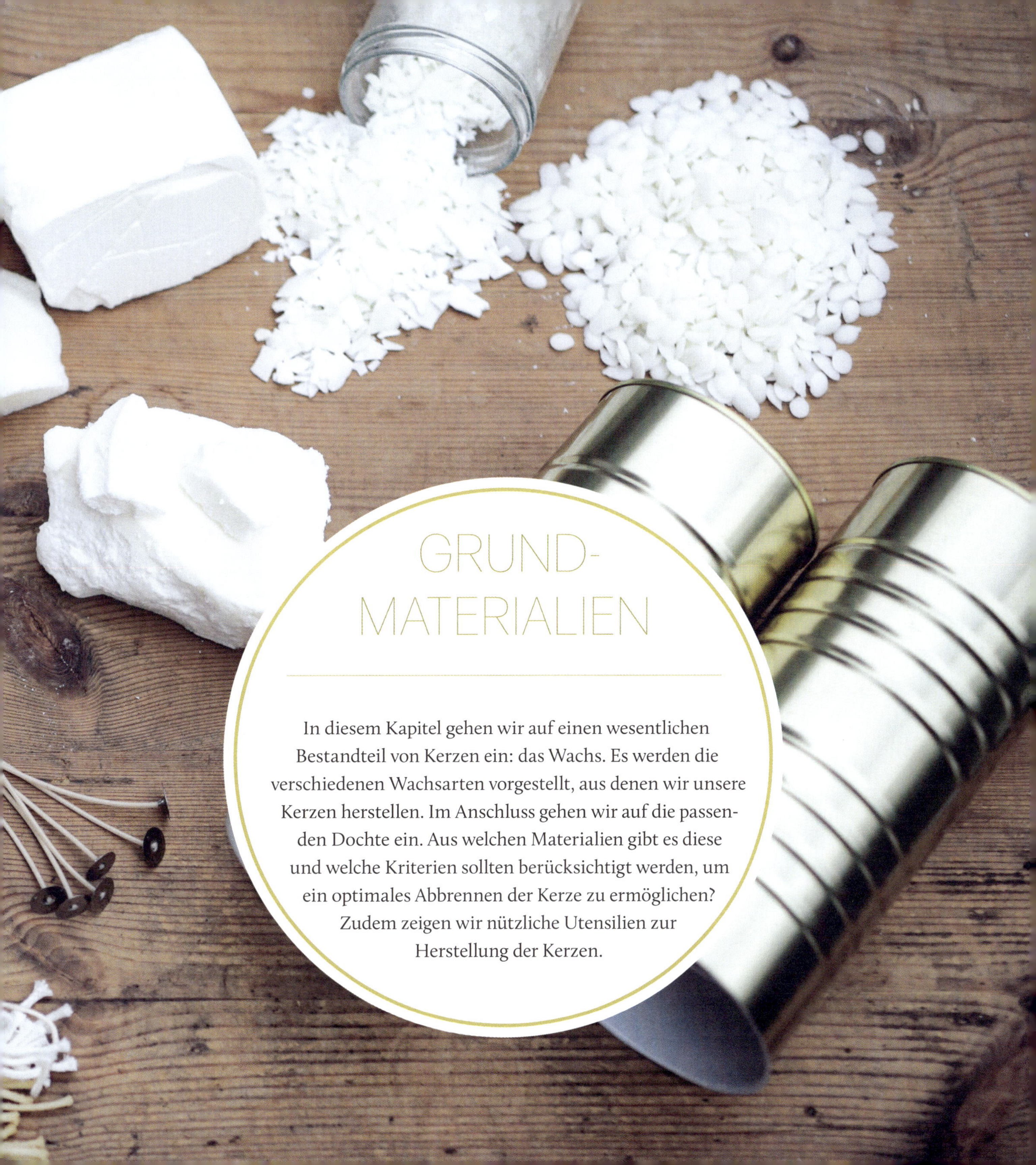

GRUND-MATERIALIEN

In diesem Kapitel gehen wir auf einen wesentlichen Bestandteil von Kerzen ein: das Wachs. Es werden die verschiedenen Wachsarten vorgestellt, aus denen wir unsere Kerzen herstellen. Im Anschluss gehen wir auf die passenden Dochte ein. Aus welchen Materialien gibt es diese und welche Kriterien sollten berücksichtigt werden, um ein optimales Abbrennen der Kerze zu ermöglichen? Zudem zeigen wir nützliche Utensilien zur Herstellung der Kerzen.

WACHSE

NATURWACHSE, DIE VERWENDET WERDEN

Inzwischen gibt es nicht nur für große Kerzenmanufakturen gute Möglichkeiten, Kerzen aus nachhaltigen Rohstoffen herzustellen. In den letzten Jahren wuchs das Bewusstsein in diesem Bereich mehr und mehr. Die Nachfrage nach Produkten aus fairem Anbau und Handel, allgemein nach nachhaltigen Rohstoffen steigt, wodurch ein reichhaltigeres Kerzensortiment aus natürlichen Materialien angeboten wird und es auch im DIY-Bereich einfacher wird, solche Rohstoffe zu beziehen. Es gibt inzwischen zahlreiche auf das Kerzenmachen spezialisierte Geschäfte, die neben Dochten, Gießformen, Pigmenten usw. auch diverse nachhaltige Wachse anbieten (in den Bezugsquellen am Ende des Buches nennen wir einige davon).

Für unsere Kerzenideen haben wir neben Bienenwachs auch Rapswachs, Raps-Kokoswachs, Sojawachs, Oliven- und Sonnenblumenwachs verwendet und sind von den Ergebnissen begeistert.

Da Bienenwachs sehr kostbar ist, wird es oftmals mit günstigeren Wachsen wie Paraffin verunreinigt, was jedoch nur selten entsprechend deklariert wird (hauptsächlich bei außereuropäischer Importware).

Für ein gutes Abbrenn- und Rußverhalten muss Bienenwachs nach der Ernte unbedingt mehrfach gereinigt und gefiltert werden. Bei den im Handel angebotenen Bienenwachs-Pastillen ist dies in der Regel der Fall. Möchte man das Bienenwachs regional bei Imkerinnen und Imkern kaufen, sollte man sich vorab mit dem Hinweis auf das Kerzenmachen erkundigen, ob sich das Bienenwachs für diesen Zweck eignet. Echtes Bienenwachs bekommt bei der Lagerung eine Patina an der Oberfläche (feiner weißer Schleier). Dies ist ein Qualitätsmerkmal, denn es zeigt, dass es sich um ein unverfälschtes Naturprodukt handelt. Die Patina verschwindet mit etwas Wärme (Föhn) oder lässt sich mit einem weichen Tuch abreiben.

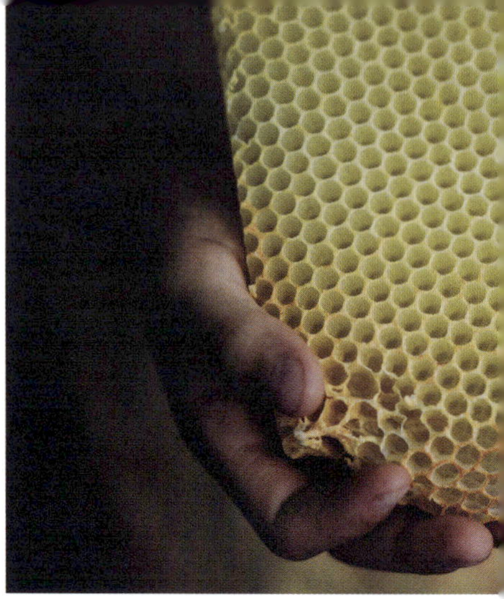

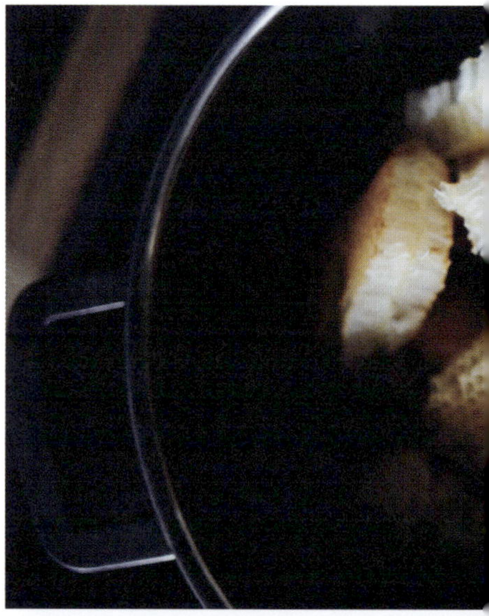

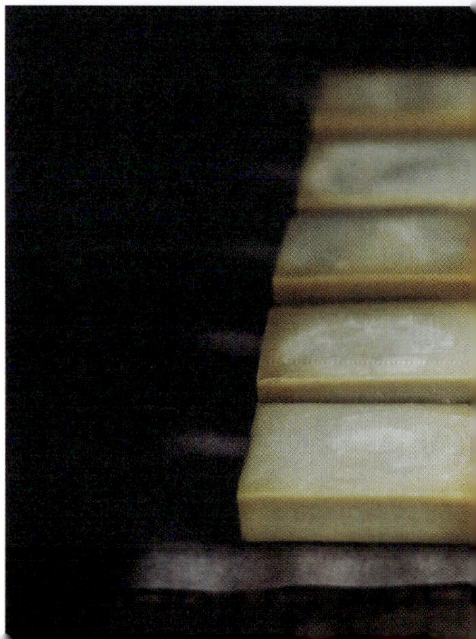

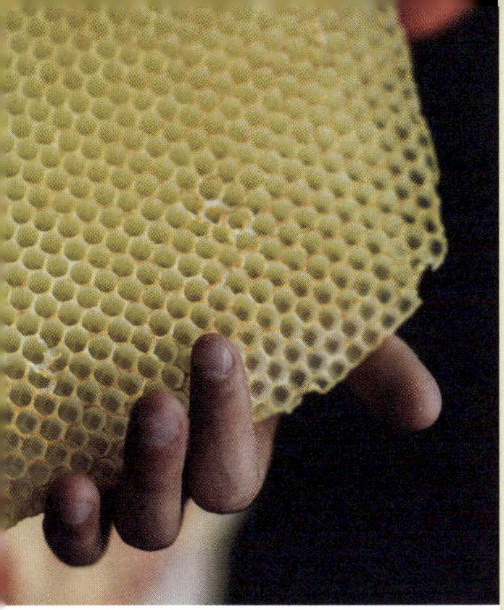

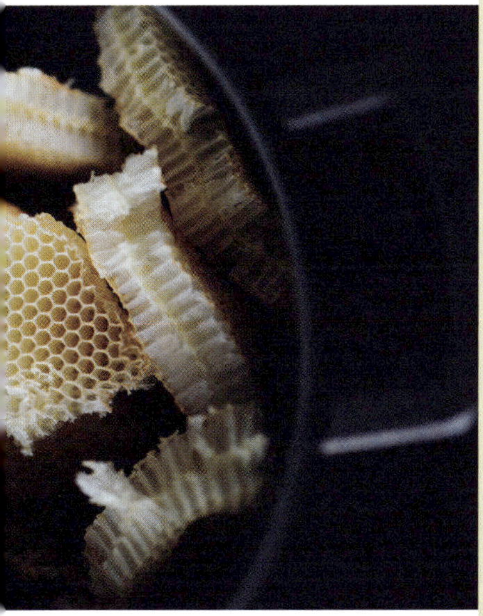

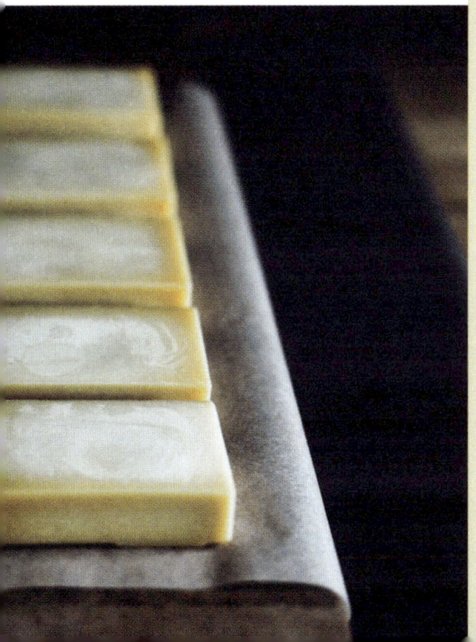

Rapswachs

- vegan
- kurze Transportwege (Raps stammt in der Regel aus europäischem Anbau)
- Schmelzpunkt liegt bei ca. 60 °C
- duftneutral, nimmt Duftstoffe sehr gut auf und besitzt ein hohes Rückhaltevermögen (die Duftstoffe werden im Wachs gebunden und erst beim Anzünden der Kerze freigesetzt)
- wird als Block, in Pastillenform oder als Granulat angeboten
- wird in unterschiedlichen Zusammensetzungen angeboten, z.B. mit Kokos- oder Bienenwachs, manchmal auch mit Paraffinanteil, bzw. synthetischen Wachsen
- eignet sich je nach Zusammensetzung, Verarbeitung und dem daraus resultierenden Schmelzpunkt für Duftwachs, Behälterkerzen oder sogar für frei stehende Kerzen (bitte hierzu unbedingt die Händlerangaben beachten)

Sonnenblumen-Olivenwachs

- vegan
- kurze Transportwege (die Pflanzen werden in Europa angebaut und verarbeitet)
- Schmelzpunkt liegt bei ca. 50 °C
- duftneutral, nimmt Duftstoffe sehr gut auf und besitzt ein hohes Rückhaltevermögen
- eignet sich für Behälterkerzen und Duftwachs
- wird in Blöcken oder in groben Stücken angeboten

Sojawachs

- vegan
- meist weite Transportwege, auch wenn inzwischen vereinzelt Sojawachs aus europäischem Anbau angeboten wird
- Sojawachs aus außereuropäischem Anbau stammt oftmals von gentechnisch veränderten Pflanzen und ist dort zudem ein entwaldungskritischer Rohstoff
- Schmelzpunkt liegt bei ca. 51 bis 54 °C
- enthält manchmal Palmöl
- duftneutral, nimmt Duftstoffe sehr gut auf, besitzt ein hohes Rückhaltevermögen
- eignet sich für Behälterkerzen und Duftwachs
- wird blockweise oder in Flockenform angeboten

Bienenwachs

- nicht vegan
- regional erhältlich, wird jedoch oftmals über Großhandelsmärkte u.a. aus südamerikanischen, afrikanischen oder asiatischen Herkunftsländern bezogen und vertrieben
- Schmelzpunkt liegt bei ca. 62 bis 65 °C
- hat einen Eigengeruch und nimmt Duftstoffe im Vergleich zu den anderen Naturwachsen weniger gut und anhaltend auf
- wird auch in gebleichter Form angeboten, die sich gut einfärben lässt, der charakteristische Bienenwachsduft geht durch das Bleichen leider verloren
- wird blockweise, in kleineren Stückchen oder in Pastillenform angeboten
- eignet sich für Behälterkerzen sowie für frei stehende Kerzen

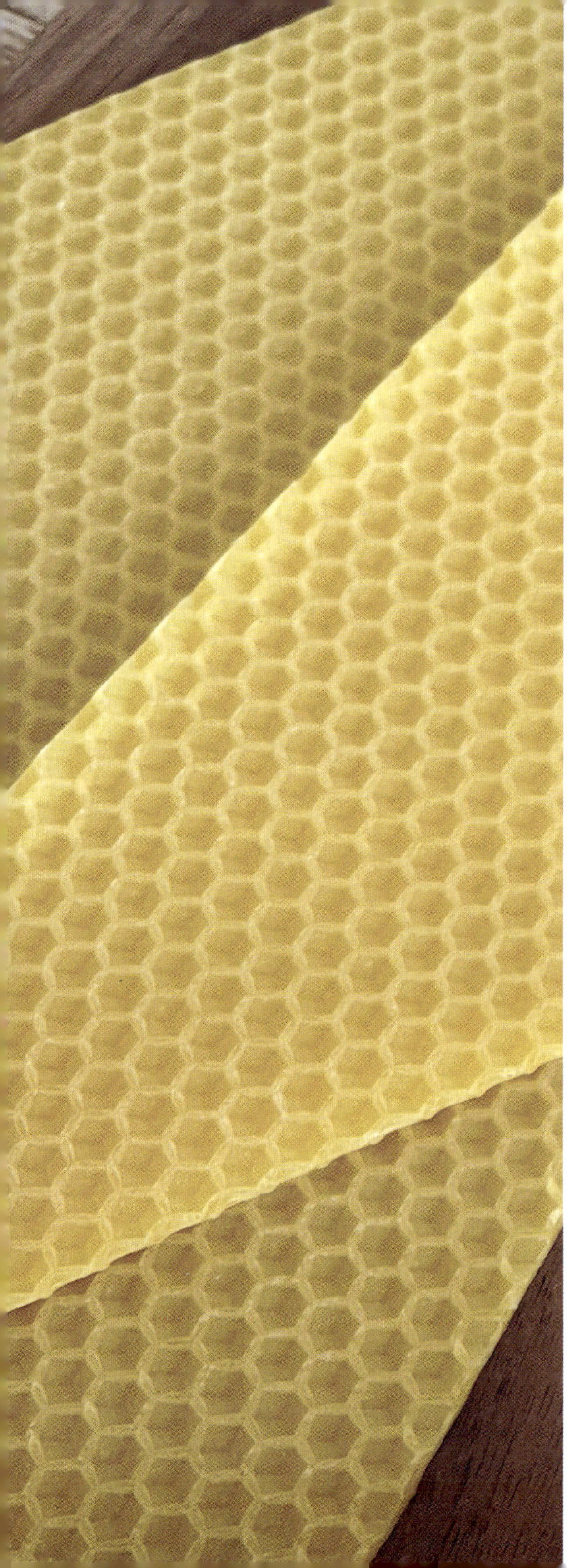

BIENENWACHSPLATTEN (MITTELWÄNDE)

In der klassischen Imkerei lässt man bei Bienen nur noch selten wesensgemäßen Naturwabenbau zu. Die Bienen bekommen stattdessen sogenannte Mittelwände aus Bienenwachs, die sie lediglich weiter ausbauen. Diese Mittelwände werden in speziellen Geräten entweder gegossen und gepresst oder gewalzt und bekommen so die typische Wabenstruktur. Gewalzte Bienenwachsplatten sind im Gegensatz zu gegossenen sehr gleichmäßig, wesentlich dünner und eignen sich daher auch zum Kerzenrollen. Mittelwände bekommt man in unterschiedlichen Maßen im Imkereifachhandel oder bei Imkern und Imkerinnen (bitte auf das Walzverfahren achten). Bienenwachsplatten zum Basteln (teilweise auch bunte) bekommt man zudem im Hobbybedarfshandel.

Hinweise

- Bienenwachsplatten aus dem Bastelbedarfshandel können Paraffine enthalten, was bei Mittelwänden aus dem Imkereifachhandel in der Regel nicht der Fall ist.
- Bienenwachskerzen härten mit der Zeit immer mehr aus, dadurch wird ihre Brennqualität und -dauer verbessert. Es lohnt sich daher, Kerzen aus Bienenwachs mehrere Wochen, am besten sogar für einige Monate «reifen» zu lassen, bevor sie angezündet werden. Diese lange Reifezeit ist bei anderen Naturwachsen nicht nötig. Es wird dennoch empfohlen, auch Kerzen aus anderen Naturwachsen zumindest für etwa 1 bis 2 Wochen zu lagern, bevor sie angezündet werden.

BRENNVERHALTEN

Die Brennqualität bzw. das Abbrennverhalten zeigt, wie sorgfältig eine Kerze hergestellt wurde.
Eine Kerze besteht grundsätzlich aus einem Docht und brennbarem Wachs. Die Flamme, die am Docht entsteht, wird durch das Wachs genährt.
Der Verbrennungsvorgang einer Kerze besteht aus 4 Zonen, in denen Wasserdampf und Kohlendioxid in einen gasförmigen Aggregatzustand wechseln. Die 4 Zonen stehen für die unterschiedlichen Temperaturen und zeigen den Ablauf der Verbrennung.

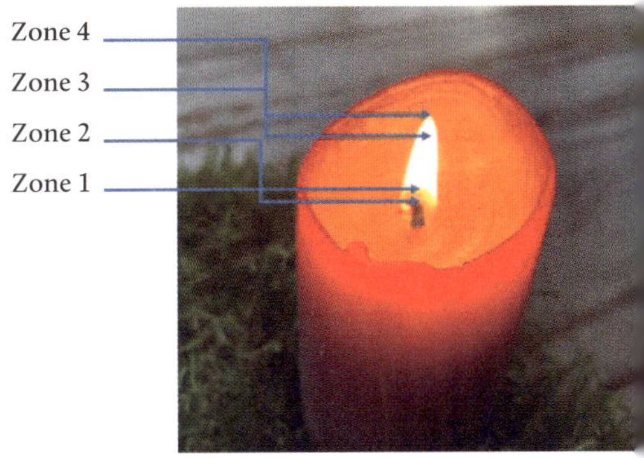

Zone 1 ▸ 800 °C: Das Wachs wird flüssig und nährt den Docht. Dabei entstehen Kohlenstoff und Wasserstoff. Solange der Docht brennt, steigt Wachs auf und wandelt sich in diese brennbaren Bestandteile um, damit die Flamme brennen kann.
Zone 2 ▸ 1000 °C: Hier kommt es zur Bildung von Rußpartikeln.
Zone 3 ▸ 1200 °C: In diesem Bereich leuchten die glühenden Rußpartikel. Hier entstehen winzige Teilchen aus Kohlenstoff. Die brennenden Kohlestoffteilchen bilden eine Flamme. Dies funktioniert aber nur in Verbindung mit Sauerstoff aus der Luft. Würde man ein Gefäß über die Kerze stellen, erlischt die Flamme, weil sie keinen Sauerstoff mehr bekommt.
Zone 4 hat die höchste Temperatur ▸ **1400 °C** und ist der Rand der Flamme.

Der passende Docht ist das A und O, damit die Kerze bzw. das Wachs optimal abbrennen können.
Wenn eine Kerze nicht optimal abbrennt, liegt es in der Regel daran, dass der Docht nicht zum Wachs oder zum Durchmesser der Kerze passt.

Hinweis

Paraffinkerzen können beim Abbrennen eine Reihe bedenklicher Stoffe wie Benzol oder Toluol abgeben. Idealerweise verbrennt Paraffin zu Wasser und Kohlendioxid, was unbedenklich wäre. Allerdings erreicht eine Kerzenflamme nicht die dafür notwendige Temperatur, sodass bei der Verbrennung auch ungesunde Substanzen abgegeben werden. Solche Emissionen können ein möglicher Auslöser für gesundheitliche Beschwerden sein. Auch aus diesem Grund verwenden wir keine Paraffinkerzen, sondern vorwiegend Kerzen aus nachwachsenden Rohstoffen, die solche Emissionen nicht erzeugen.

Runddocht

Runddochte sind für ihr hervorragendes Abbrennverhalten bekannt. Diese Art von Docht besteht aus mindestens acht Baumwollbündchen. Alternativ gibt es sie inzwischen auch aus Hanf. Runddochte werden in der Regel für Bienenwachse und pflanzliche Wachse verwendet.
Runddochte brennen nur in eine Laufrichtung ab. Die Laufrichtung ist am v-förmigen Flechtmuster erkennbar. Beim Verarbeiten sollte das V richtig herum zu sehen sein. Falls der Docht falsch eingesetzt wird, kann die Flamme nicht richtig brennen.

Flachdocht

Flachdochte werden hauptsächlich für Paraffin- und Stearinkerzen oder bei kleinen Durchmessern verwendet. Sie sollten nicht für Bienenwachskerzen genutzt werden.
Flachdochte haben im Gegensatz zu Runddochten in der Regel keine bestimmte Laufrichtung, sind biegsam und können somit in jede Richtung eingelegt werden. Sie bestehen meist aus drei Flechtsträngen und sind aus Baumwolle, alternativ auch aus Hanf. Ab und an können Flachdochte eine Laufrichtung haben, dies steht dann auf der Verpackung oder in der Beschreibung.

Steckdocht

Steckdochte gibt es sowohl als Flachdocht als auch als Runddocht. Der Docht ist vorgewachst und hat einen Fuß. Diese Art wird hauptsächlich für Kerzen in Gefäßen oder bei Rollkerzen verwendet.

WELCHER DOCHT PASST ZU WELCHEM WACHS?

Bis vor ein paar Jahren gab es hauptsächlich Kerzen aus Paraffin oder aus Bienenwachs. Für Paraffinkerzen wurden insbesondere Flachdochte und für Bienenwachs Runddochte verwendet. Durch ein immer größeres Bewusstsein im Umgang mit Ressourcen hat auch ein Umdenken hinsichtlich der Wachse stattgefunden. Inzwischen gibt es einige Alternativen, wie Soja-, Raps-, Kokos-, Sonnenblumen- und Olivenwachs sowie verschiedene Wachsmischungen.
Jedes Wachs hat unterschiedliche Eigenschaften in Konsistenz, Geruch und Brenngrad. Aber auch bei der Herstellung und Verarbeitung gibt es große Qualitätsunterschiede (mehr Infos siehe verschiedene Wachse, S. 10). Daher ist es wichtig, die Produktbeschreibung durchzulesen und auf folgende Kriterien zu achten:

- Wofür eignet sich das Wachs? ▸ Wachsart
- Für welche Kerzenart ist der Docht geeignet? ▸ Kerzenart
- Welche Dochtstärke brauche ich bei welcher Kerze? ▸ Kerzendurchmesser

DOCHTARTEN

Dochte gibt es in verschiedenen Größen, Stärken und Formen. Wie zuvor beschrieben, muss der Docht zur Wachsart, zur Kerzenart und zum Durchmesser passen. Mit Kerzenart sind Gieß-, Gefäß-, Tauch- oder gerollte Kerzen gemeint. Zudem muss der Durchmesser der Kerze zur entsprechenden Dochtstärke passen. Abhängig von der Dochtstärke, auch Dochtgröße genannt, ist die Bildung der Flamme.
Ist der Docht zu dick für den Durchmesser der Kerze, neigt diese zur Rußentwicklung. Ist der Docht zu klein, kann die Kerze nicht vollständig abbrennen und höhlt von innen aus.

HOLZDOCHT

Holzdochte werden ausschließlich in Behälterkerzen verwendet. Die meisten im Handel erhältlichen Holzdochte bestehen aus Rosenholz. Rosenholz ist ein Tropenholz und stammt nicht, wie man meinen könnte, von der heimischen Rose, sondern vom Rosenholzbaum. Dieser steht unter dem Schutz des Washingtoner Artenschutzübereinkommens, wächst vor allem in Latein- und Südamerika und in westafrikanischen Staaten, wo er ein wichtiger Teil des Ökosystems für den Boden, andere Pflanzen und Tiere ist. Obwohl streng geschützt, wird er nach wie vor vielfach illegal geschlagen und gehandelt.

Wir haben versucht, Holzdochte aus einheimischen Furnieren zu machen und dabei die Erfahrung gemacht, dass die Kerzen damit genauso gut brennen wie mit solchen aus Rosenholz.

Holzdochte brennen jedoch anders als Baumwolldochte, sie flackern eher wie ein winziges Lagerfeuerchen sachte vor sich hin. Uns ist aufgefallen, dass sich durch den Abbrand des Holzes ein Räuchergeruch entwickelt, der bei Verwendung in Aromakerzen den zarten Duft der ätherischen Öle stört. Daher empfehlen wir Holzdochte eher für unbeduftete Kerzen. Der Holzdocht brennt übrigens besser, wenn dieser vor dem Einsetzen für einige Stunden oder über Nacht in Olivenöl eingelegt wird.

Auch diese Dochtart muss regelmäßig gekürzt werden, was mit einem Nagelknipser erstaunlich gut funktioniert, selbst wenn die Kerze im Gefäß schon etwas weiter abgebrannt ist.

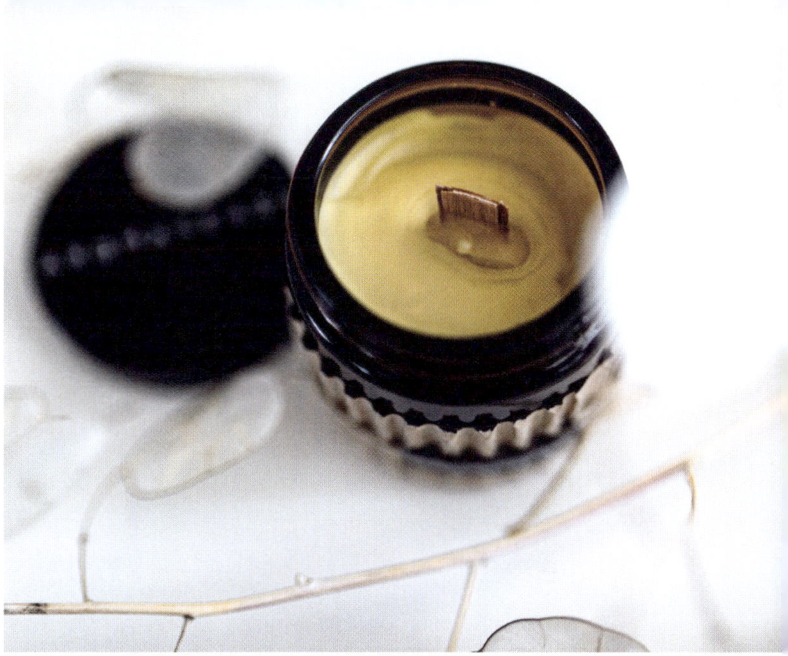

Es gibt Holzhändler, die sich auf Furniere spezialisiert haben, dort bekommt man beispielsweise Furnierholz-Reststücke (s. Bezugsquellen). Auch in Baumärkten, im Hobbybedarf oder Schreinerwerkstätten kann man nach kleinen Reststücken Ausschau halten. Die zusätzlich benötigten Metallfüßchen sind auch ohne Dochte erhältlich.

Die Breite der Holzdochte kann an den Kerzendurchmesser angepasst werden, z.B. 10 mm Breite für Kerzen bis ca. 7 cm Durchmesser, 12 mm Breite für Kerzen bis ca. 8 cm Durchmesser usw. Wir empfehlen eigene Brennversuche, da sich das Brennverhalten je nach Stärke des Furniers, der Breite des Zuschnitts und auch in Abhängigkeit des verwendeten Wachses unterscheiden kann.

Material

Metallfüßchen für Holzdochte
Holzfurnier, z.B. Apfel, Kirsche, Birne; Stärke: ca. 0,6 bis 1 mm
Schneideunterlage
Cutter
Lineal

Anleitung

1. Auf einer Schneideunterlage mit einem stabilen Lineal und Cutter aus dem Furnier je nach Kerzendurchmesser ca. 10 mm breite und ca. 15 cm lange Streifen schneiden (die Dochte werden erst nachträglich gekürzt).
2. Dochte vor Gebrauch über Nacht in Olivenöl einlegen und in das Füßchen einsetzen.
3. Docht mit Füßchen mit etwas Knetbienenwachs in der Mitte des Gefäßbodens fixieren.
4. Wachs eingießen und ggf. nach dem Aushärten den Docht auf 1 cm kürzen.

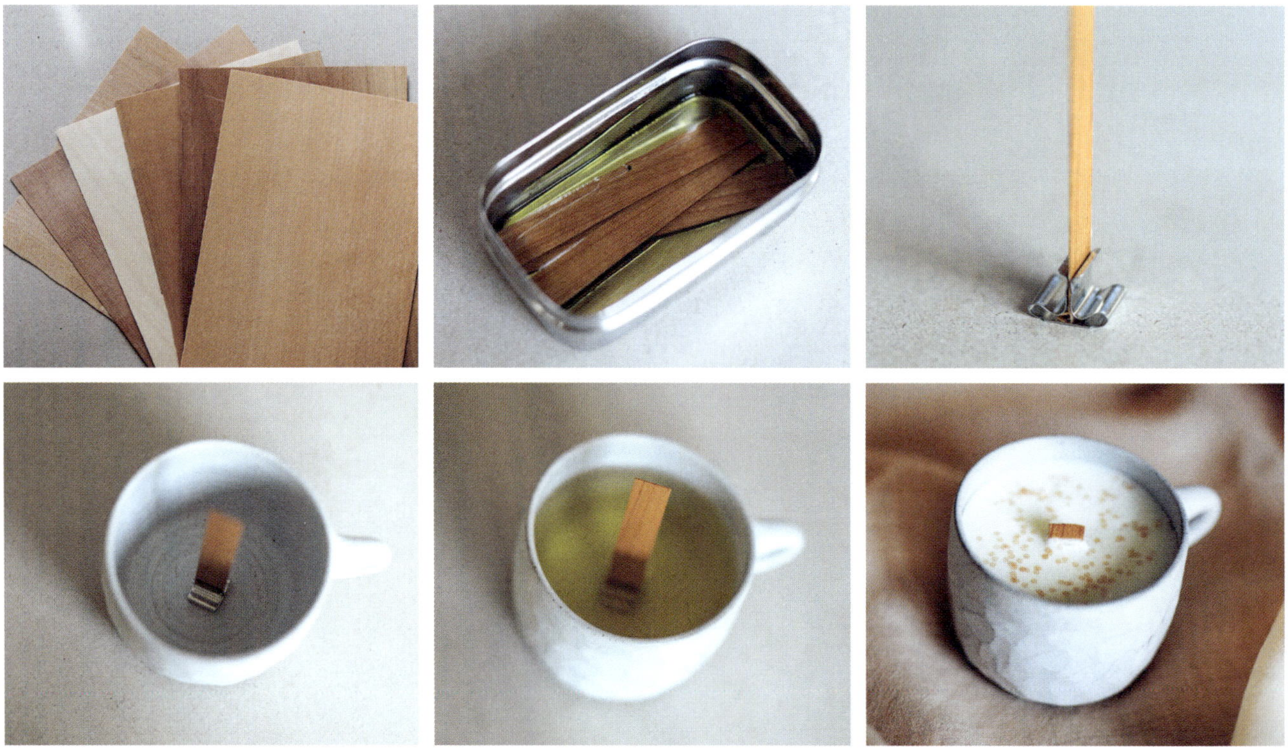

WEITERE HINWEISE ZUM THEMA DOCHT

Dochtlänge

Auch die Dochtlänge ist mitentscheidend, ob eine Kerze sauber abbrennt. Die ideale Länge liegt bei ca. 1 bis 1,5 cm. Bei falscher Dochtlänge kann die Kerze Rauch entwickeln oder der Docht eine Dochtblüte bilden und dann zu stark brennen oder fackeln. Dabei kann recht einfach Abhilfe geschaffen werden, indem der Docht gekürzt wird. Hierbei immer die Kerze zuerst löschen, abkühlen und aushärten lassen, bevor der Docht gekürzt wird. Dafür gibt es auch spezielle Dochtscheren. Diese sind so geformt, dass sie immer gut an den Docht herankommen. Manchmal lässt sich, wenn der Docht zu kurz ist, die Kerze auch nicht mehr entzünden.

Dochtkrümmung

Anhand der Dochtkrümmung kann festgestellt werden, ob der Docht optimal passt. Die Dochtspitze sollte sich leicht zum äußeren Flammenrand beugen. Dadurch kann die optimale Sauerstoffmenge zur Flamme gelangen, um vollständig zu verbrennen.
Falls sich die Dochtspitze in der Flamme befindet, ist die Verbrennung unvollständig und es kann zur Rußbildung kommen. Das passiert in der Regel, wenn der Dochtdurchmesser zu groß ist.
Falls der Docht zu schwach ist, kann nicht genügend Wachs zur Flamme transportiert werden und Wachs läuft am Kerzenrand herunter.

Die Dochtgröße ist eine Wissenschaft für sich. Es gibt ein paar wichtige Grundsätze, die beachtet werden sollten. Am besten eine Kerze ausprobieren, um zu überprüfen, ob der Docht wirklich zur Kerzenart und zum Wachs passt, bevor in Serie gegangen wird.
Die richtige Dochtwahl ist auch eine Geschmackssache. Wer beispielsweise einen «Laterneneffekt» mag, bei dem ein Kerzenrand stehen bleiben soll, verwendet einen dünneren Docht (siehe Beispiel «Rapswachskerze mit Naturrand» ab S. 146). Soll kein Kerzenrand entstehen, sollte ein etwas dickerer Docht verwendet werden, was zu Tropfkerzen führen kann.

Zugluft

Kerzen sollten nie Zugluft ausgesetzt werden, da sie sonst einseitig abbrennen, auslaufen oder Ruß bilden können.

Kerzenflamme richtig löschen

Man sollte eine Kerzenflamme nicht ausblasen, sondern sie mit einem Kerzenlöscher löschen.
Alternativ kann der Docht auch in das flüssige Wachs gedrückt werden. Den Docht im Anschluss wieder aufrichten. Das ist allerdings nicht immer optimal. Am idealsten ist ein Kerzenlöscher, der sauber, bequem und vor allem ohne Gefahren die Flamme löscht.

ZUBEHÖR

Um Kerzen herzustellen, braucht man nicht viel. Aus ausrangierten Küchenutensilien, die es oft auch auf Flohmärkten oder im Gebrauchtwarenkaufhaus gibt, kann ohne viel Aufwand eine kleine Kerzenwerkstatt eingerichtet werden.
Zudem wird nicht alles, was auf den Bildern zu sehen ist, für jede Technik benötigt. Bei den jeweiligen Anleitungen ist das jeweils wesentliche Material erwähnt.
Auf diesem Bild finden Sie einen Überblick der wichtigsten Werkzeuge.
Wer in größeren Mengen Kerzen herstellen möchte, kann sich auch einen speziellen Schmelztopf mit Zubehör über den Imkereibedarf oder im Kerzenfachgeschäft kaufen.
Es gibt auch Einkochtöpfe (s. Bild auf S. 43), bei denen die Temperatur exakt eingestellt werden kann, und für die man spezielle Kerzenschmelzaufsätze im Imkereibedarf oder Kerzenfachhandel kaufen kann.

Um den Docht beim Kerzengießen an der gewünschten Stelle zu fixieren, eignen sich einfache Wäscheklammern oder spezielle Halterungen für Kerzendochte.

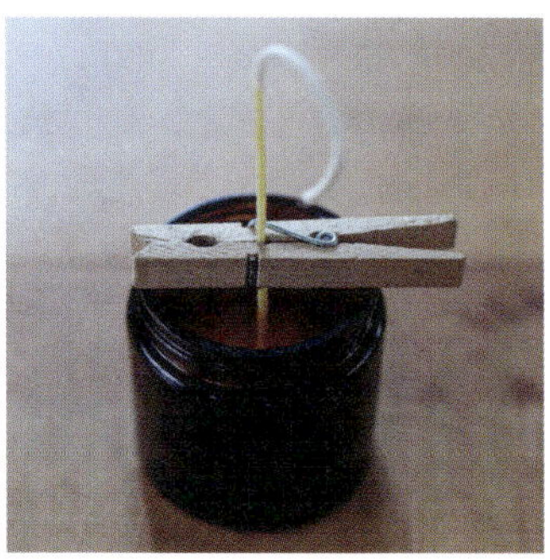

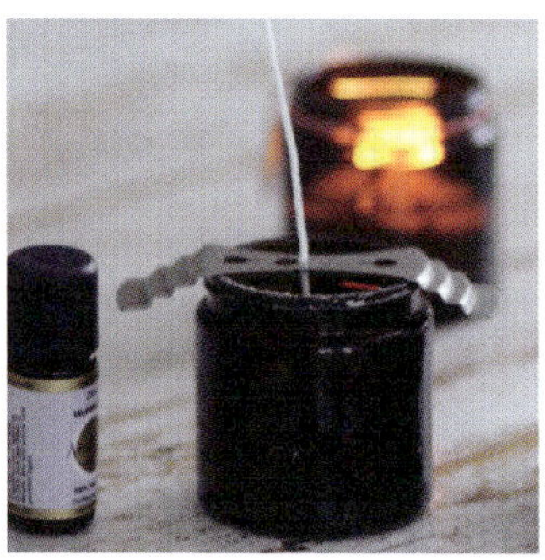

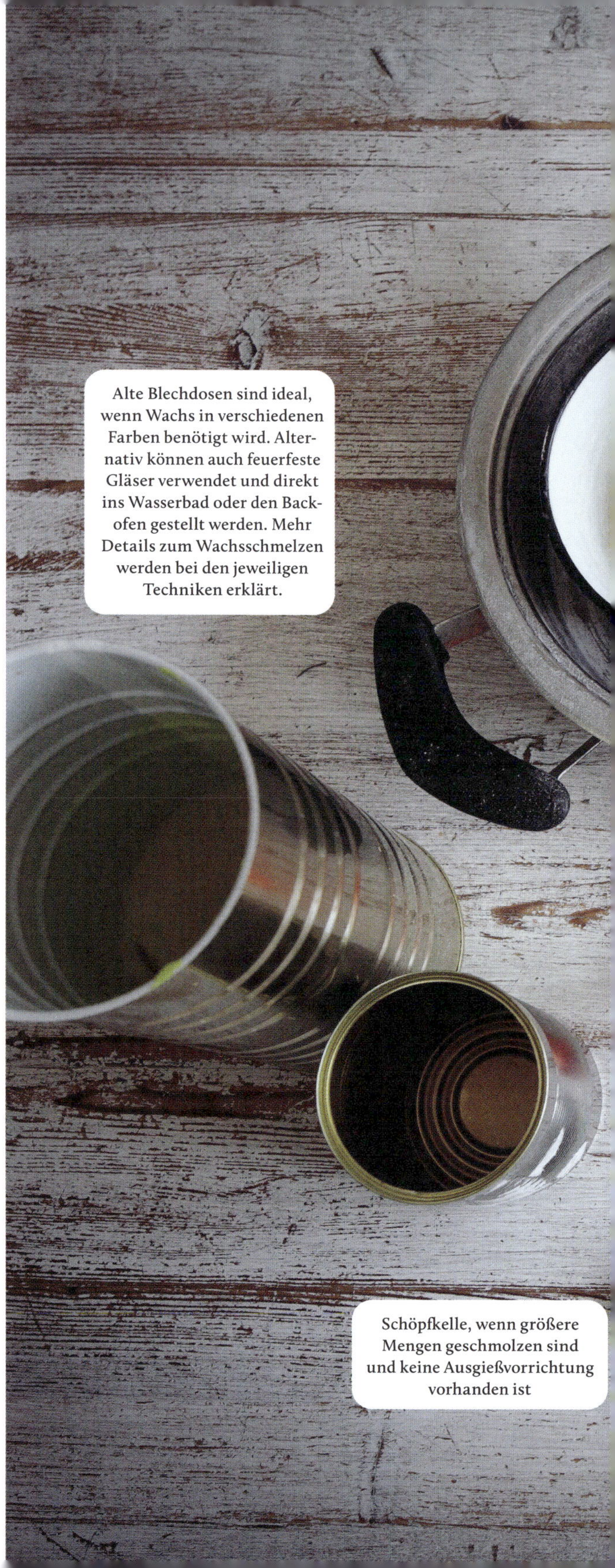

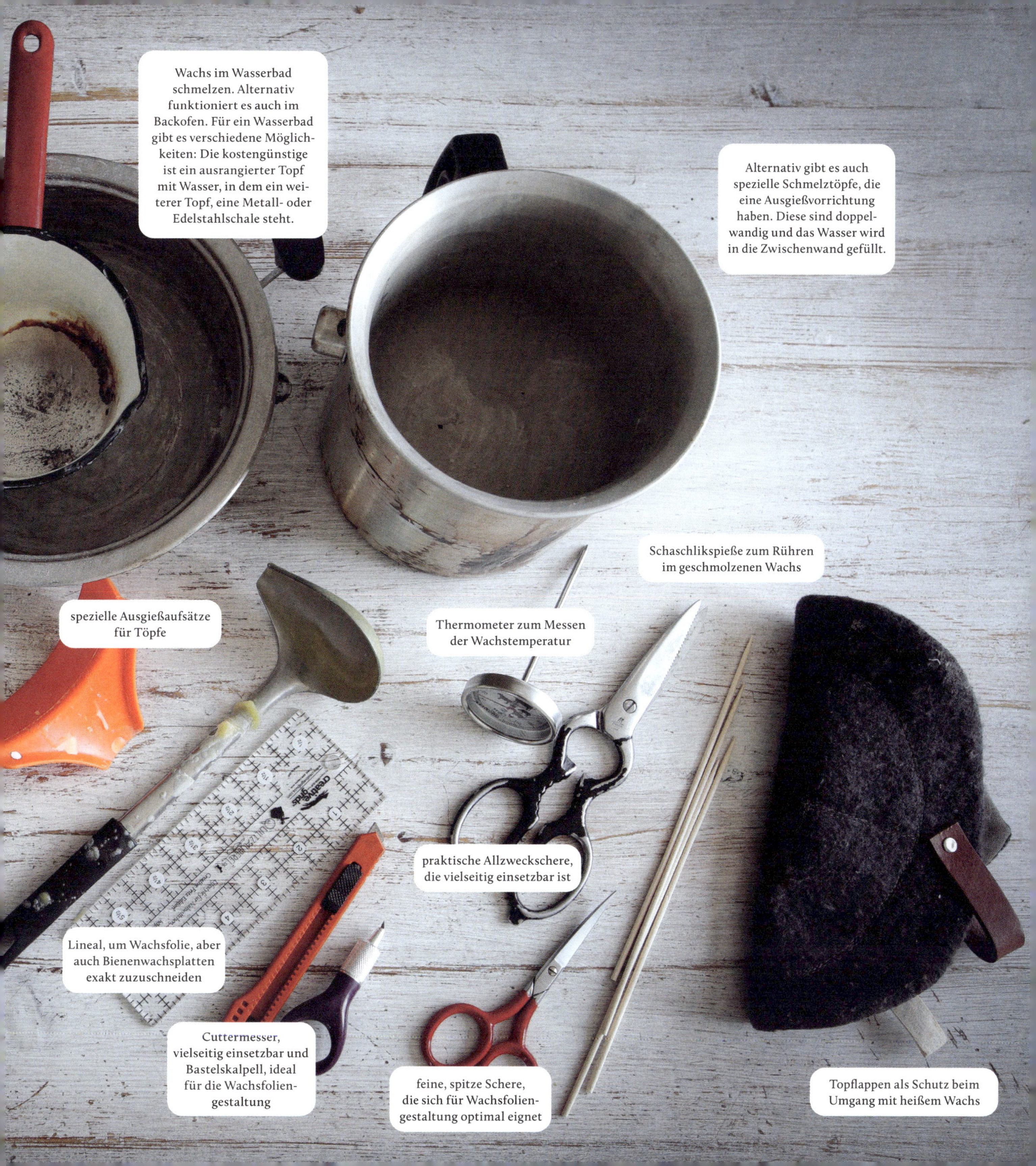
Wachs im Wasserbad schmelzen. Alternativ funktioniert es auch im Backofen. Für ein Wasserbad gibt es verschiedene Möglichkeiten: Die kostengünstige ist ein ausrangierter Topf mit Wasser, in dem ein weiterer Topf, eine Metall- oder Edelstahlschale steht.
Alternativ gibt es auch spezielle Schmelztöpfe, die eine Ausgießvorrichtung haben. Diese sind doppelwandig und das Wasser wird in die Zwischenwand gefüllt.
Schaschlikspieße zum Rühren im geschmolzenen Wachs
spezielle Ausgießaufsätze für Töpfe
Thermometer zum Messen der Wachstemperatur
praktische Allzweckschere, die vielseitig einsetzbar ist
Lineal, um Wachsfolie, aber auch Bienenwachsplatten exakt zuzuschneiden
Cuttermesser, vielseitig einsetzbar und Bastelskalpell, ideal für die Wachsfoliengestaltung
feine, spitze Schere, die sich für Wachsfoliengestaltung optimal eignet
Topflappen als Schutz beim Umgang mit heißem Wachs

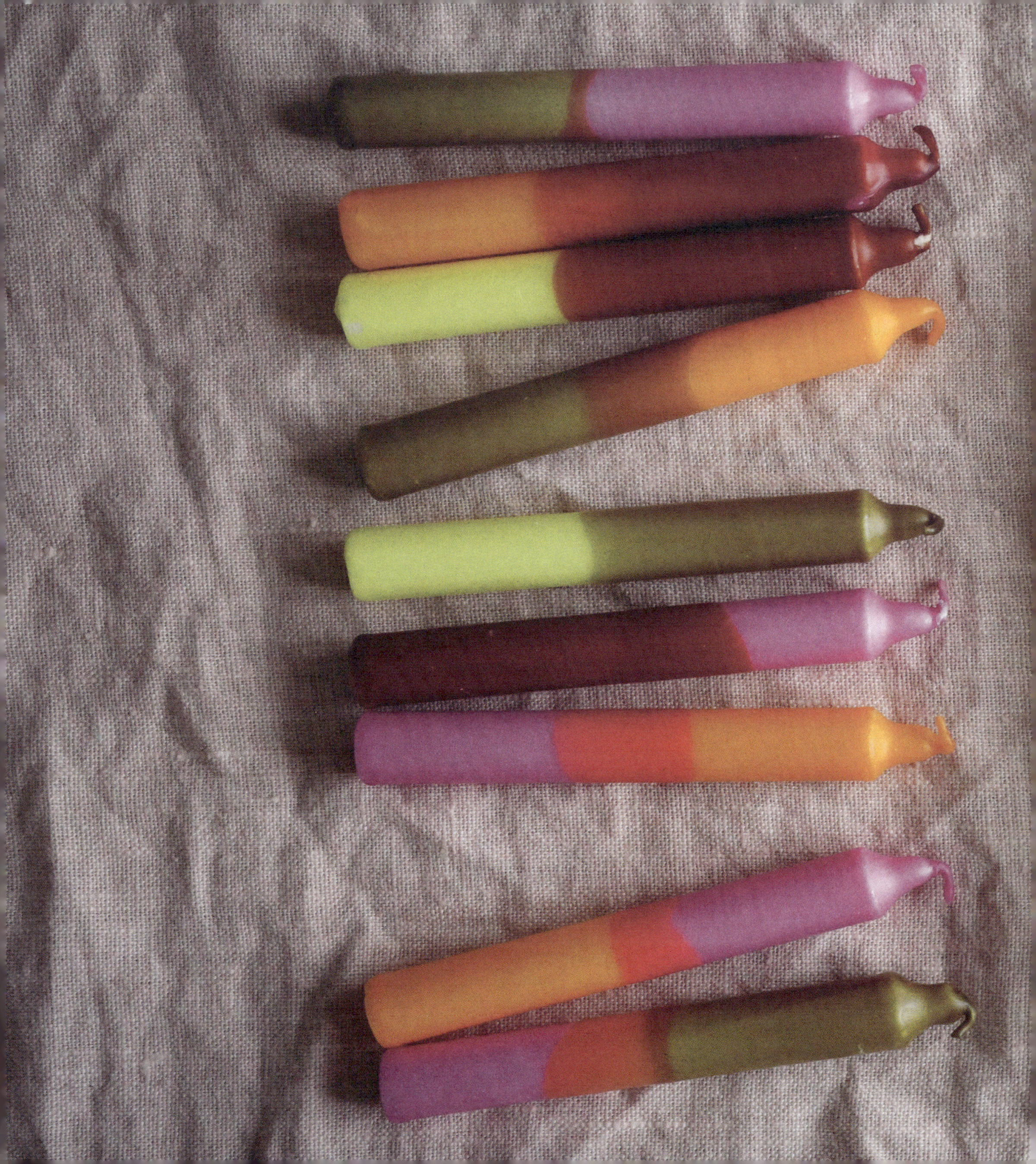

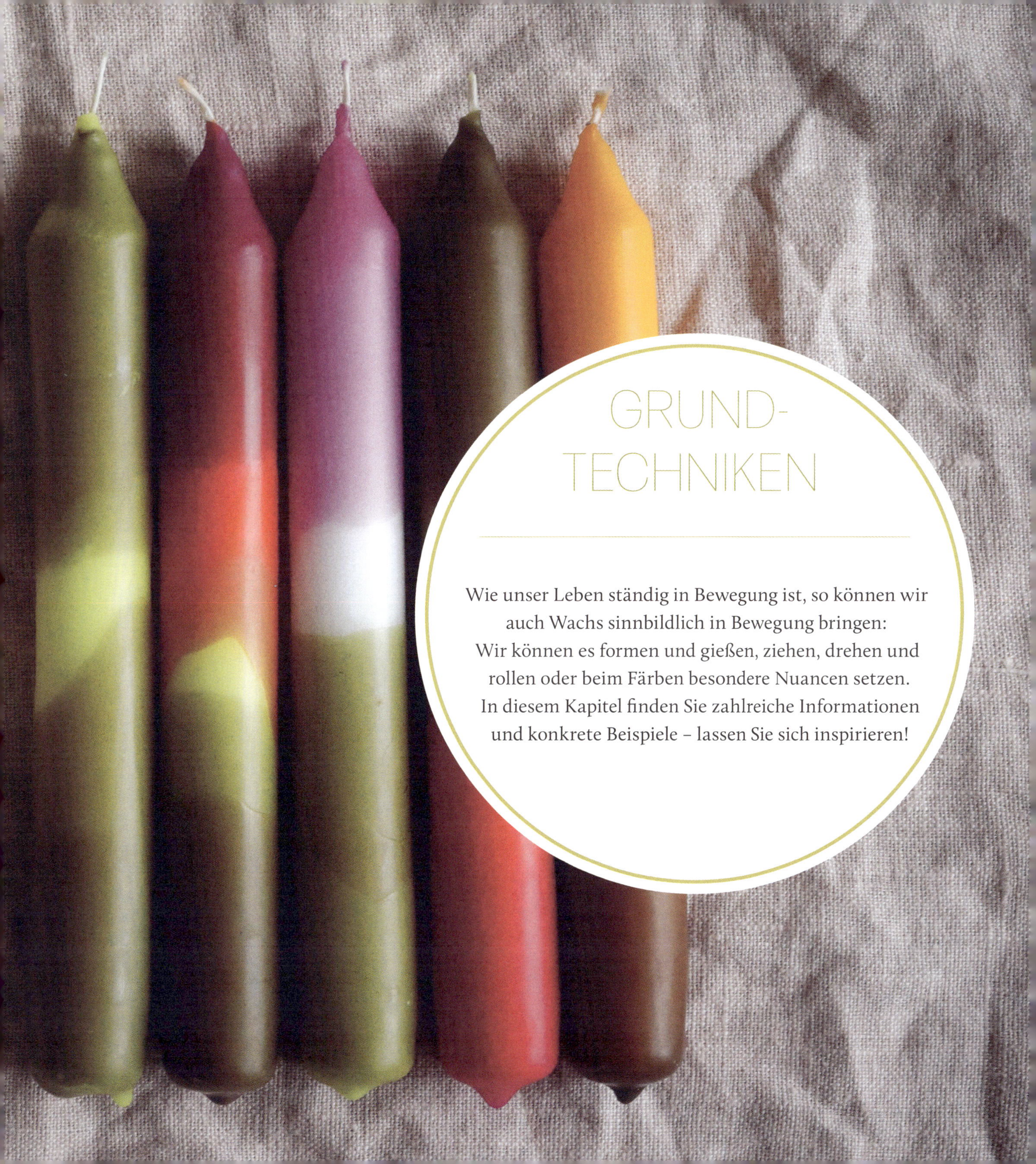

GRUND-TECHNIKEN

Wie unser Leben ständig in Bewegung ist, so können wir auch Wachs sinnbildlich in Bewegung bringen: Wir können es formen und gießen, ziehen, drehen und rollen oder beim Färben besondere Nuancen setzen. In diesem Kapitel finden Sie zahlreiche Informationen und konkrete Beispiele – lassen Sie sich inspirieren!

KERZEN FORMEN

Material

handgezogene Bienenwachskerzen (ca. 5 bis 10 mm Durchmesser), siehe Anleitung ab S. 56, alternativ 2 gekaufte Kerzen
Zange
flache Schale (z.B. Auflaufform) mit warmem Wasser
Küchenthermometer

Tipps

Wer möchte, kann die Twistkerze nach vollständigem Abkühlen 1- bis 2-mal in Wachs tauchen, wodurch die beiden Kerzen miteinander verbunden werden (hierfür bietet sich auch die Dip-Dye-Technik mit farbigem Wachs an s. S. 32).
Statt einer Twistkerze aus zwei Kerzen kann man auch einen Zopf aus drei Kerzen flechten.

* Aus Sicherheitsgründen muss bei der Twistkerze der Docht bei einer der beiden Kerzen unbedingt entfernt werden. So wird vermieden, dass direkt nebeneinander zwei Dochte brennen, was eine viel zu große Flamme verursachen würde (bei einer aus drei Kerzen geflochtenen Kerze muss der Docht aus zwei Kerzen entfernt werden).

TWISTKERZE

Aus zwei Bienenwachskerzen (selbst gezogen oder gekauft) mit möglichst kleinem Durchmesser wird im wahrsten Sinne des Wortes *im Handumdrehen* eine Twistkerze. Die Twistkerzen können aus gelbem, weißem oder eingefärbtem Bienenwachs gezogen oder am Ende nach Herzenslust in farbiges Wachs getaucht werden.

Anleitung

1. Für eine Twistkerze jeweils 1 Paar gleich große Bienenwachskerzen ziehen (siehe Grundanleitung «Kerzen ziehen» ab S. 56) oder gekaufte Kerzen verwenden. Bitte beachten, dass die Twistkerze durch das In-sich-Verdrehen an Länge verliert, jedoch an Umfang gewinnt. Die Kerzen sollten daher nicht zu kurz sein und einen möglichst kleinen Durchmesser besitzen (je nach Kerzenlänge ca. 5 bis 10 mm Durchmesser).
2. Die Bienenwachskerzen je nach Durchmesser ca. 10 bis 15 Minuten in maximal 50 °C warmes Wasser legen.
3. Aus einer der beiden Kerzen den Docht mit einer Zange herausziehen*, was beim erwärmten Wachs recht einfach möglich ist. Sollte sich der Docht noch nicht lösen, die Kerze noch einmal ins warme Wasser legen.
4. Die zweite Kerze aus dem Wasser nehmen, mit einer Hand die beiden Spitzen der Kerzen zusammenhalten und mit der anderen die Kerzen nach unten hin umeinanderwickeln (oder umgekehrt). Es sieht besonders hübsch aus, wenn der obere Bereich der Kerze etwas enger gewickelt wird als der untere.

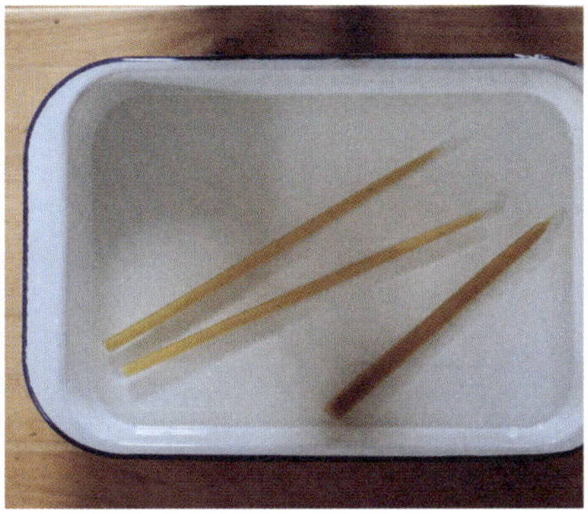
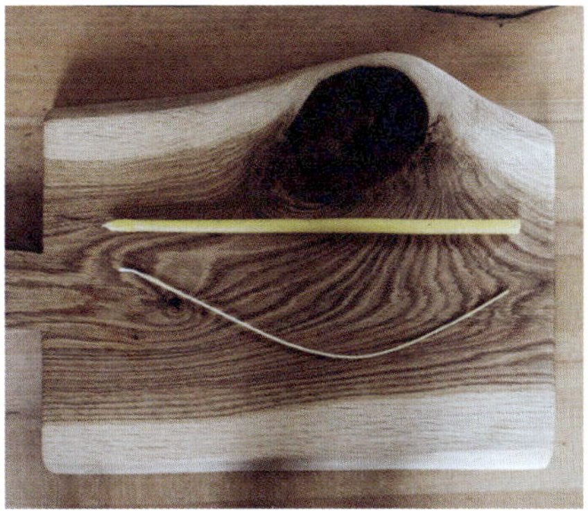
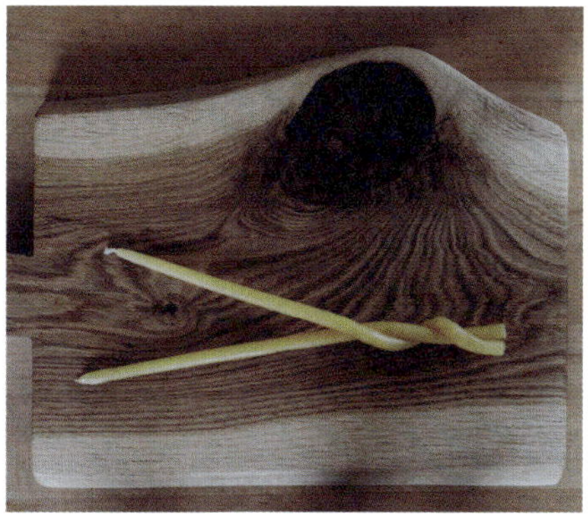
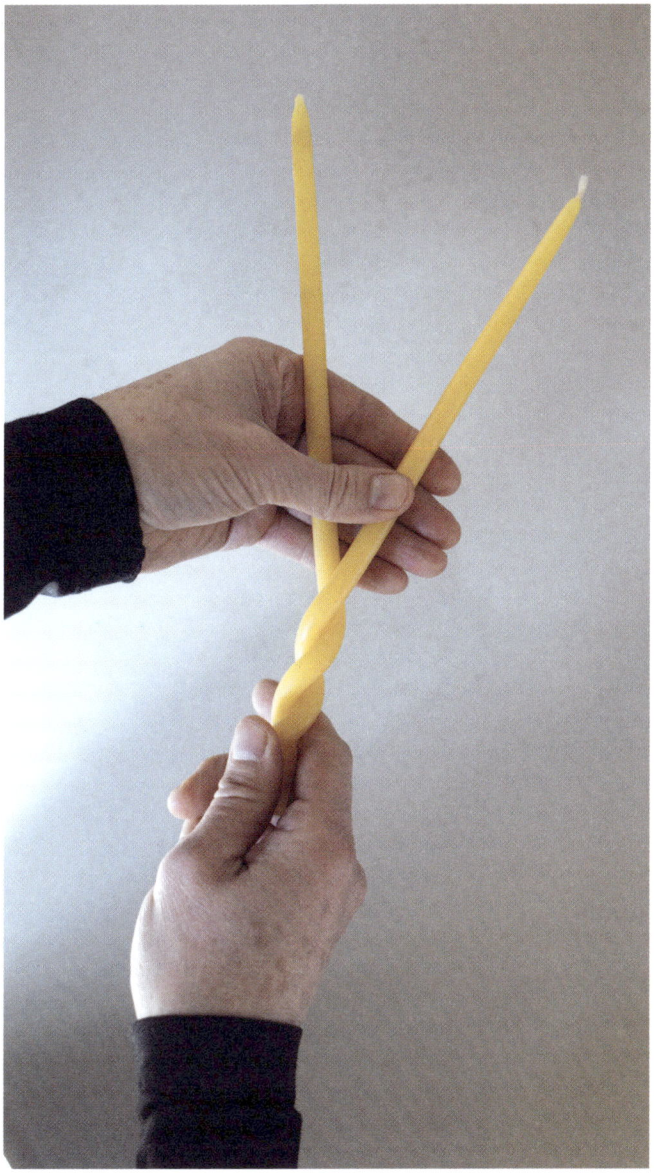
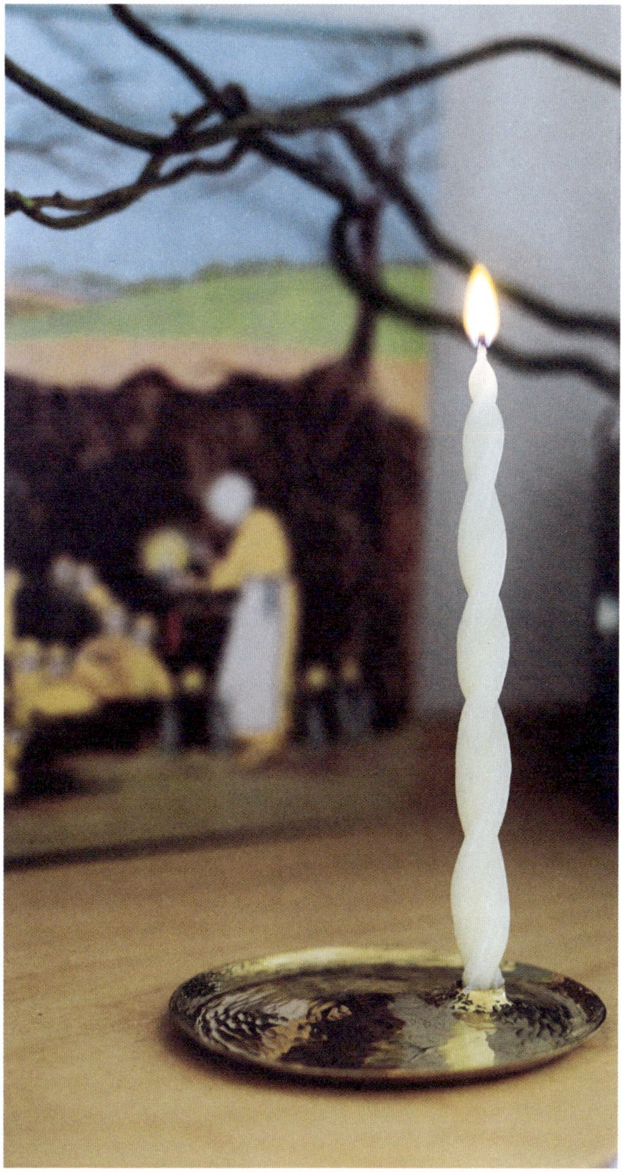

LICHTKIND

Das Lichtkind (auch Engelkerze genannt) stammt vermutlich ursprünglich aus der Schweiz. Seine Anmut ist so besonders wie die Anlässe, zu denen diese Kerze meist angezündet wird – beispielsweise während der Meditation, in der Advents- und Weihnachtszeit, als Willkommensgeste zu Beginn oder beim Abschiednehmen am Ende eines Lebens.

Anfangs sollte das Lichtkind ca. 20 Minuten lang brennen, danach möglichst nicht länger als 10 bis 15 Minuten am Stück, denn je kürzer die Brenndauer, desto anmutiger gestalten sich die Arme/Flügel. Mit der Zeit werden diese immer feiner und länger und es scheint, als würde das Lichtkind tanzen.

Material

Leuchterkerzen aus Bienenwachs (je größer der Durchmesser, desto schöner entwickeln sich die Flügel) Nach Möglichkeit sollte der Docht mindestens 5 cm lang sein.

flache Schale mit warmem Wasser (knapp 50 °C)

Wellholz (ggf. leicht eingeölt)

sehr glatte und saubere Unterlage

ggf. Messer

Anleitung

1. Die Kerze für ca. 10 Minuten ins warme Wasserbad legen, bis die Kerze biegsam ist (es erfordert etwas Übung und Fingerspitzengefühl, um den perfekten Moment zu erspüren).
2. Die warme Kerze auf eine glatte, saubere Unterlage legen, dann langsam und mit vorsichtigem Druck gleichmäßig mit dem Wellholz mehrmals von oben nach unten rollen (hierbei am Kerzenfuß ca. 2 bis 3 cm aussparen, damit die Kerze später in einen Kerzenhalter gesteckt werden kann). Eigentlich werden Lichtkinder bis nach oben hin sehr glatt ausgewellt. Das ist jedoch nur möglich, wenn der Docht ausreichend lang ist. Ist dies nicht der Fall, sollte

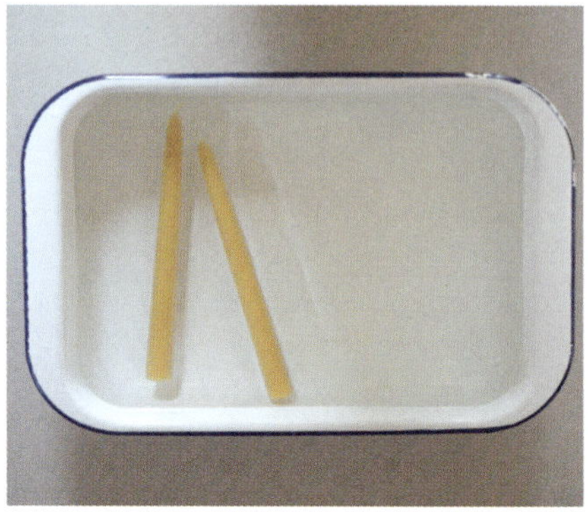

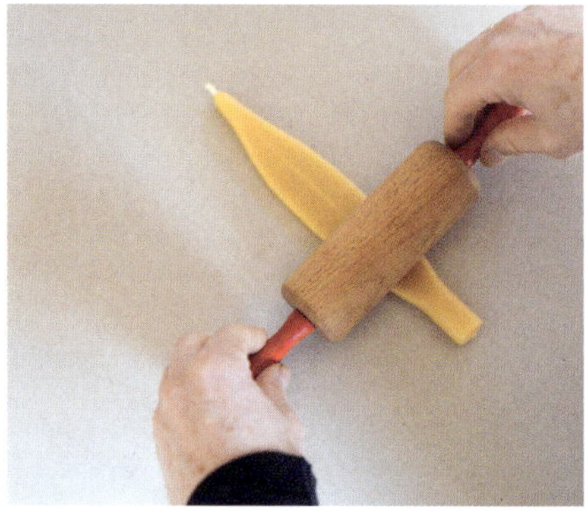

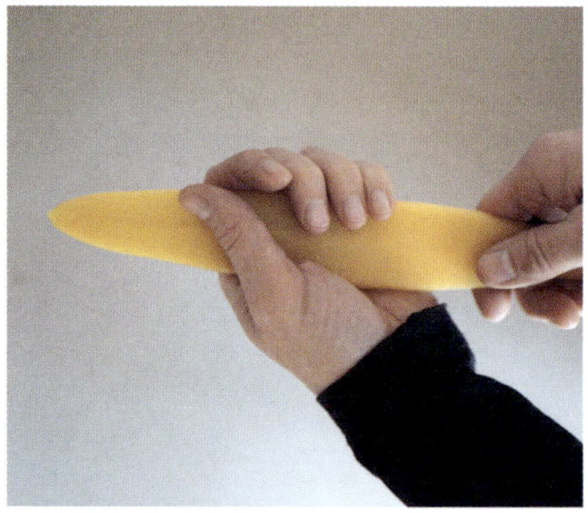

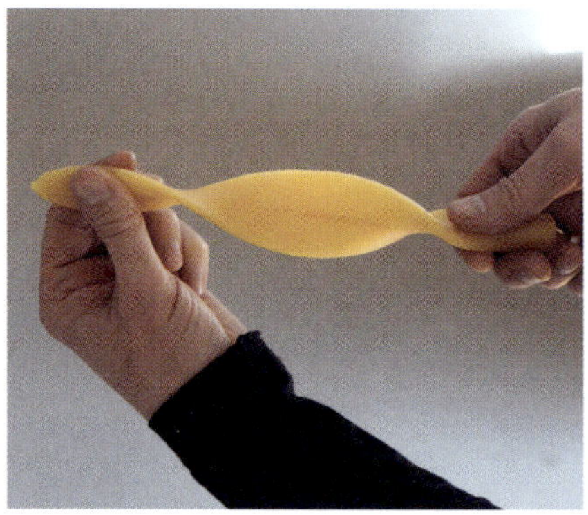

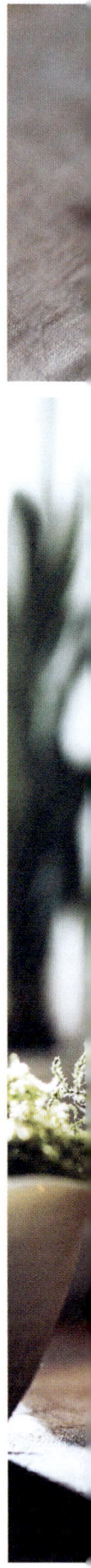

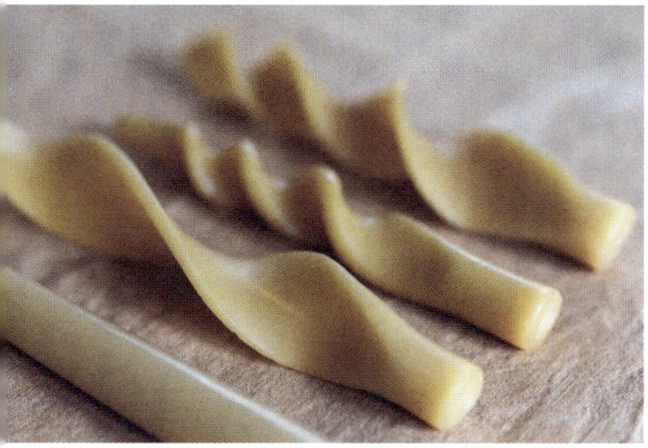

auch die Kerzenspitze beim Auswellen ausgespart werden, da der Docht sonst im Wachs verschwindet. Falls sich die Kerze beim Wellen zu einer Seite hin krümmt, die Kerze vertikal wenden und entgegen der entstandenen Krümmung wellen.

3. Den Wellvorgang so oft wiederholen, bis die immer flacher werdende Kerze eine harmonische Form erhält.
4. Die nun sehr dünne und damit fragile Kerze bei Bedarf noch einmal kurz ins warme Wasserbad legen, dann vorsichtig in beide Hände nehmen und gegengleich in sich verdrehen. Dabei darauf achten, dass keine allzu starke Spirale entsteht, damit sich beim Abbrennen die für das Lichtkind typische Gestalt ausbilden kann. Beim Drehen die senkrechte Ausrichtung der Kerze beibehalten.

Tipp

Falls der Docht im Wachs verschwunden ist, muss das Wachs um den Docht herum wieder freigeschnitten werden. Anschließend die Kerzenspitze noch einmal ins warme Wasser tauchen, damit sich die Schnittstelle wieder korrigieren lässt. Das warme Wachs ist wie Knetmasse und kann vorsichtig mit den Fingern modelliert werden.

Variation Swirlkerze

Wenn der figürliche Charakter nicht wie beim Lichtkind im Vordergrund stehen soll, kann die Kerze auch mehr in sich verdreht werden, was auch bei Kerzen mit einem kleinen Durchmesser elegant und zauberhaft aussieht.
Eine weitere Möglichkeit ist, lediglich den mittleren Bereich der Kerze auszuwellen, um diesen anschließend zu verdrehen.

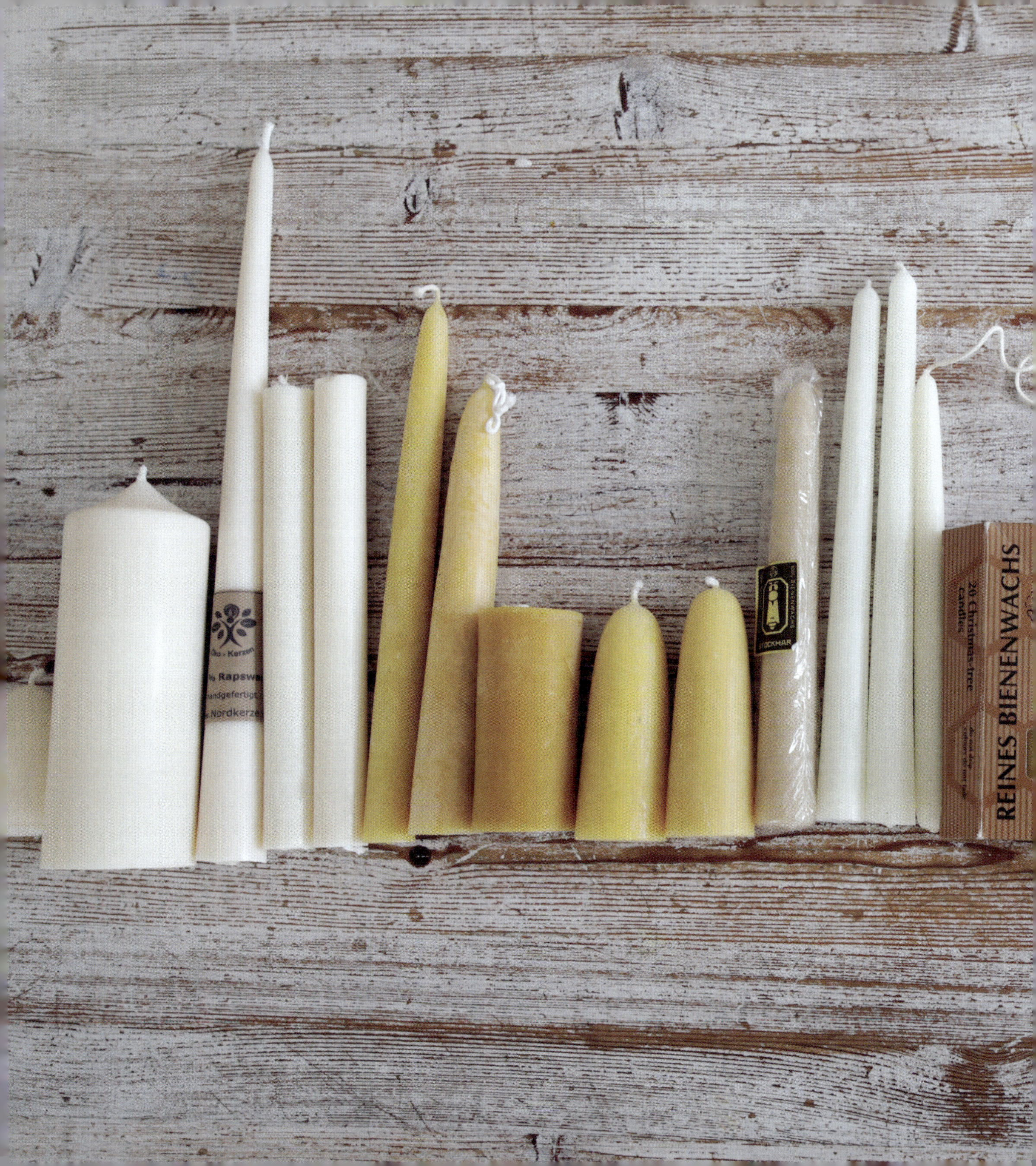

STOCKMAR
REINES BIENENWACHS
20 Christmas-tree Candles

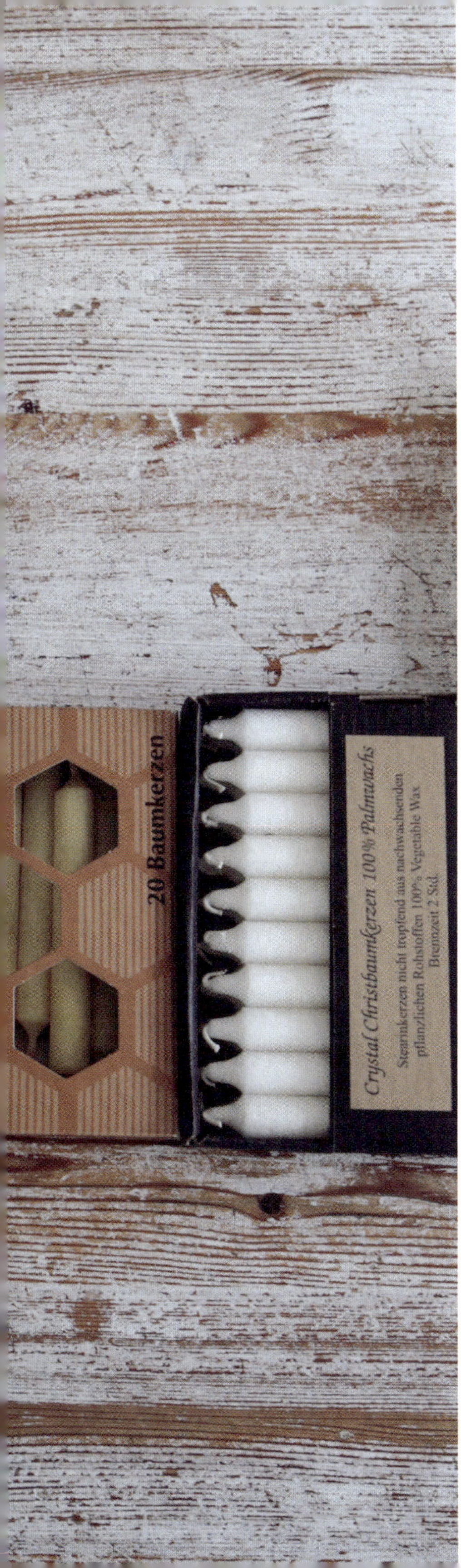

KERZEN FÄRBEN

MIT WACHSTAUCHVERFAHREN

Farbe erzeugt in uns Emotionen und Stimmungen und ist dadurch auch bei Kerzen ein gern eingesetztes Gestaltungselement.
Kerzen können unterschiedlich gefärbt werden. Einerseits gibt es Kerzen, die komplett durchgefärbt sind. Dabei wird die Farbe direkt im Wachs ergänzt und anschließend in die Kerzenform gegossen. Andererseits werden fertig geformte Kerzen in ein Wachsfärbebad eingetaucht. In der Regel sind diese anfänglich weiß oder naturfarben. Beim Wachsfärbebad gibt es viele Gestaltungsmöglichkeiten, von denen wir hier einige vorstellen möchten.

Welches Wachs eignet sich für das Wachsfärbebad von Kerzen?

Wer Kerzen mit nachwachsenden Wachsen/Rohstoffen färben möchte, sollte ein paar Kriterien beachten. Wie im Abschnitt «Wachse» (ab S. 10) erwähnt, haben Wachse unterschiedliche Schmelzpunkte und Härtegrade.

UNTERSCHIEDE BEI DEN VERSCHIEDENEN WACHSARTEN

Wer nur kleine bunte Geburtstagskerzen färben möchte, kann flexibel Raps- mit Bienenwachskerzen oder auch kleine Stearin- und Paraffinkerzen mixen.
Generell empfehlen wir, am Anfang erst einmal mit ein paar bunten kleinen Kerzen zu starten, um ein Gefühl fürs Wachsfärbebad zu bekommen.
Wer größere Kerzen färben möchte und den Anspruch hat, dass

Sojawachs
Sojawachs ist ein sehr weiches Wachs und eignet sich in der Regel nicht zum Färbetauchen von Kerzen.

Stearin
Stearin ist ein sehr sprödes Wachs und sollte ebenfalls nicht fürs Färben verwendet werden.

Rapswachs
Rapswachs eignet sich recht gut zum Färben von Kerzen, da der Härtegrad groß genug ist. Es sollte ein Rapswachs für Stumpenkerzen verwendet werden. Mehr Infos siehe S. 10.

Bienenwachs
Auch Bienenwachs eignet sich recht gut als Wachsfärbebad. Idealerweise weißes Bienenwachs verwenden, damit es die Farbpigmente besser aufnehmen kann. Gelbes Bienenwachs geht auch, es kann allerdings zu Farbabweichungen kommen.

Spezielles Tauchwachs
Der Kerzenfachhandel bietet inzwischen spezielle Tauchwachse an. Diese enthalten allerdings in der Regel einen hohen Paraffinanteil oder sind vollständig aus Paraffin. Es gibt oft DIY «Dip-Dye-Kits», welche hauptsächlich mit Paraffinwachs angeboten werden.

die Kerzen eine glatte Oberfläche haben, sollte lieber Paraffin- oder Stearinkerzen und ein spezielles Tauchwachs aus Paraffin verwenden. Dieses bildet eine glatte Oberfläche mit wenig Struktur. Auch Kerzen mit besonderer Optik oder interessanter Form können mit speziellem Kerzentauchwachs überzogen werden.
Wer nachhaltige Wachse verwenden möchte, sollte in Kauf nehmen, dass es zu kleinen Unregelmäßigkeiten kommen kann. Ab und an können kleine Strukturunterschiede entstehen, was vielleicht jene stören kann, die auf Perfektion achten. Zudem ist die Wachsschicht etwas dicker als bei Paraffin. Unsere Kerzen haben wir in gefärbtes Bienenwachs getaucht und finden diese kleinen Unregelmäßigkeiten charmant.

UNSERE TIPPS UND ERFAHRUNGEN ZU DEN VERSCHIEDENEN WACHSKOMBINATIONEN

Kleine Kerzen aus reinem Stearin lassen sich gut einfärben. Bei großen Stearinkerzen haftet Bienen- oder Rapswachs leider nicht so gut. Große Stearinkerzen lassen sich jedoch gut mit Tauchwachs aus Paraffin färben.
Idealerweise verwendet man für das Tauchwachs das gleiche Material, aus dem die Kerze besteht. Wenn beispielsweise bevorzugt Rapskerzen getaucht werden sollen, als Tauchwachs Rapswachs verwenden. Achtung: Bei Rapswachs gibt es unterschiedliche Qualitäten. Man sollte immer ein Rapswachs verwenden, das für Stumpenkerzen geeignet und recht hart ist.
Wer hauptsächlich mit Bienenwachskerzen arbeitet, sollte idealerweise als Tauchwachs auch Bienenwachs verwenden. Dabei mit weißem Bienenwachs arbeiten. Das ist gebleichtes Bienenwachs und nimmt die Farbpigmente besser an. Man kann auch gelbes

Bienenwachs verwenden, was allerdings zu Abweichungen der angegebenen Farbe führen kann.
Mit einem Tauchwachs aus nachwachsenden Rohstoffen können auch Paraffinkerzen getaucht bzw. gefärbt werden. Eventuell ändert sich aber das Abbrennverhalten. Gegebenenfalls zuerst eine Testkerze erstellen. Spezielles Tauchwachs aus Paraffin kann vielseitig für Paraffin, Raps- und Bienenwachs verwendet werden.

VERSCHIEDENE FÄRBETECHNIKEN

- Aktuell sehr beliebt ist die Dip-Dye-Technik, übersetzt: tauchen und färben. Dabei werden die Enden eingetaucht. Je nach Geschmack mal mehr und mal weniger.
- Für Kerzen mit Mustern oder Motiven vorab mit Klebeband z.B. ein Spiralmuster auf der Kerze präparieren, um beim Färben das gewünschte Muster zu erzielen.
- Bei der Ombré-Technik wird nur eine Farbe verwendet und unregelmäßig eingetaucht, um Farbverläufe zu erzielen.
- Bei der Lavaoptik wird im Anschluss an die Dip-Dye-Technik in weißes Tauchwachs (aus Weißadditiv) 1- bis 2-mal eingetaucht. So bekommt die Kerze eine pastellige Wirkung und die Farbverläufe sind wesentlich weicher. Ein weicher Farbverlauf entsteht auch mit gebleichtem Bienenwachs ohne Pigmentierung.
- Bei der Tropfen- bzw. Spritztechnik werden Spritzer auf die Kerzen aufgetragen.
- Klassisches Färben mit einzelnen Farben.

VORBEREITUNG

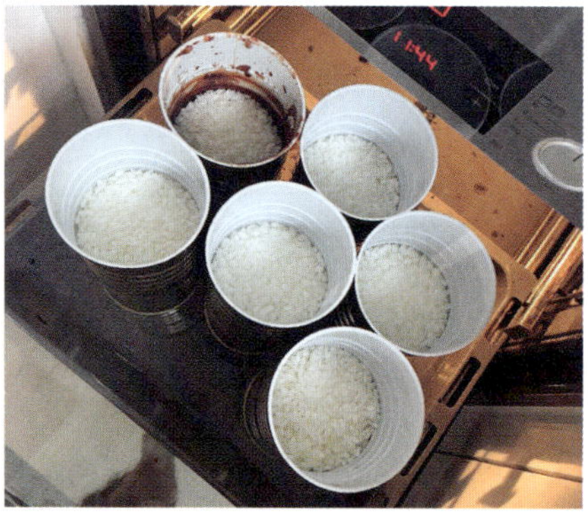

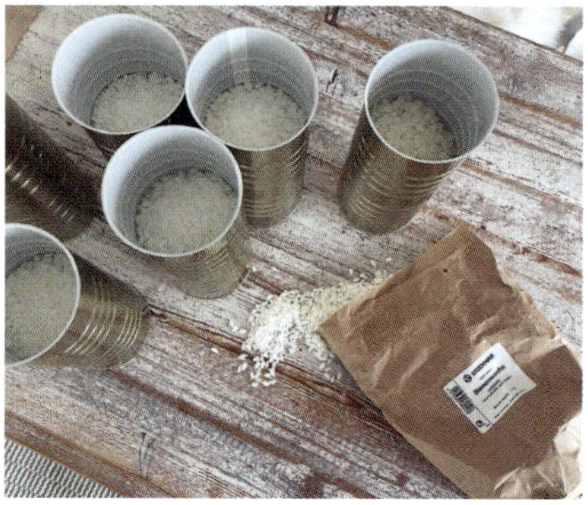

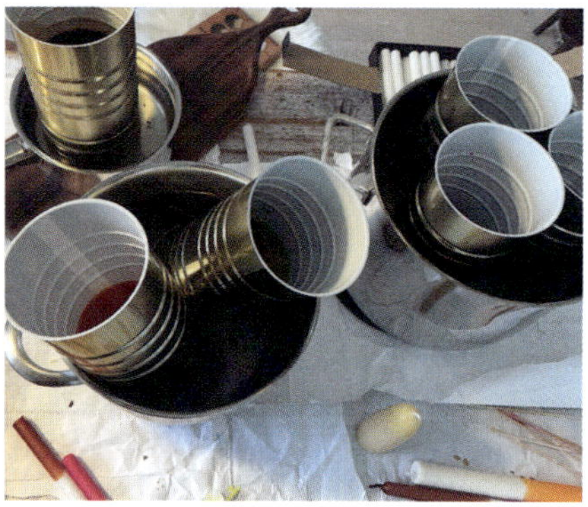

Den Arbeitsbereich abdecken, um ihn vor Wachsflecken zu schützen. Wie bei allen Kerzenprojekten sollte der Raum eine angenehme Temperatur haben.
Für das Schmelzen von mehreren Farben eignet sich die Backofen-Variante. Außer man hat einen speziellen Schmelztopf, in welchem mehrere Behältnisse gleichzeitig im Wasserbad schmelzen können.

Backofen

Als Gefäße alte Dosen oder Einkochgläser verwenden. Sie sollten feuerfest und sauber sein. Mit Wachs befüllen. Den Backofen auf 140 bis 150 °C einstellen und das Wachs komplett schmelzen. Je nach Menge dauert dies 1 bis 2 Stunden.

Wasserbad

Klassisch mit Koch- und Schmelztopf oder mit einem Einkochtopf. Wasser zart köcheln lassen. Idealerweise mit einem Temperaturstab die Wachstemperatur messen.
Das Schmelzen im Wasserbad geht wesentlich schneller. Es dauert nur 20 bis 30 Min. bei 60 bis 75 °C (in Abhängigkeit der Wachsart).

Wachsmenge

Wachs hat im festen Zustand mehr Volumen als im flüssigen. Somit schrumpft das Volumen im geschmolzenen Zustand. Dies beim Befüllen der Gefäße beachten. Zudem sollte stets genügend Wachs im Behältnis sein. Es ist sehr frustrierend, wenn beim Färben zu wenig Tauchwachs vorhanden ist, sodass sich die Kerzen nicht gut färben lassen. Um kreativ zu sein, ruhig etwas großzügiger mit dem Färbetauchbad umgehen. Wichtig ist auch, dass das Wachs komplett geschmolzen ist, damit Wachspastillen nicht an der Kerze haften bleiben.

Damit das Wachs nicht zu schnell auskühlt

Dazu die Gefäße mit flüssigem Wachs auf ein mit heißem Wasser gefülltes Backblech stellen oder im Wasserbad langsam köcheln lassen.

KERZENWACHS FÄRBEN - WELCHE FARBE EIGNET SICH?

Ist das Wachs geschmolzen, kann die Farbe eingerührt werden. Dabei die angegebene Temperatur in der Packungsbeschreibung beachten. Die Farbe/Pigmente im flüssigen Wachs zu einer homogenen Masse verrühren. Dazu eignet sich ein Schaschlikspieß. Wir empfehlen spezielle Pigmente für Kerzenwachs, da diese sich mit dem Wachs verbinden und der Docht optimal abbrennen kann. Oft wird Wachsmalfarbe oder Ölfarbe empfohlen, womit die Kerze allerdings nicht ideal abbrennt. Der Docht kann beispielsweise verstopfen oder die Kerzen neigen bei längerer Brenndauer zum Überlaufen. Wer allerdings diese Materialien schon zuhause hat, kann natürlich selbst experimentieren. Bei einmaligem Tauchen z.B. einer Dip-Dye-Kerze dürfte das Abbrennen nicht beeinträchtigt werden. Wer hingegen vielseitig färben möchte, sollte mit speziellen Pigmenten arbeiten.

TESTEN

Um ein Gefühl für die Farben zu bekommen, idealerweise vorab Kerzenreste als Testkerze verwenden. Für Kerzenfarbe gibt es sogenanntes Weiß- oder Schwarzadditiv, damit Kerzen weißlicher und nicht so durchsichtig werden. Bei Paraffinkerzen kann ein kleiner Anteil Weißadditiv unter das Wachs gemischt werden. Die Farben werden durch Weißadditiv pastelliger bzw. eine Lavaoptik entsteht.

Tipp

Beim Wachsfärbebad verwenden wir ein recht heißes Wachs mit 70 bis 75 °C, da gerade beim Arbeiten mit nachwachsenden Wachsen sonst die Wachsschicht zu dick wird. Das Wachs ist dann schön flüssig und gleitet gleichmäßiger über die Kerzen. Paraffinwachs nach angegebenem Schmelzpunkt schmelzen.

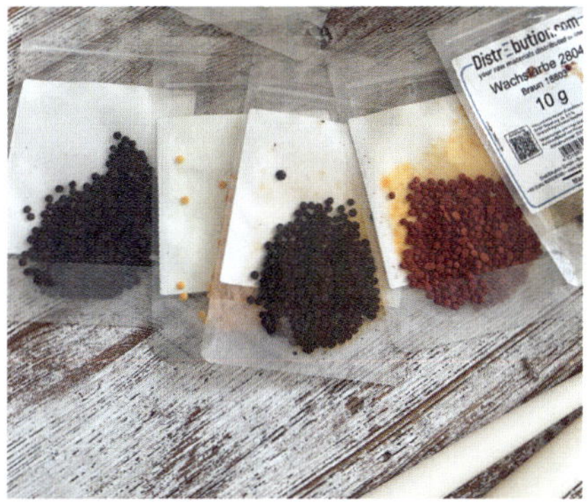

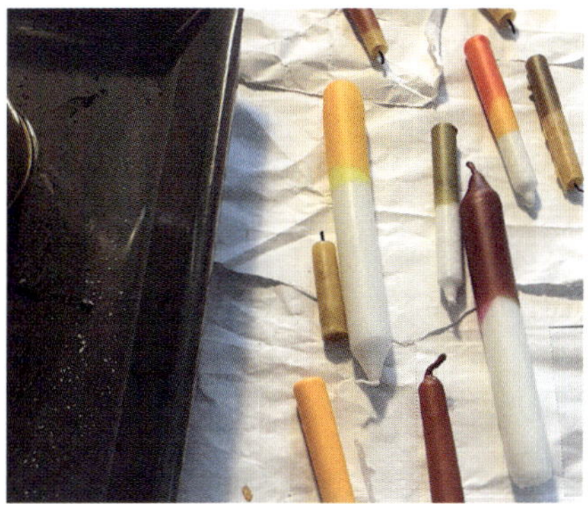

Mit dem Schwarzadditiv können Farben abgetönt werden. Generell empfiehlt es sich, beide Additive zu haben, um mit wenig Farben viele Farbvarianten zu erzeugen. Zudem können Farben übereinandergelegt werden, um so neue Farben zu erzeugen.
Wie zuvor beschrieben idealerweise mit kleinen Geburtstagskerzen starten, um spielerisch Farbkombinationen zu kreieren.
Mit dem warmen, bunten Wachs lassen sich nun folgende Farbtechniken anwenden:

Anleitung Dip-Dye

1. Die Kerze in das flüssige farbige Wachs eintauchen, herausziehen und 1 bis 2 Sekunden über dem Gefäß abtropfen lassen. Abschließend vorsichtig auf ein Stück Karton legen.
2. Falls doch zu wenig flüssiges Wachs vorhanden ist, das Gefäß leicht schräg halten, um die Kerze besser eintauchen zu können.

Tipps

Bei Farbverläufen sehen leicht schräg eingetauchte Kerzen auch sehr hübsch aus.
Je nach Lust und Laune können einzelne oder mehrere Farben übereinandergelegt werden. Manche mögen es gern, wenn im mittleren Teil noch etwas Weiß oder Gelb der Kerze zu sehen ist. Andere mögen es, wenn die komplette Kerze eingetaucht wird.
Falls ein paar kleine Bläschen beim Färben entstehen, diese im noch warmen Zustand mithilfe des Fingers zart andrücken. Wer möchte, kann zum Schluss noch etwas Kerzenglitter über die Kerze verteilen.

Hier haben wir große und kleine Bienen-, Rapswachs- und Stearinkerzen in ein Wachsfärbebad aus weißem Bienenwachs getaucht.
Auch Kerzen aus Bienenwachsplatten sehen gedippt sehr hübsch aus. Eine Verpackungsidee sind zwei Kapla-Hölzer, welche mit einem Band umwickelt werden.
Die Dip-Dye-Kerzen aus Bienenwachsplatten haben wir immer nur 1-mal gedippt, damit die Bienenwabenprägung noch leicht zu sehen ist. Die gerollten Bienenwachskerzen können fertig gekauft oder selbst gerollt werden. Passende Anleitung siehe ab S. 87.

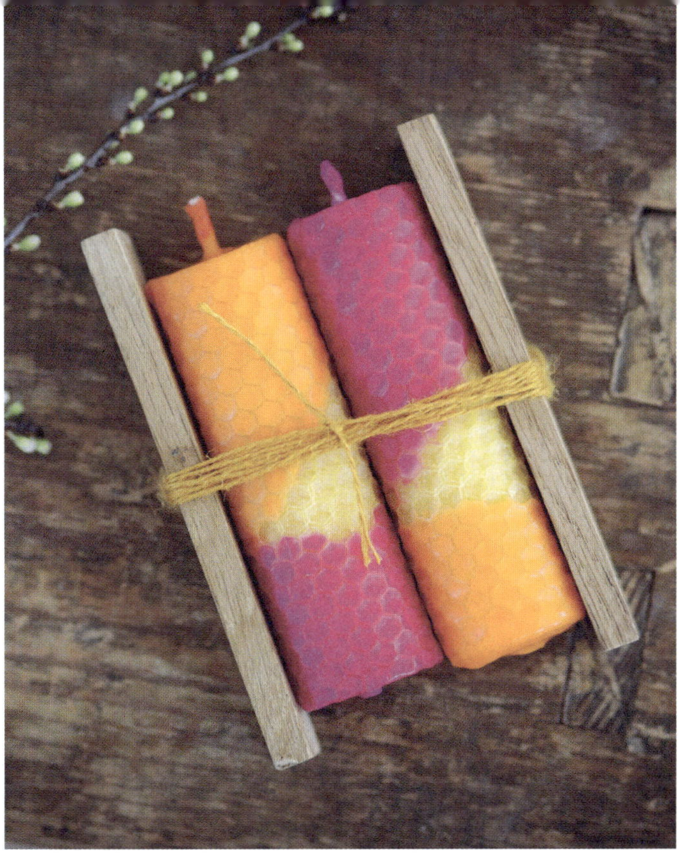
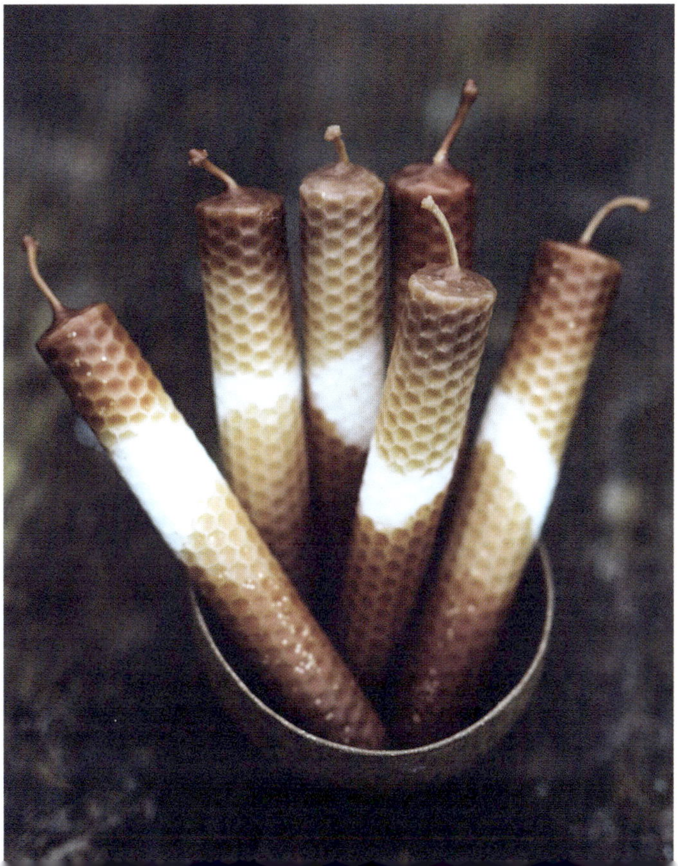
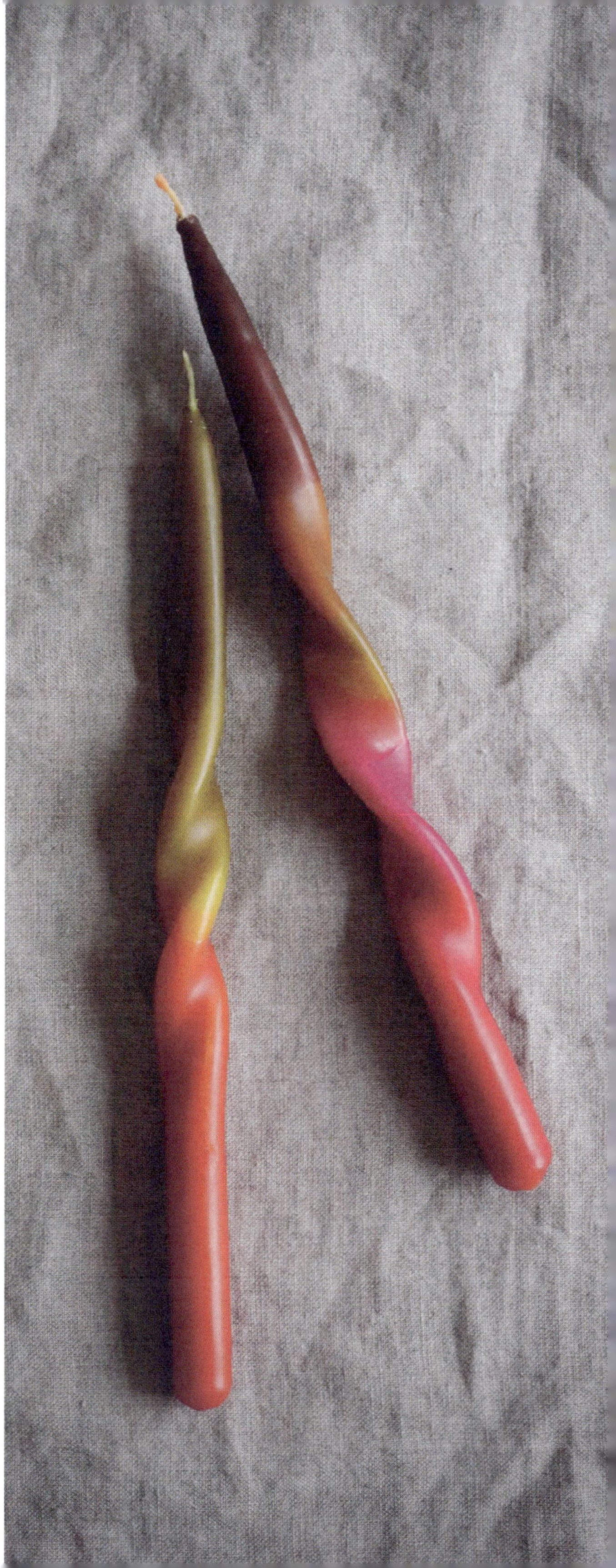

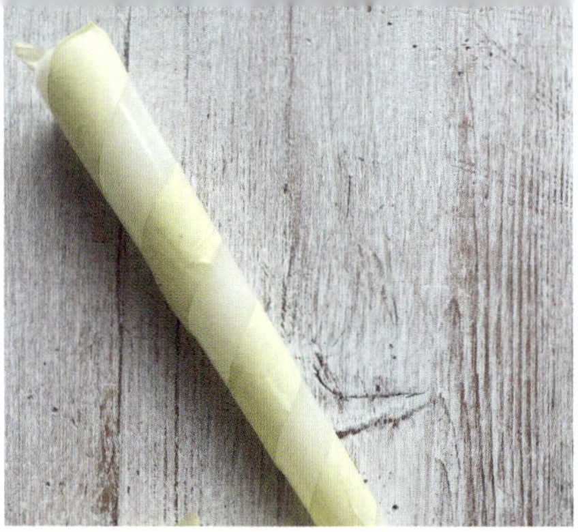

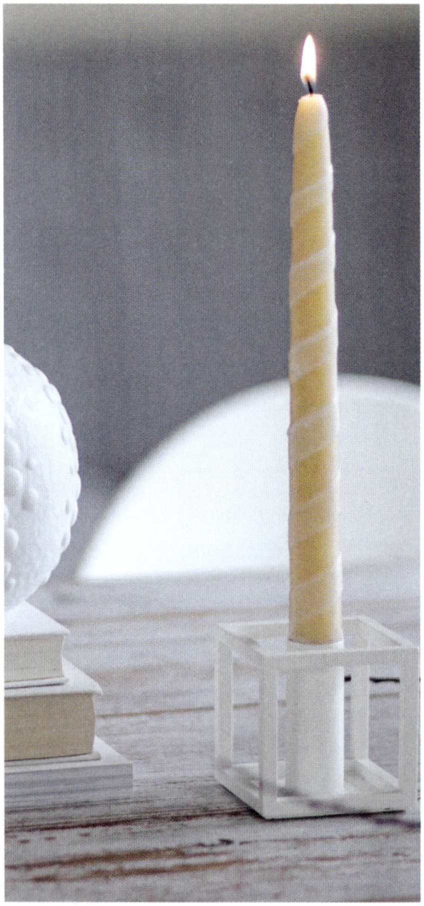

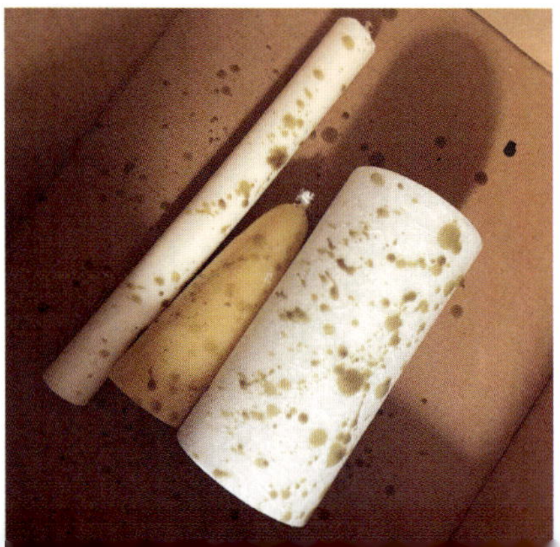

Anleitung Muster

1. Die Kerze vorab mit gut klebendem Klebeband bekleben. So können ein Spiralmuster oder auch kleine Motive angebracht werden.
2. Nun die Kerze kurz eintauchen, 1 bis 2 Sekunden über dem Gefäß gut abtropfen lassen und vorsichtig auf die Seite legen.
3. Wenn das Wachs vollständig abgekühlt ist, vorsichtig evtl. mithilfe eines spitzen Messers das Klebeband lösen. Wer möchte, kann im Anschluss die Kerze noch einmal ins Tauchbad geben, um verschiedene Farben zu erzielen und um eine glatte Oberfläche zu erhalten.

Hier haben wir Bienenwachskerzen in ein Wachsfärbebad ebenfalls aus Bienenwachs eingetaucht.

Anleitung Ombré-Technik

Dazu die Kerze ähnlich wie bei Dip-Dye mehrmals unterschiedlich eintauchen. Dabei die ganze Kerze mit einer Farbe einfärben. Durch das unterschiedliche Eintauchen entstehen Überlappungen, die schöne Farbverläufe erzeugen.

Hier haben wir Bienenwachskerzen in ein Wachsfärbebad aus Bienenwachs eingetaucht.

SPRITZ- ODER TROPFTECHNIK

Hierfür einen ausrangierten Karton verwenden und die Kerzen hineineinlegen. Einen Schaschlikspieß ins flüssige Wachs tauchen und damit Spritzer auf der Kerze verteilen, oder wer lieber Pünktchen mag, vorsichtig Punkte auf die Kerze tropfen.

Hier haben wir Stearin- und Rapswachskerzen verwendet. Für die Spritztechnik haben wir ein gefärbtes Bienenwachs genutzt.

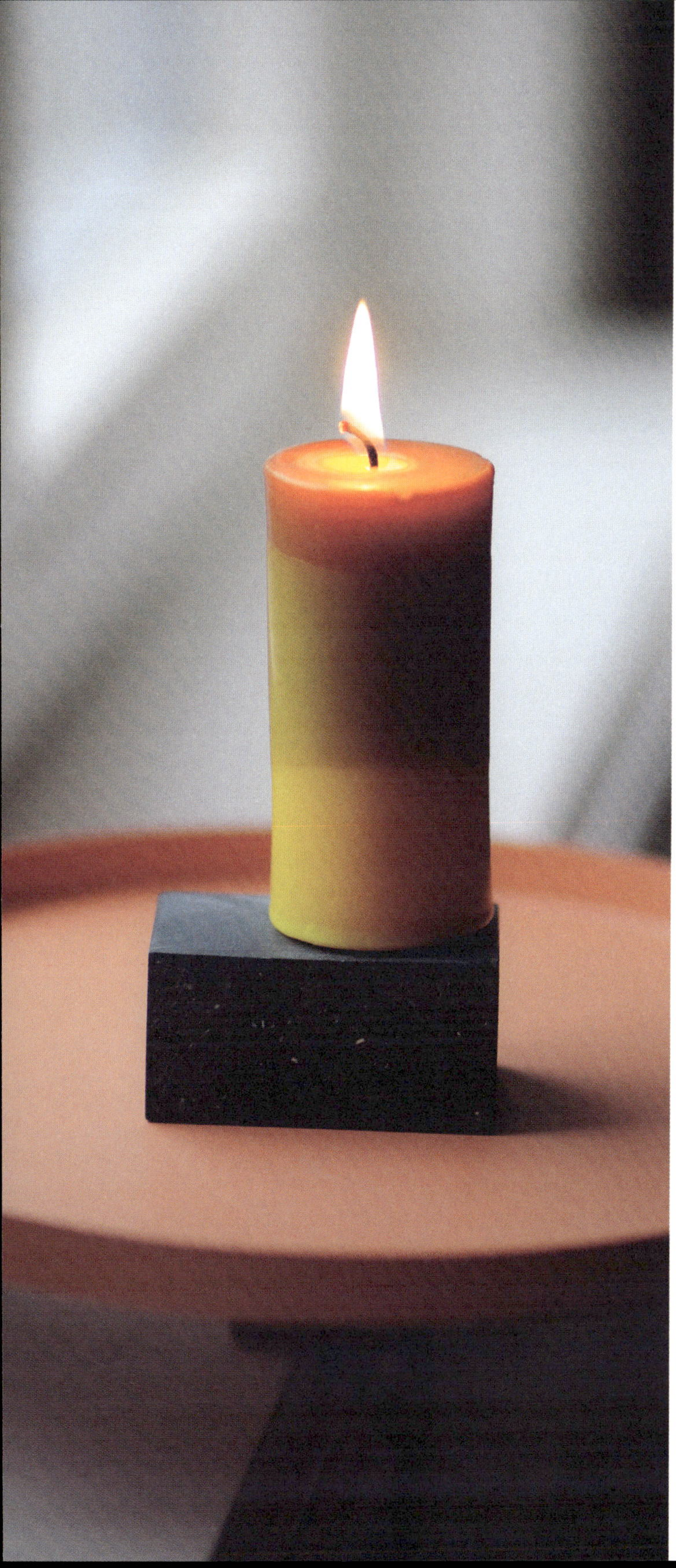

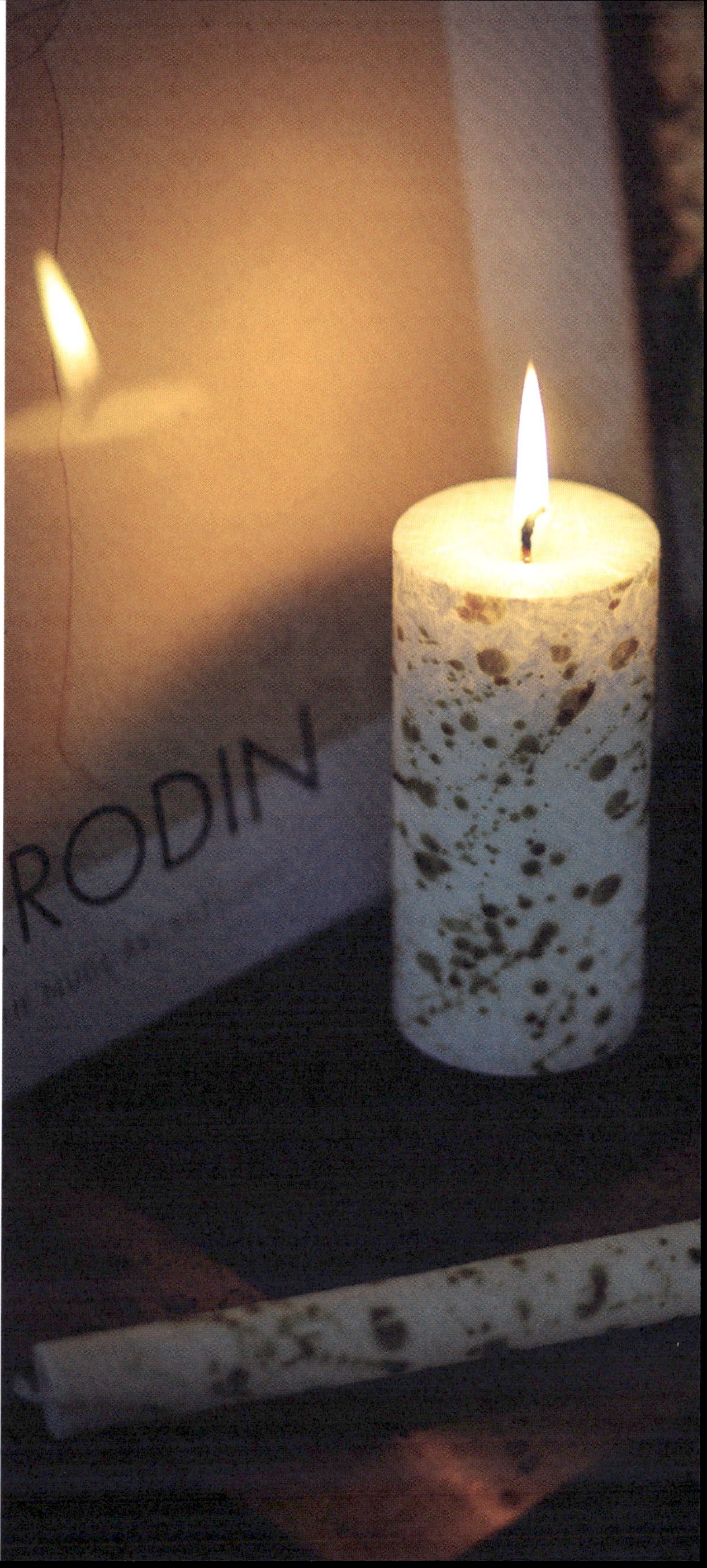
RODIN

FARBVERLÄUFE UND LAVAOPTIK

Manchmal entstehen bei Dip-Dye-Kerzen Farbkombinationen, die einem nicht so sehr gefallen. Dann gibt es die Möglichkeit, die Kerze komplett in ein Wachsfärbebad aus Weißadditiv oder alternativ weißen Färbepigmenten zu tauchen. Dabei entstehen pastellige Verläufe, die sehr hübsch aussehen. So auch bei diesem zufälligen Ergebnis, das wir sehr schön finden.

Hier haben wir Rapswachskerzen und Bienenwachskerzen verwendet, die in ein Wachsfärbebad aus Bienenwachs eingetaucht werden.

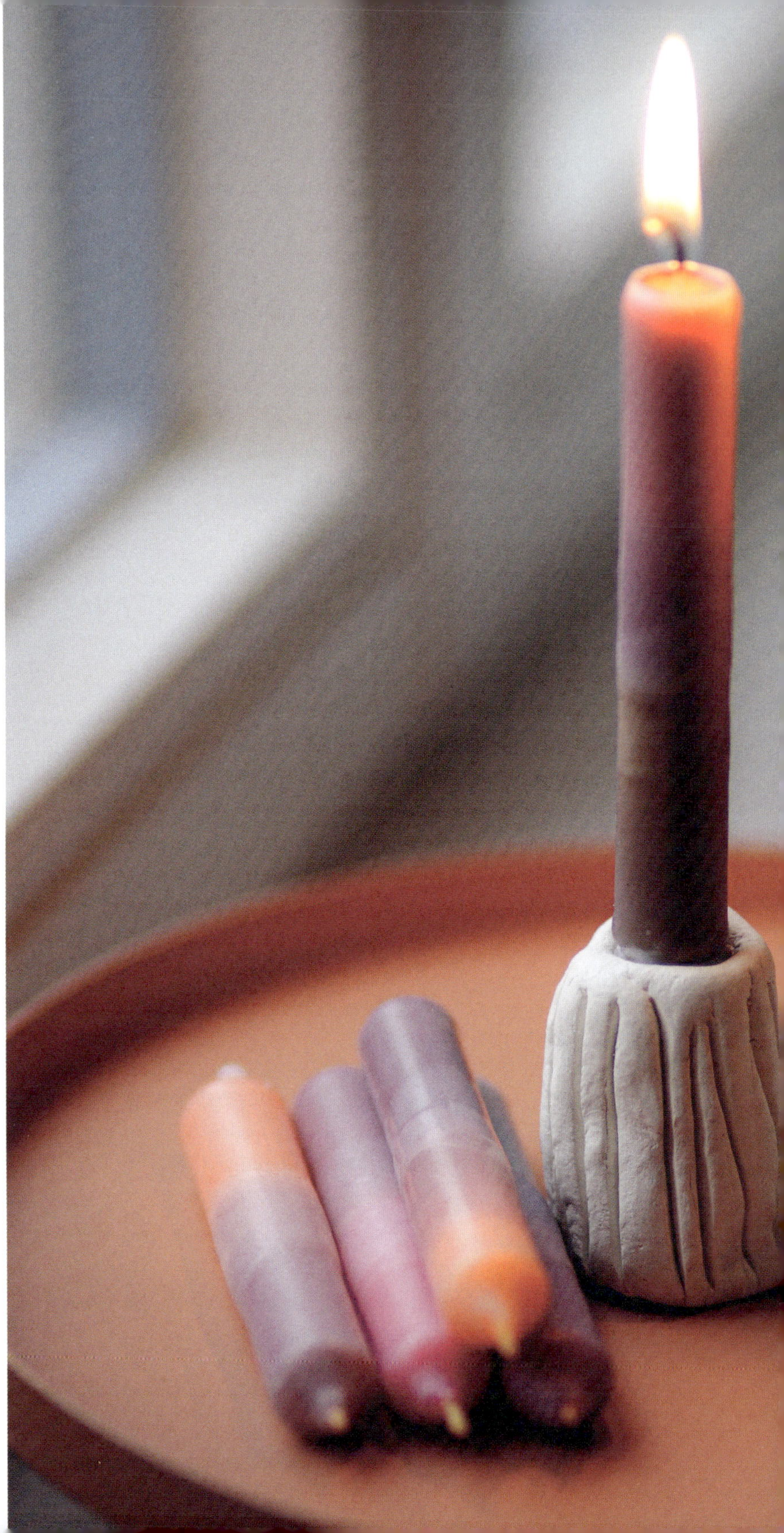

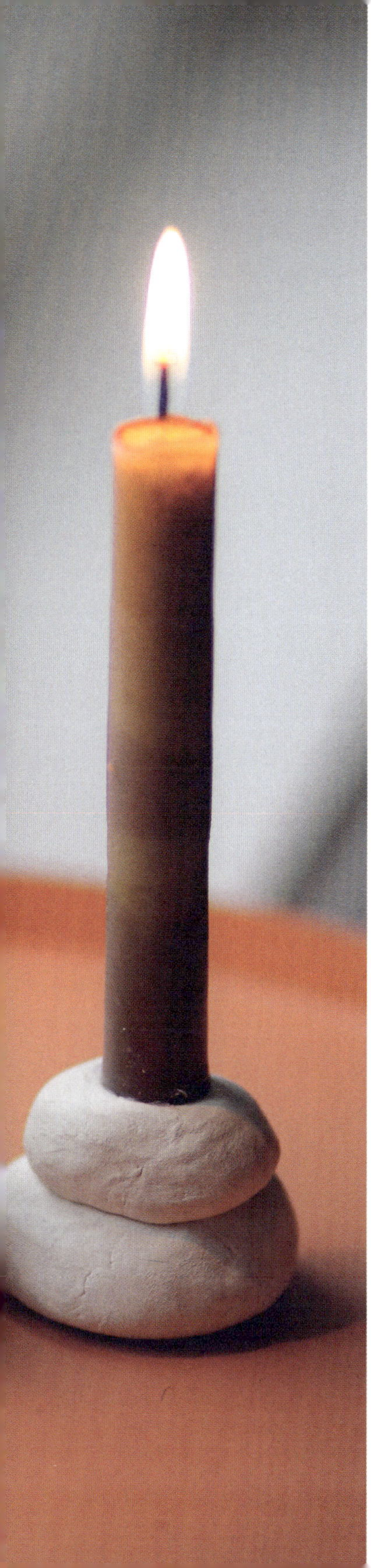

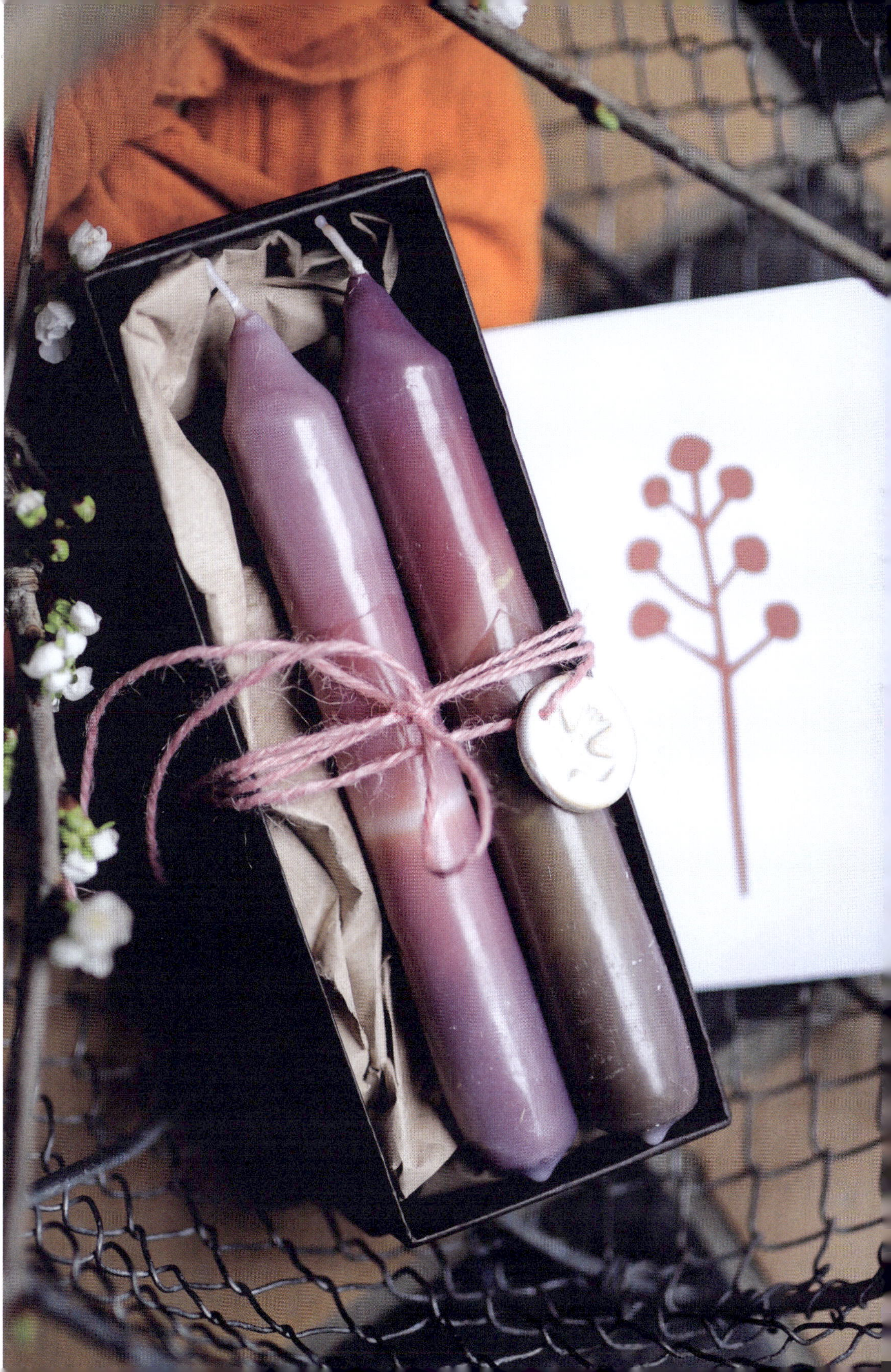

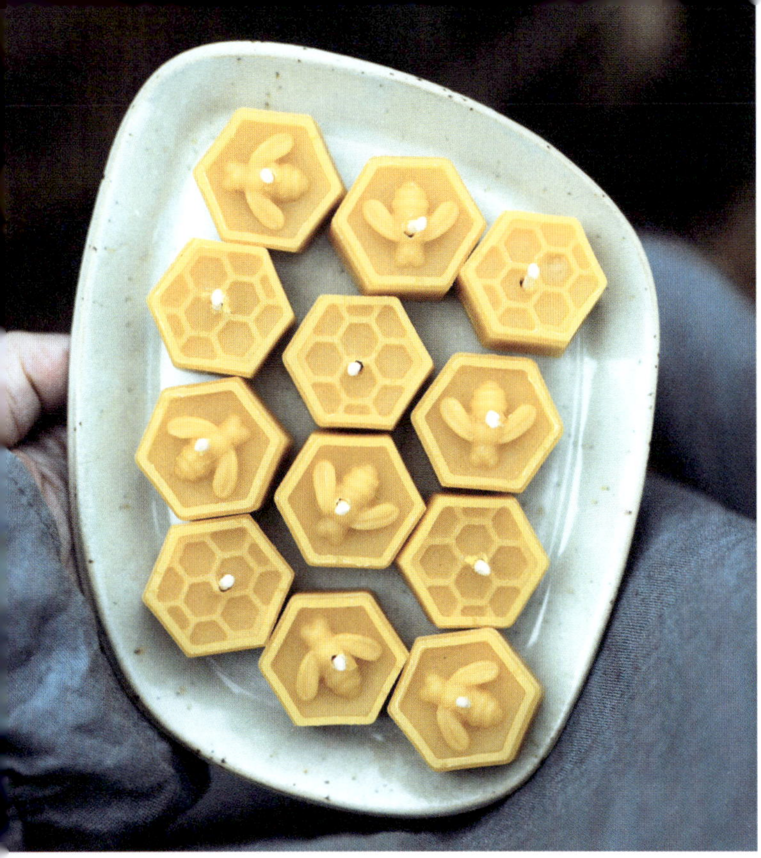
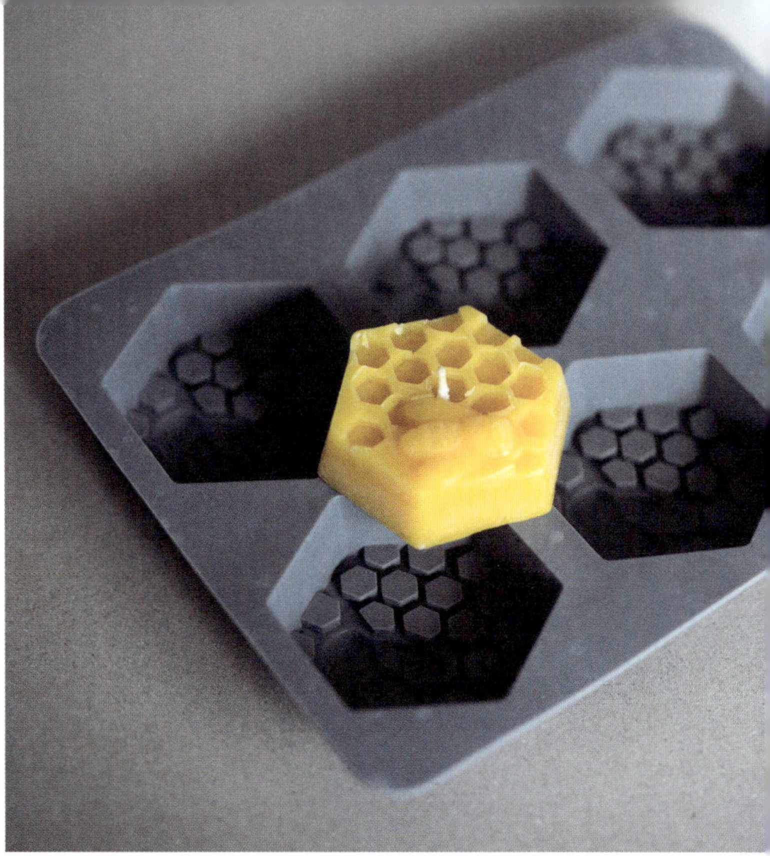
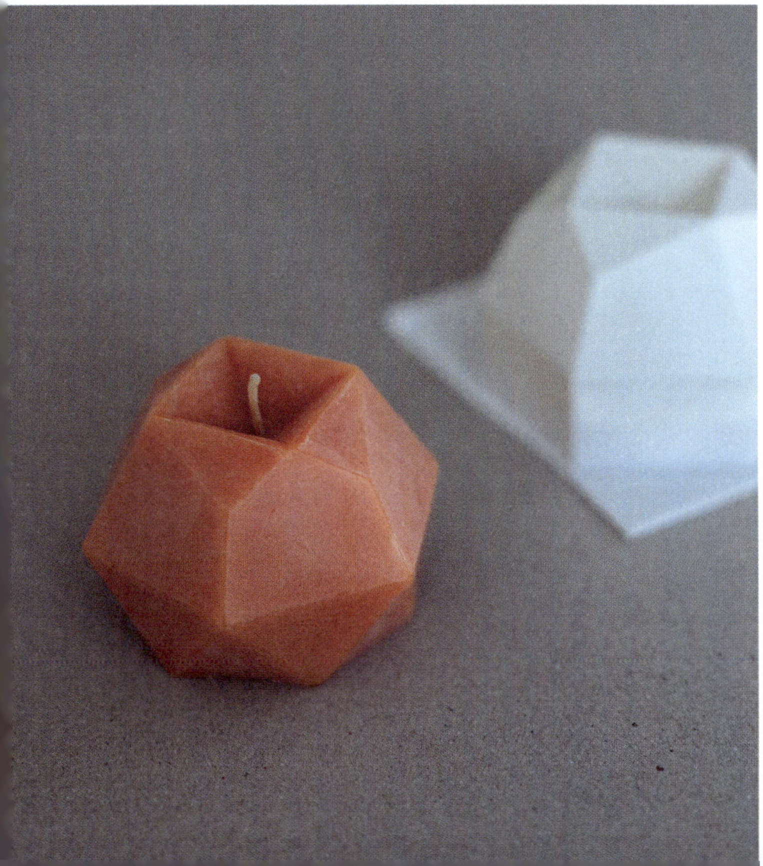
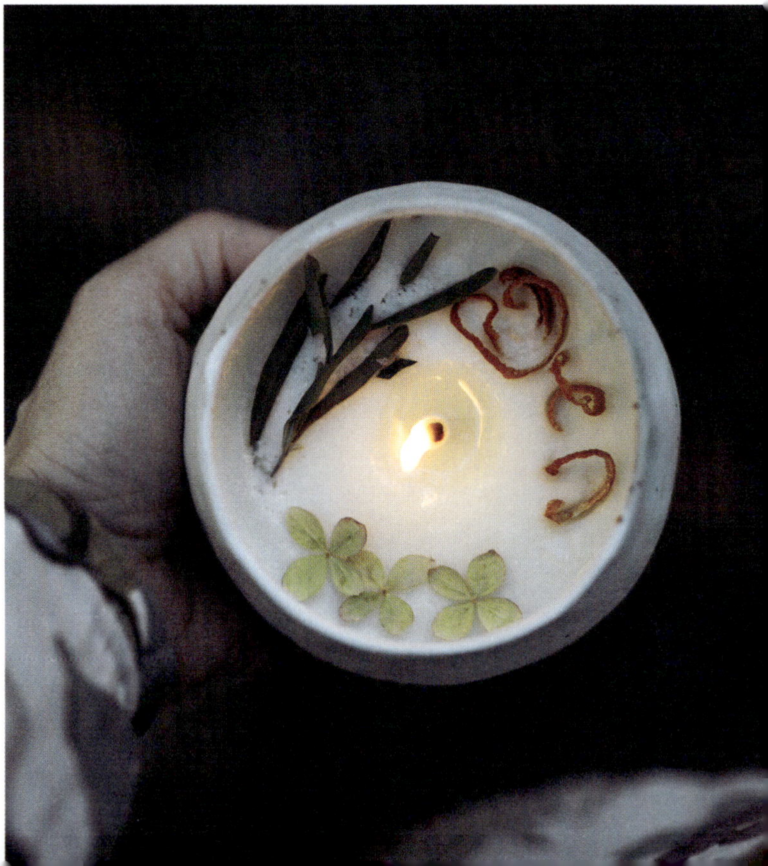

KERZEN GIESSEN

KERZENGIESSFORMEN

Kerzen lassen sich in allerlei Behältnisse gießen, und zwar nicht nur in solche, die speziell fürs Kerzengießen gedacht sind. Wir haben aus der Vielzahl an Möglichkeiten unterschiedliche Formen ausgewählt, experimentiert, Ideen umgesetzt und Erfahrungen gesammelt und stellen diese samt ihrer Eigenschaften und Besonderheiten vor.
Ergänzende Details sind bei den jeweiligen Kerzen-Projekten zu finden.

GIESSFORMEN

Flexible Formen aus Silikon

Für das Gießen von Kerzen wird eine Vielzahl von unterschiedlichen flexiblen Gießformen angeboten. Es gibt zum einen sehr hochwertige Formen aus Silikon, bzw. einer Mischung aus Silikon und Kautschuk, die hauptsächlich im Imkereifachhandel in allerlei Ausführungen angeboten werden, sowie Formen, bei denen das Silikon ggf. mit anderen Kunststoffen gemischt wird. Letztere werden oftmals nicht speziell für die Kerzenherstellung, sondern für ganz unterschiedliche Zwecke wie beispielsweise zum Ausgießen mit Beton oder Gips, für das Herstellen von Seife usw. angeboten und besitzen daher auch meist keine Öffnung für das Einsetzen eines Dochts. Manche dieser Formen sind sehr dünnwandig, nicht in jedem Fall hitzebeständig und können sich daher beim Eingießen von heißem Wachs verformen oder gar reißen. Wir empfehlen, die jeweiligen Materialeigenschaften zu prüfen und generell beim Hantieren mit heißem Wachs immer sehr vorsichtig zu sein.
Die anfangs erwähnten (dickwandigen) Silikon-Kautschuk-Formen sind vergleichsweise teuer, dafür jedoch wesentlich stabiler und langlebiger und besitzen neben einer Vorrichtung für den Docht in Abhängigkeit der jeweiligen Kerzenform meist auch einen seitlich angebrachten Schlitz, durch den die Kerze nach dem Erhärten des Wachses mühelos entnommen werden kann. Beim Gießvorgang, bzw. auch während des Aushärtens des Wachses, wird die Form von mehreren dicken Gummiringen zusammengehalten. Optisch ist die durch den Schlitz entstehende Nahtstelle an der fertigen Kerze bei sorgfältiger Handhabung nicht sichtbar.
Hochwertige Teelichtformen werden als Einzelform sowie auch als Mehrfach-Gießform angeboten. Als Platzhalter für den Docht werden bei diesen Formen Nägel in das im Boden vorhandene Loch gesteckt, bevor das Wachs eingegossen wird. Sobald dieses fest, jedoch noch warm ist, werden die Nägel aus den Teelichtern herausgezogen und stattdessen die Teelichtdochte in den entstandenen Tunnel gesteckt.

Bei Formen, die nicht speziell zur Kerzenherstellung gedacht sind und daher keine Dochtvorrichtung besitzen, muss entweder vor dem Gießen ein Loch in den Boden der Form gestochen werden, was bei dünnwandigen Formen Risse verursachen kann, oder man bohrt im Nachhinein ein Loch durch die fertige Kerze. Für kleine Kerzen im Teelichtstil lassen sich auch Formen aus dem Haushaltswarenbedarf zweckentfremden, z.B. Eiswürfel- oder Pralinenförmchen, die sich (falls hitzebeständig) auch zum Ausgießen mit Wachs eignen.

Da solche Formen keine Dochtvorrichtung besitzen, wird wie erwähnt ein Tunnel durch das fertige Wachsgebilde gebohrt (z.B. mit einem Holzspieß oder Kastanienbohrer). Das Wachs sollte beim Durchstechen zwar stabil, jedoch nicht vollständig ausgehärtet sein. Anschließend wird der Docht (möglichst gewachst und unbedingt mit Füßchen) von unten durch die Öffnung geführt. Bitte stets die Empfehlungen des Herstellers in Bezug auf die gewählte Gießform und das verwendete Wachs beachten.

Kunststoff-Formen

Neben flexiblen Gießformen werden im Kerzenfachhandel auch starre Formen aus hitzebeständigem Kunststoff angeboten (z.B. aus Polycarbonat). Diese Formen besitzen eine Dochtvorrichtung. Die Vorgehensweise entspricht grundsätzlich der mit flexiblen Formen. Details sind bei den Kerzenprojekten zu finden.

Um eine möglichst makellose Kerze zu gestalten, grundsätzlich bei allen Formen die Empfehlungen des Herstellers oder Händlers in Bezug auf die gewählte Form und das verwendete Wachs beachten.

Gefäße aus Keramik, Glas usw.

Auch Gefäße aus Keramik oder hitzebeständigem Glas können mit Wachs ausgegossen werden. Der Metallfuß des Dochts kann vor dem Gießen mit etwas Knetwachs am Boden fixiert werden, das obere Dochtende bis zum Aushärten des Wachses mit einem Dochthalter am Gefäßrand fixieren. Sollte das Wachs mit ätherischen Ölen beduftet werden, empfehlen wir, die Aromakerze bis zum Gebrauch abzudecken (z.B. mit einem passenden Korken), damit sich die ätherischen Öle nicht vorzeitig verflüchtigen. Auch hitzebeständige Tassen, Glastiegel oder Einmachgläser eignen sich zum Kerzengießen.

Organische Formen

Besonders zauberhaft sehen kleine Kerzen aus z.B. Walnussschalen, Eichelhütchen, Weinbergschneckenhäusern oder Muscheln aus, vor allem in harmonischer Verbindung mit Bienenwachs. Sicher schlagen nicht nur Kinderherzen beim Anblick dieser niedlichen Kerzchen höher. In unserer Kerzenwerkstatt zeigen wir einige Beispiele samt liebevollen Gestaltungsideen (s. S. 52).

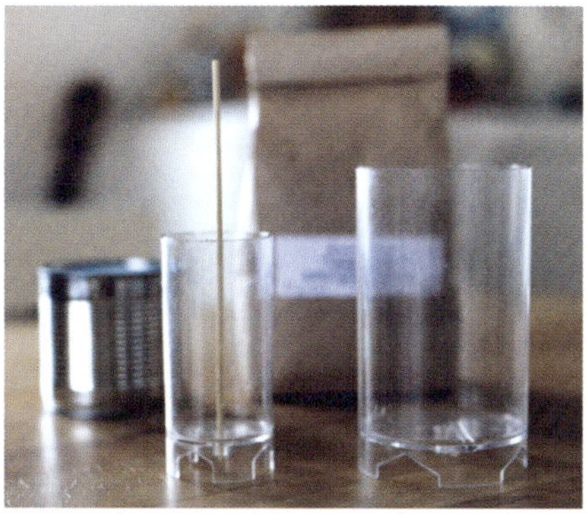
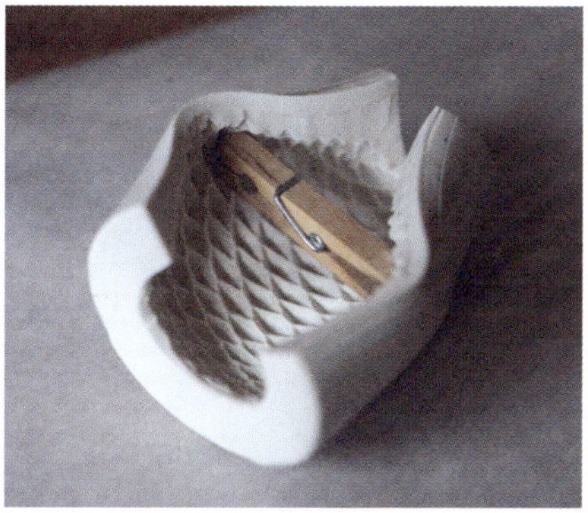
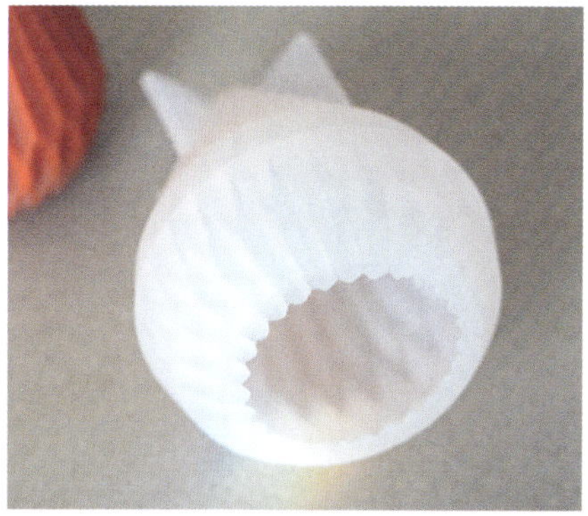
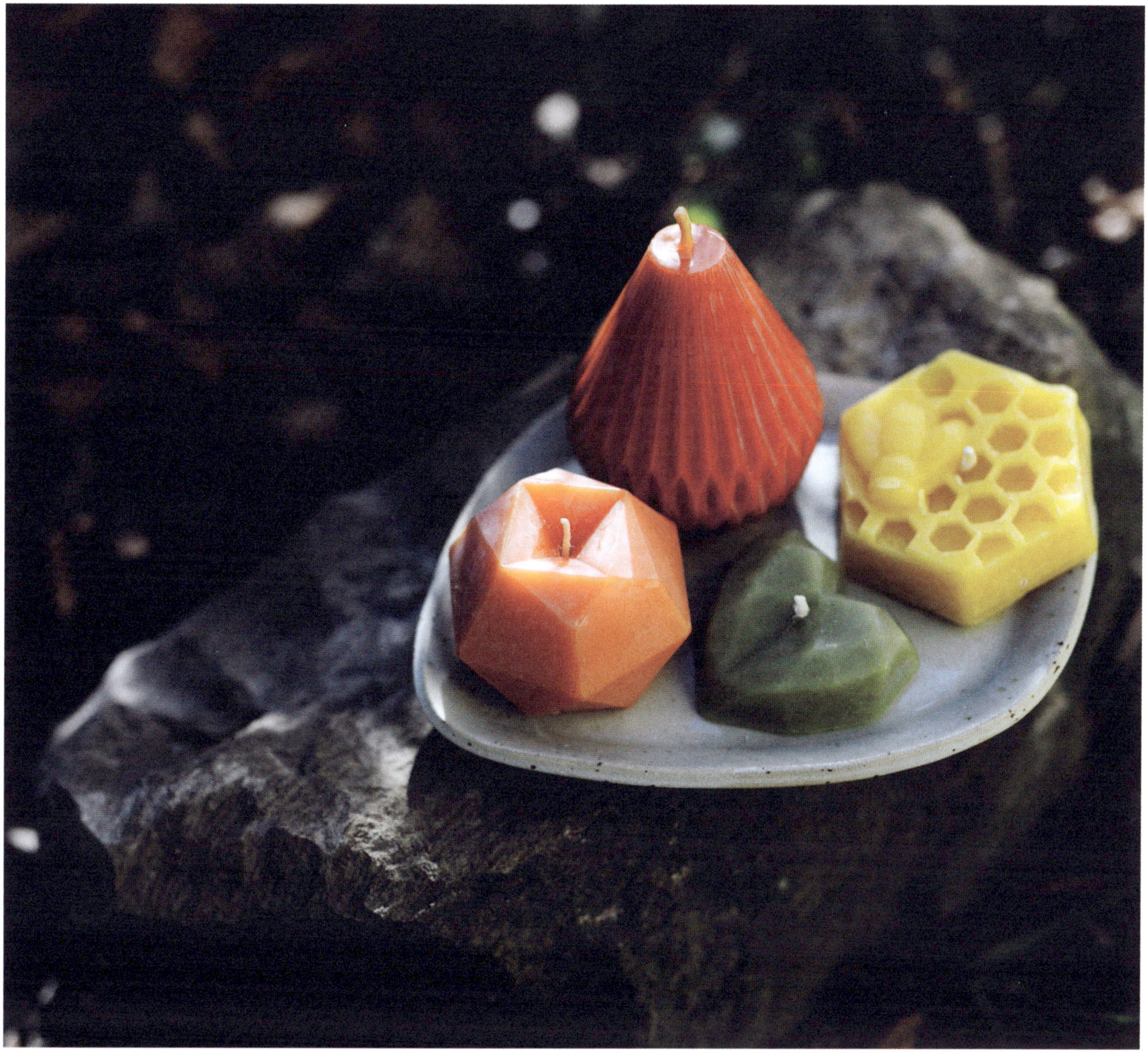

GIESSEN MIT NATURWACHS

1. Naturwachs entsprechend seinem individuellen Schmelzpunkt langsam im Wasserbad erhitzen, ab und zu vorsichtig mit einem Holzstäbchen umrühren.
2. Falls gewünscht, Farbpigmente (0,1 bis 0,2 %) bei ca. 80 °C und/oder ätherische Öle (ca. 3 bis 5 %) zum geschmolzenen Wachs geben (bei Verwendung beider Komponenten zuerst die Farbpigmente hinzufügen – die ätherischen Öle erst kurz vor dem Gießvorgang in das bereits abgekühlte Wachs tropfen).
3. Das Naturwachs entsprechend seinen spezifischen Eigenschaften vor dem Gießen auf ca. 50 bis 70 °C abkühlen lassen.
4. Gießformen ggf. vor dem Gießen anwärmen, um die Temperatur von Wachs und Gefäß etwas anzugleichen (bei dickwandigen Silikonformen oder Naturmaterialien wie Walnussschalen ist dies nicht notwendig). Die Raumtemperatur sollte nicht zu kühl sein.
5. Zu Wachs und Gefäß passenden Docht einsetzen und entsprechend der jeweiligen Form mit einem Dochthalter (z.B. Wäscheklammer fixieren).
6. Wachs langsam in die Gießform füllen (ggf. etwas Platz für ein späteres Nachgießen lassen).
7. Um im Wachs befindliche Luftbläschen zu entfernen, die Form nach Bedarf vorsichtig auf die Unterlage klopfen.
8. Um entstandene Risse oder Unebenheiten auszugleichen, kann nach dem Erkalten des Wachses eine dünne Schicht Wachs nachgegossen werden.
9. Das Wachs bei Raumtemperatur langsam abkühlen und aushärten lassen.

Allgemeine Tipps

- Da die Wachse teilweise unterschiedliche Schmelztemperaturen benötigen, sollten jeweils die Händlerangaben beachtet werden (siehe auch Beschreibungen der Wachse ab S. 10).
- Möchte man die benötigte Wachsmenge für die gewählte Form bestimmen, wird diese zunächst mit Wasser gefüllt. Die Füllmenge in Milliliter entspricht in etwa der benötigten Wachsmenge in Gramm. Einige Anbieter geben die benötigte Wachsmenge in der Artikelbeschreibung der jeweiligen Form an.
- Bevor das Wachs in die Form gegossen wird, muss diese absolut trocken sein.
- Da es mehrere Stunden dauert, bis eine Kerze aus einer Gießform entnommen werden kann, lohnt es sich, gleich mehrere Formen zum Ausgießen vorzubereiten.
- Der Docht sollte nicht nur zum Wachs, sondern auch zum Durchmesser einer Kerze passen. Je nach Gießform entstehen jedoch Kerzen mit uneinheitlichem Durchmesser. So kann der Durchmesser oben wesentlich vom mittleren oder unteren Durchmesser abweichen (z.B. bei birnen- oder pyramidenförmigen Gießformen). Hier sollte man einen Mittelwert für den Docht wählen bzw. sich eher am mittleren bis unteren Durchmesser der Kerze orientieren, da die Kerze bei einem zu klein gewählten Docht im Verlauf nicht gut abbrennen würde.

TEELICHTER

Noch immer besteht der größte Anteil der im Handel angebotenen Teelichter aus Paraffin, sie lassen sich jedoch auch ganz einfach aus Naturwachsen (oder Kerzenresten) selbst herstellen.
Für das Gießen von Teelichtern werden unterschiedliche Gießformen angeboten. Im Imkereifachhandel finden sich beispielsweise praktische Mehrfachgießformen aus hochwertigem Silikon-Kautschuk. Wir haben jedoch auch hübsche Einzelförmchen entdeckt, die für Kinder einfacher handhabbar sind (diese werden in schlichter Ausführung sowie mit unterschiedlichen Prägemustern wie Tannenbäumen, Schweinchen, Sonne, Mond, Stern etc. angeboten). Sie sind nicht gerade günstig, dafür jedoch sehr hochwertig, stabil und langlebig.
Wir haben mit den unterschiedlichen Formen Teelichter mit Rapswachs und Bienenwachs gegossen und wünschen viel Freude an den Inspirationen hier und im Kapitel «Feste» (s. S. 124) sowie «Upcycling» (s. S. 154).

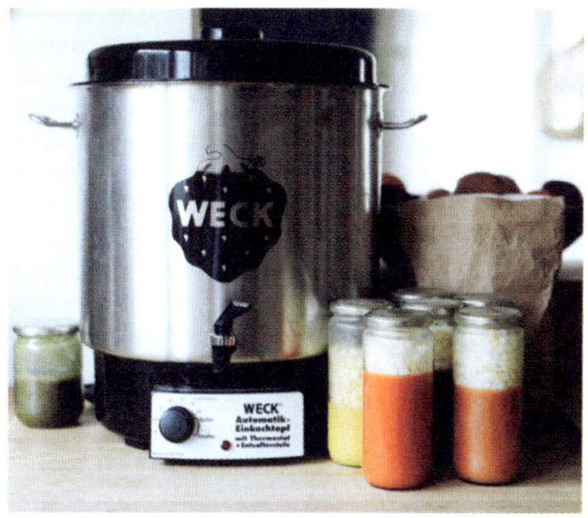

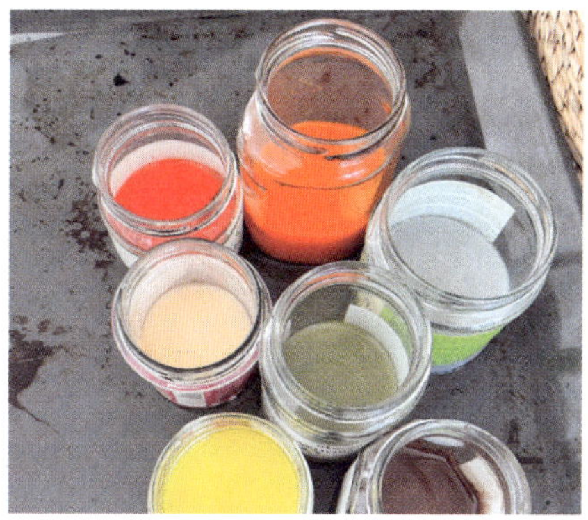

Hinweise

- Teelichter werden stets in dafür vorgesehenen Behältern abgebrannt, worin das Wachs im Verlauf vollständig schmilzt. Im Handel werden dafür spezielle Teelichtgläser angeboten, man kann jedoch auch benutzte Aluhüllen sammeln und wiederverwenden. Hierfür einfach verbliebene Wachsreste und das Metallfüßchen entfernen (vorab 15 Minuten ins Kühlfach, dann lösen sich die Reste leicht).
- Da es einige Zeit braucht, bis die Teelichter aus der Form entnommen werden können, empfehlen wir, mit dem geschmolzenen Wachs gleich noch andere Kerzen zu gießen.
- Teelichter sind kaum noch aus unserem Alltag wegzudenken und sind daher hübsch verpackt eine tolle Geschenkidee.
- Teelichter lassen sich wunderbar aus gesammelten Wachsresten gießen (z.B. aus Resten der Advents- oder Weihnachtskerzen oder wenn vom Gießen anderer Kerzen oder nach dem Kerzenziehen Wachsreste übrigbleiben – siehe auch Kapitel «Upcycling» ab S. 154).

- Die Einzelförmchen mit Prägung sind ideal für das Kerzengießen mit Kindern, z.B. am Kindergeburtstag.
- Für das Gießen von Teelichtern zusammen mit Kindern empfehlen wir, das Wachs in einem Behälter mit Henkel (z.B. Laborglas aus Borosilikat mit Ausgießer) zu schmelzen, damit die Kinder das flüssige Wachs besser und auch gefahrloser in die sehr kleinen Förmchen füllen können.

Material

Teelicht-Gießformen nach Wahl
Raps- oder Bienenwachs (Menge nach Bedarf)
Schmelzgefäß (z.B. Konservendose, Einmachglas, Laborglas aus Borosilikat mit Ausgießer)
Topf für das Wasserbad
Pigmente nach Wunsch
auf das verwendete Wachs abgestimmte Teelichtdochte mit Füßchen
Teelichtgläser (alternativ gebrauchte Aluhüllen wiederverwerten)

Anleitung

1. Das Wachs entsprechend dem jeweiligen Schmelzpunkt im Wasserbad schmelzen.
2. Währenddessen die Gießformen vorbereiten (den Formen liegen Nägel bei, die vor dem Gießen in die dafür vorgesehene Öffnung im Boden gesteckt werden müssen; hier wird später der Docht eingeführt).
3. Nun das flüssige Wachs langsam in die Formen gießen.
4. Sobald das Wachs noch leicht warm, jedoch bereits stabil ist (das Wachs im Innern des Teelichts darf nicht mehr flüssig sein), das Teelicht vorsichtig am Nagel aus der Form ziehen. Den Nagel anschließend langsam aus der Kerze drehen und stattdessen sogleich den Docht einsetzen. Die etwas unebenere Oberfläche bildet die Kerzenunterseite, an der sich nun der Dochtfuß befindet.

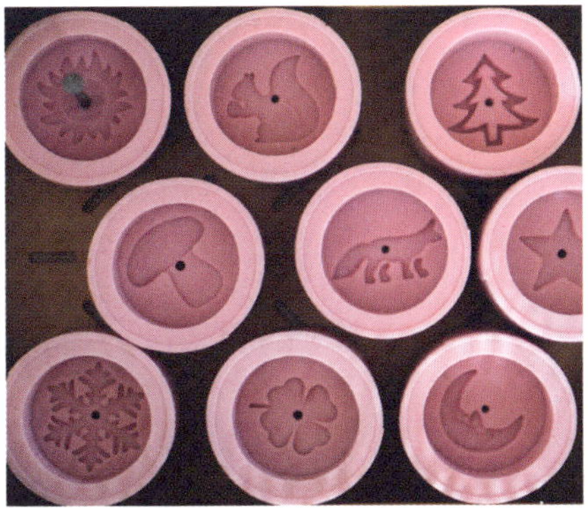
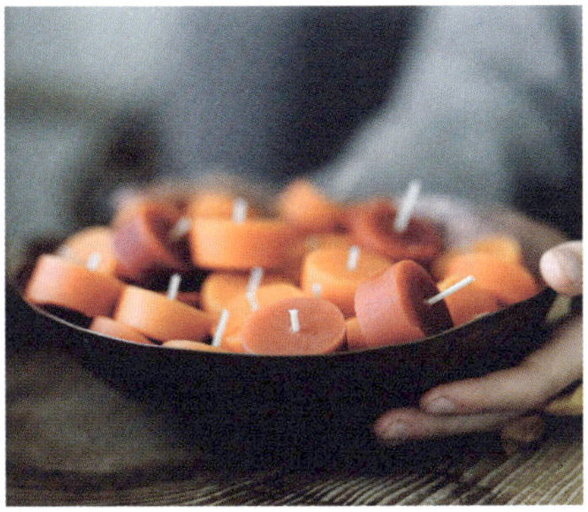
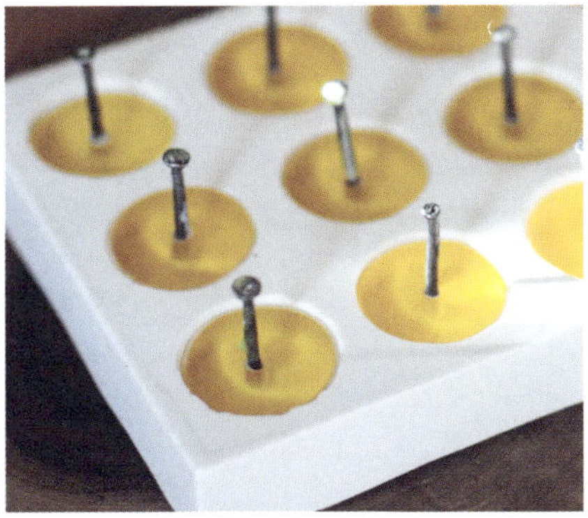
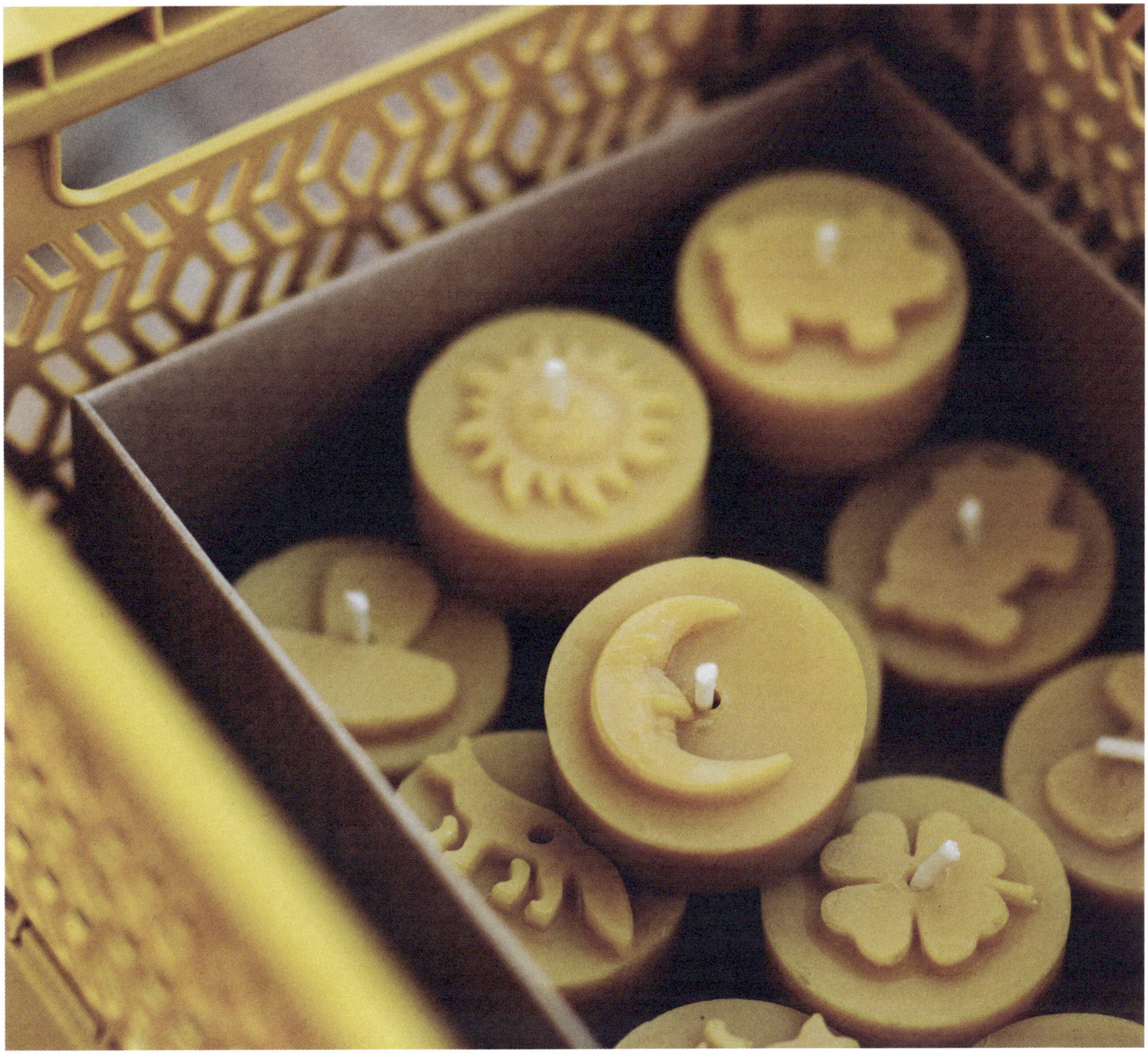

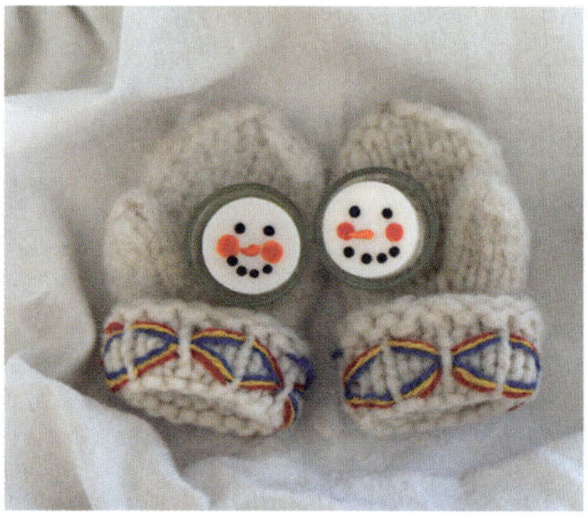

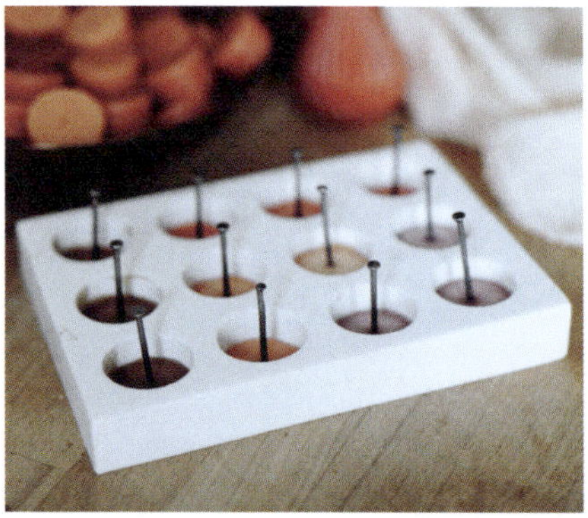

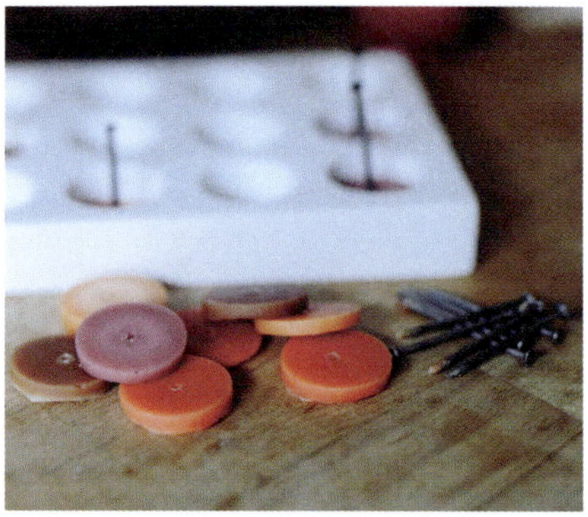

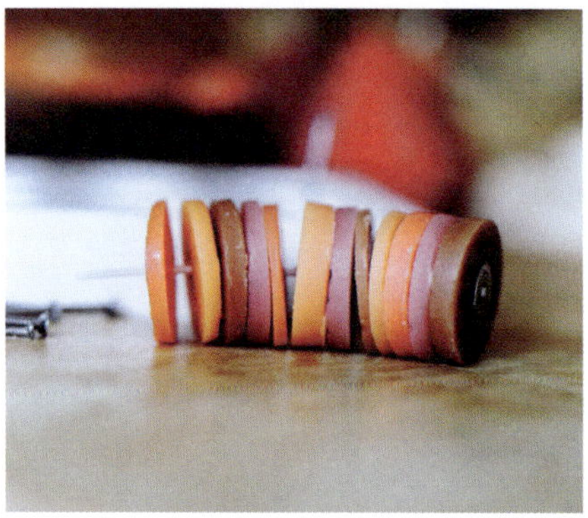

RAPSWACHS-TEELICHT MIT SCHNEEMANNGESICHT

Auf ein schlichtes, weißes Rapswachs-Teelicht lässt sich schnell und kinderleicht ein lächelndes Schneemanngesicht *malen*. Hierfür einfach eine kleine Menge orangefarbene Wachsfolie spitz zulaufend als Nase um den Docht kleben, für Augen und Mund aus schwarzer Wachsfolie mehrere winzige Kügelchen rollen, aus roter Wachsfolie flache, runde Bäckchen formen und damit das Schneemanngesicht gestalten.

TÜRMCHENKERZE

Hierfür haben wir die einzelnen Mulden einer Mehrfachgießform ohne Prägung nicht vollständig gefüllt, sondern mit bunten Bienenwachsresten jeweils nur wenige Millimeter hoch ausgegossen.
Die bunten Wachsscheiben werden nach dem Aushärten auf einen wachsummantelten langen Docht (für Bienenwachs geeignet) mit Füßchen gefädelt, bis ein Türmchen von ca. 5 bis 6 cm Höhe entsteht. Da sich Bienenwachs auch für frei stehende Kerzen eignet, darf auch die Tümchenkerze frei stehen, benötigt für den Abbrand jedoch wie alle Kerzen eine feuerfeste Unterlage (ein Tellerchen o.Ä.).

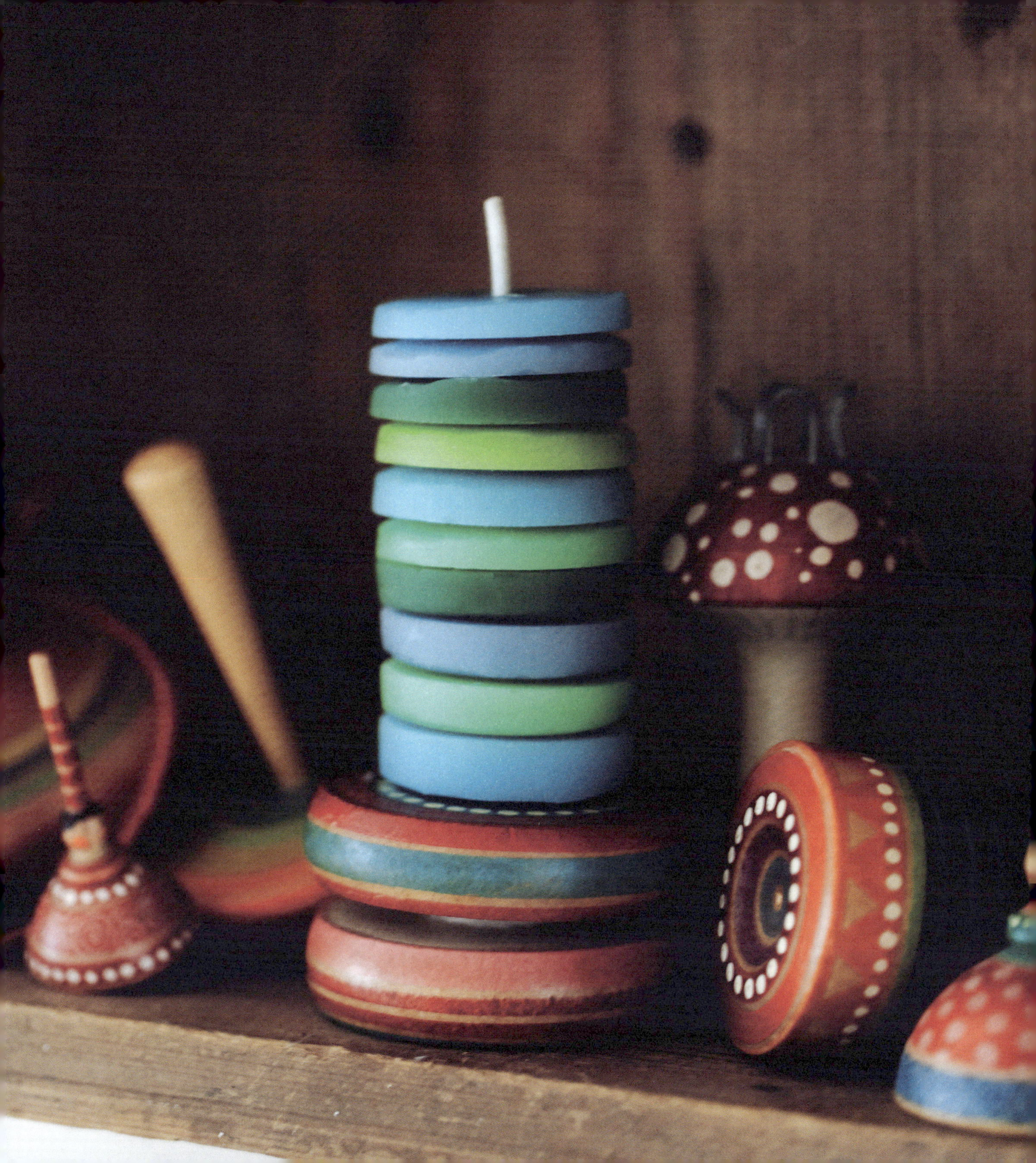

TANNENZAPFEN-KERZEN

Material

Kerzengießform aus Silikon-Kautschuk (Imkereifachhandel)
je Zapfenkerze ca. 100 g Bienenwachs (bzw. entsprechend der jeweils gewählten Gießform)
zum Durchmesser der Kerze passender Runddocht für Bienenwachs (die benötigte Dochtgröße wird meist in der Produktbeschreibung angegeben, ansonsten bitte am Durchmesser der Kerze orientieren; pigmentiertes Wachs benötigt je nach Pigmentmenge ggf. einen größeren Docht)
ein oder mehrere Schmelzgefäße
nach Wunsch unterschiedliche Farbpigmente
Holzspieß zum Umrühren
Topf für das Wasserbad, alternativ Einkochautomat oder Backofen (je nach Anzahl der Schmelzgefäße)
zwei flache Holzleisten gleicher Höhe (z.B. Kapla-Hölzer)
Dochthalter

Kerzen in Tannenzapfenform gehören zu den beliebtesten Bienenwachskerzen-Klassikern. Beinahe wie in der Natur gibt es auch bei der Auswahl an Gießformen sehr unterschiedliche Variationen in Form und Größe.
Zu unseren Zapfen aus naturreinem gelbem Bienenwachs gesellen sich auch bunte, die jedoch allesamt farblich miteinander harmonieren, sodass sie im 2er- oder 3er-Set beieinander und hübsch verpackt eine wundervolle Geschenkidee sind – nicht nur in der Adventszeit.
Für die Farbgebung haben wir aus unserer Kerzenpigment-Sammlung Braun- und Grüntöne ausgewählt und diese mit Altrosé ergänzt. Zudem haben wir mit der Farbintensität experimentiert, auch Mischungen der Farben untereinander gewagt, bzw. mal gelbes, mal gebleichtes Bienenwachs gefärbt, woraus eine wundervolle Vielfalt an Nuancen entstanden ist.

Anleitung

1. Bienenwachs entsprechend der Anzahl der zu gießenden Kerzen im Wasserbad schmelzen.
2. Einen Teil des flüssigen Bienenwachses nach Wunsch mit Pigmenten einfärben (siehe Anleitung «Kerzenwachs färben» ab S. 27).
3. Den Docht am *Köpfchen* knoten (also dort, wo später die Kerze angezündet wird) und so in die Form einlegen, dass sich der Knoten an der geschlossenen Seite der Gießform befindet (der Knoten verhindert beim Einspannen das Einziehen des Dochts in die Form).
4. Die Gummiringe um die Form herum anbringen. Darauf achten, dass die Nähte des Schnitts exakt aufeinander liegen.
5. Die beiden Holzleisten mit etwas Abstand nebeneinander auf

die Arbeitsfläche legen, die Kerzengießform daraufstellen (da sich an der Unterseite der Gießform der Dochtknoten befindet, würde die Form ohne Leisten nicht gerade stehen).

6. Den Docht am anderen Ende mit einer Wäscheklammer fassen und auf die Seite legen.
7. Das Bienenwachs langsam einfüllen.
8. Den Docht spannen und mit einem Dochthalter in der Kerzenmitte fixieren.
9. Das Wachs schrumpft beim Erkalten, bei Bedarf eine kleine Menge nachgießen.
10. Das Bienenwachs bei Raumtemperatur für mindestens 2 Stunden oder länger in der Form abkühlen lassen.
11. Gummiringe abnehmen und die Kerze vorsichtig aus der Form nehmen.
12. Den Docht an der Kerzenunterseite bündig abschneiden, am Köpfchen auf 1 cm kürzen.

Tipp

Da es mehrere Stunden dauert, bis die Kerze aus der dickwandigen Form entnommen werden kann, lohnt es sich, weitere Formen zum Ausgießen vorzubereiten und zu nutzen (z.B. Teelichtformen, Walnussschalen, Sternchen usw.).

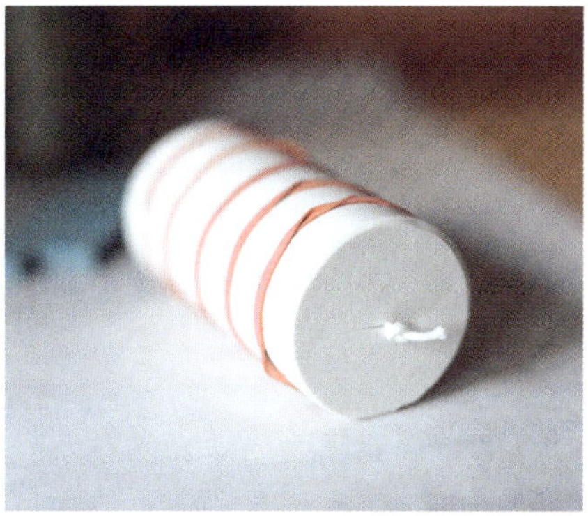

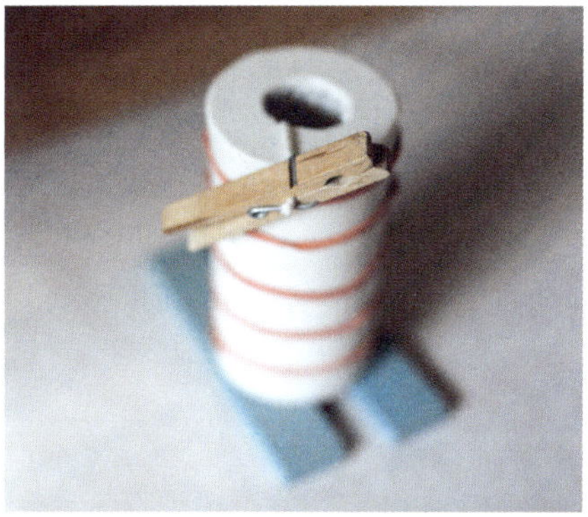

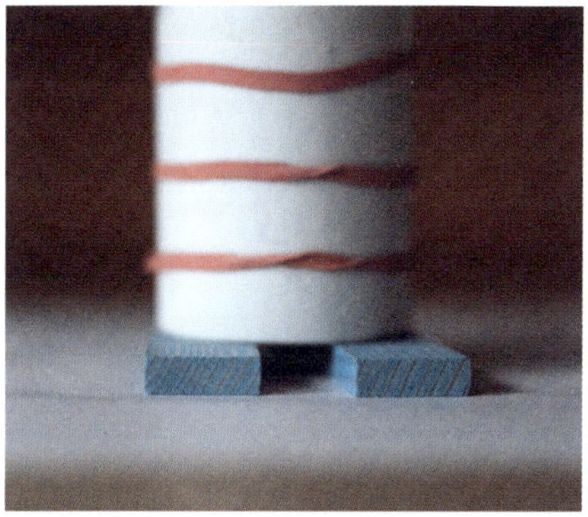

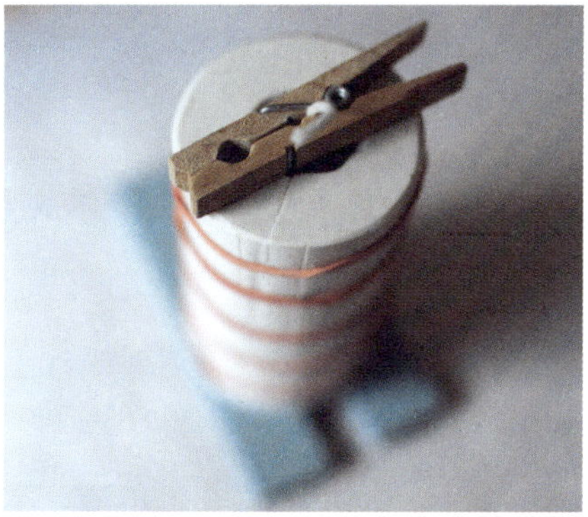

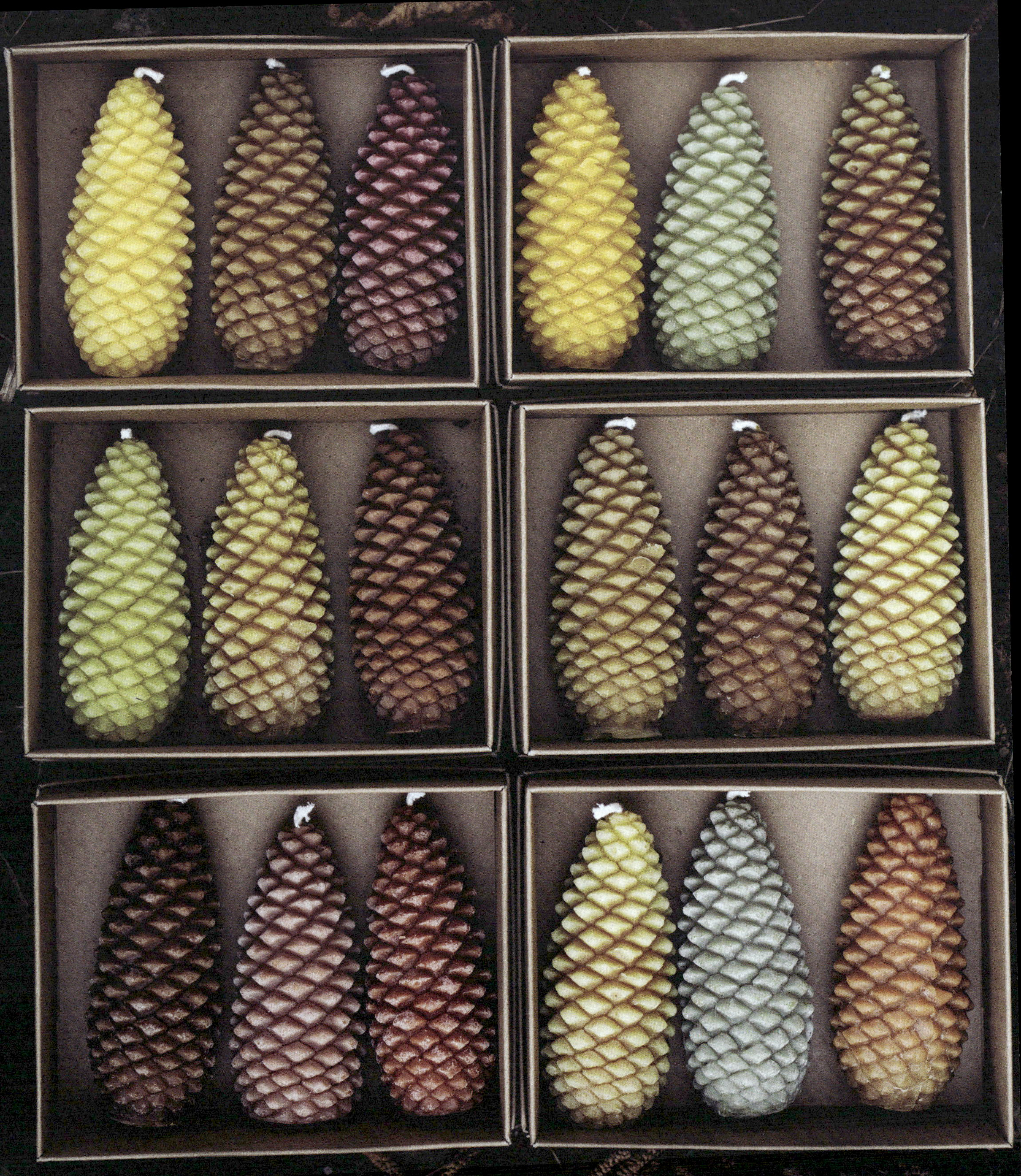

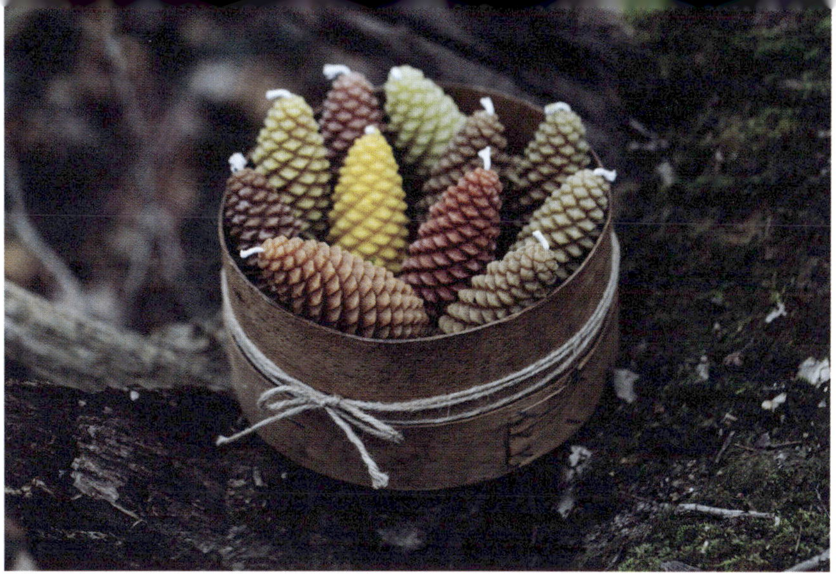
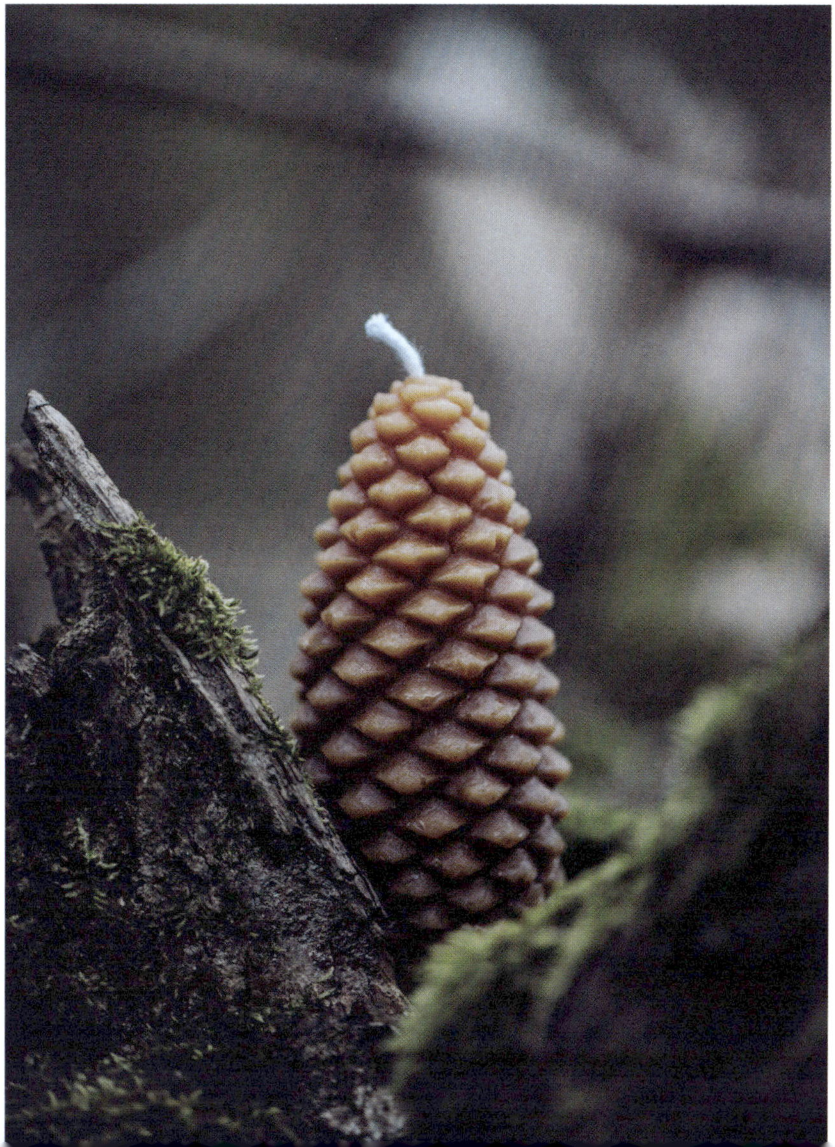
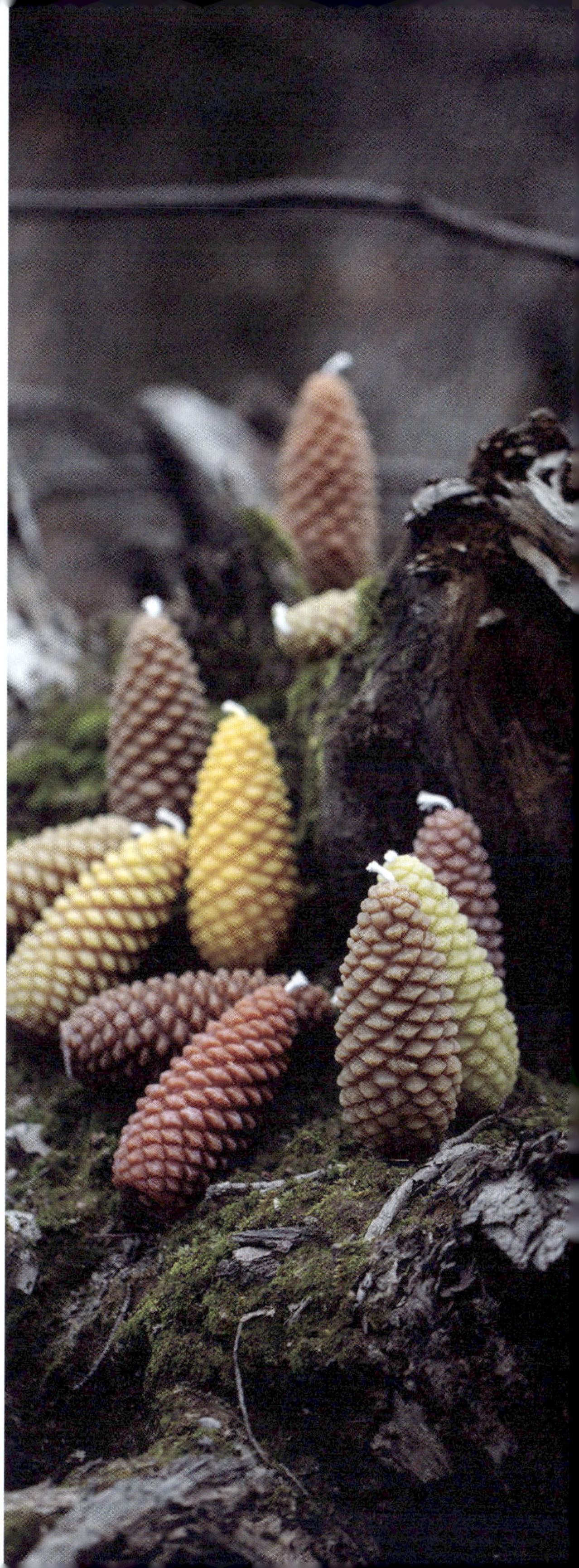

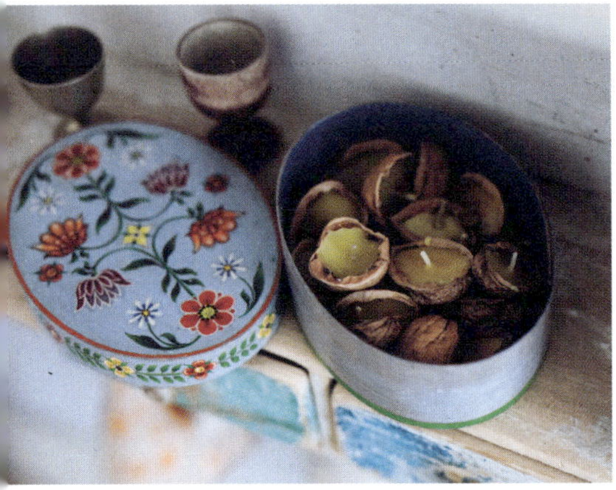

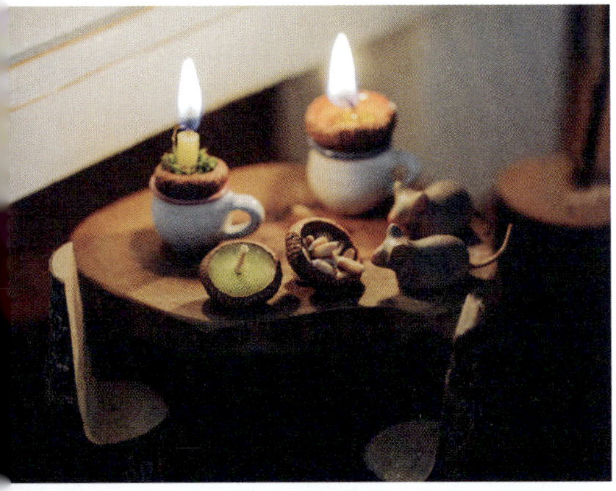

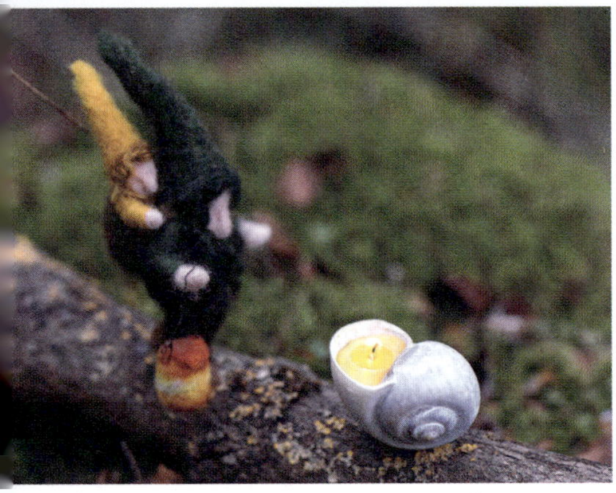

NATURKERZCHEN GIESSEN

Wir sind ganz verliebt in unsere kleinen Naturkerzen und hoffen, dass diese, so klein sie auch sein mögen, nicht nur Kinderherzen erwärmen. Das Herstellen dieser Naturkerzchen braucht nicht viel, geht kinderleicht von der Hand und bereitet dazu viel, viel Freude. Eichelkäppchen, Muscheln, Schneckenhäuser usw. lassen sich das ganze Jahr über bei Spaziergängen, im Garten oder im Urlaub in der Natur sammeln, sodass es nur noch wenige Dinge braucht, um diese niedlichen Kerzchen zu machen. Walnuss- oder Eichelhütchenkerzen können sogar in einer Wasserschale schwimmen.

Wenn das Wachs im Wasserbad auf dem Herd geschmolzen ist, ist es vor allem mit Kindern stimmungsvoller und gemütlicher, die Kerzen nicht am Herd, sondern an einem Tisch zu gießen. Um das duftende Bienenwachs dort flüssig zu halten, wird dieses im hitzebeständigen Becherglas zwischendurch immer wieder auf ein Stövchen gestellt (ansonsten immer mal wieder für einige Minuten zurück ins Wasserbad auf den Herd stellen). Wenn der Tisch mit einer Wachstischdecke oder Zeitungspapier abgedeckt wird, schaden auch die kleinen oder größeren Bienenwachströpfchen nicht, die manchmal danebengehen.

Material

- Naturmaterialien wie Walnussschalen, große Eichelkäppchen, stabile Muscheln, Schneckenhäuser, Eierschalen
- Teelichtdochte für Bienenwachs mit Füßchen
- Bienenwachs(pastillen)
- Schmelzbehälter (möglichst mit Henkel und Ausguss)
- Topf für das Wasserbad
- Wachstischdecke oder Zeitungspapier
- evtl. Stövchen zum Warmhalten des Wachses
- für das Schneckenhaus etwas feinen Sand
- eine kleine Menge Knetbienenwachs*
- Schale mit feuchtem Moos oder Sand

Anleitung

1. Das benötigte Material griffbereit auf den Tisch legen, vor allem, wenn Kinder mitmachen, damit sie niemals allein mit dem heißen Wachs am Tisch sind.
2. Den Docht mittig auf den Boden der gewünschten Form setzen. Das Metallfüßchen lässt sich gut mit etwas Knetbienenwachs fixieren (wodurch zudem störende Mulden am Boden ausgeglichen werden).
3. Falls die Kerzen mit Kindern gegossen werden, empfehlen wir, die mit heißem Wachs zu füllenden Schälchen nicht den Kindern direkt in die Hand zu geben, sondern Walnussschalenhälften, Eichelhütchen und dergleichen stattdessen in eine Schale mit Sand oder weichem Moos zu setzen, diese dort zunächst waagrecht auszubalancieren und dann vorsichtig bis an den Rand mit flüssigem Wachs aufzufüllen. Wenn mehrere Kinder teilnehmen, lässt man die Schale mit den Förmchen am besten reihum direkt zu dem Kind wandern, das an der Reihe ist und es selbst herausfinden, ob ihm das Eingießen besser im Sitzen oder Stehen gelingt.
4. Das Wachs aushärten lassen.

* Knetbienenwachs ist sehr praktisch – auch, um Kerzen in etwas zu großen Kerzenhaltern zu fixieren. Man findet es im Bastelbedarf.

Tipps

- Um vor allem die Handhabung mit Kindern zu erleichtern, lohnt sich die Anschaffung eines kleinen Becherglases aus Borosilikat (250 ml) mit Henkel und Ausguss. Diese hitzebeständigen Behälter sind sehr stabil, können gut am Henkel gegriffen werden (kühlt nach dem Wasserbad auch relativ schnell wieder ab) und das Wachs lässt sich zudem bequem und gut dosierbar in die sehr kleinen Behältnisse gießen.
- Wachstropfen auf der Arbeitsfläche können entfernt werden, indem das Wachs mit dem Föhn auf niedrigster Stufe erwärmt und verflüssigt wird (den Föhn nicht zu nah an das Wachs halten). Das flüssige Wachs mit einem Taschentuch, Küchenpapier o.Ä. aufnehmen. Achtung: Unbedingt auf die Hitze der Föhnluft achten, bzw. prüfen, ob die zu erwärmende Oberfläche hitzebeständig ist.
- Die Kerzchen in den Naturhüllen stehen bedingt durch ihre organische Form nicht unbedingt sicher und eben auf einem Untergrund, worauf beim Anzünden der Kerze jedoch unbedingt geachtet werden muss. Unebenheiten lassen sich mit einer kleinen Menge Knetbienenwachs,* die an der Unterseite angebracht wird, ausgleichen. Zudem schafft das Knetbienenwachs eine haftende Verbindung zur Ablagefläche.
- Eine schöne Idee ist es auch, die Kerzchen dekorativ in einer Schale mit frischem (feuchtem) Moos oder Sand zu arrangieren, in der sich die Kerzen waagrecht ausrichten lassen. Die Eichelhütchen sehen auch wunderschön in einer Adventsspirale aus lufttrocknendem Ton aus.

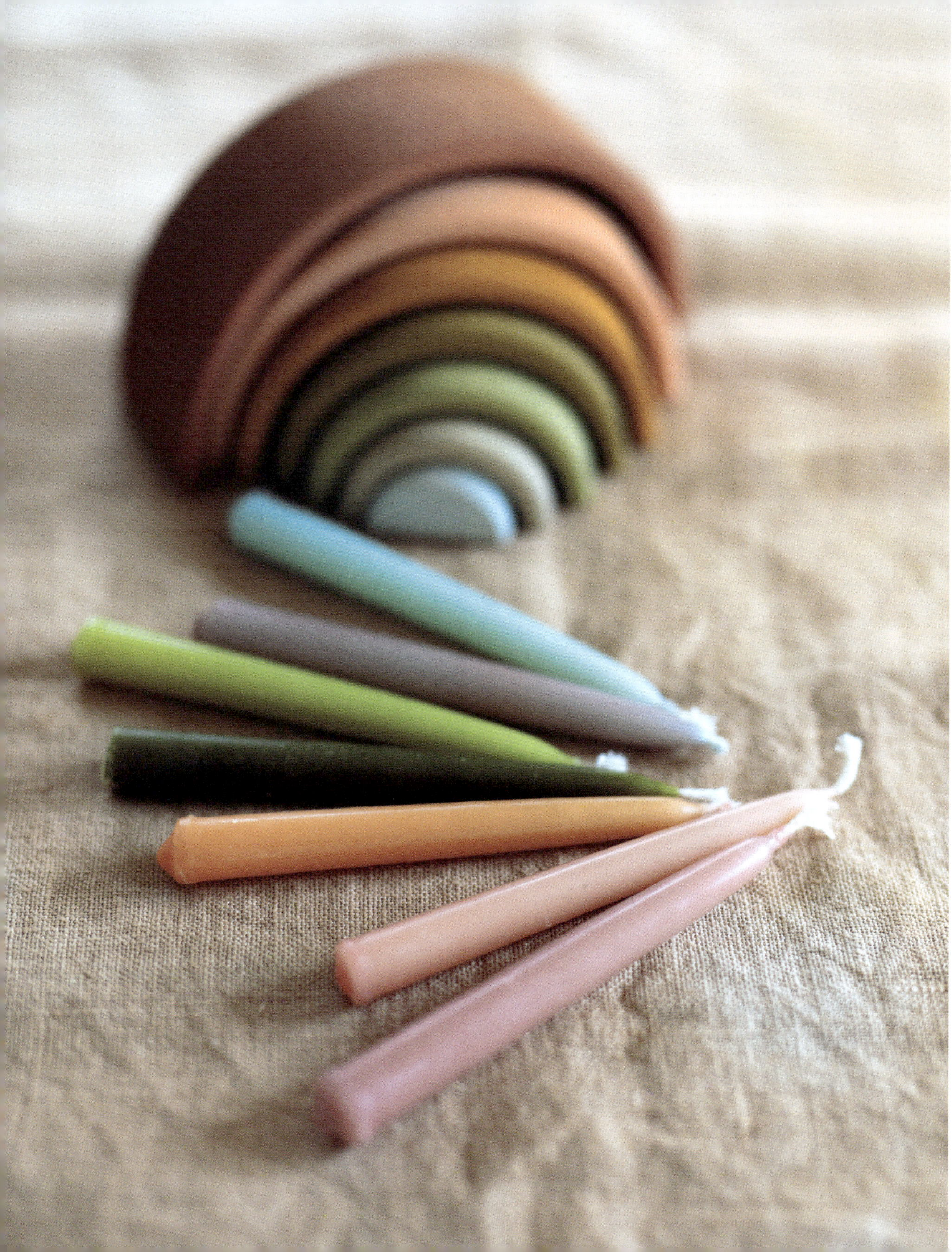

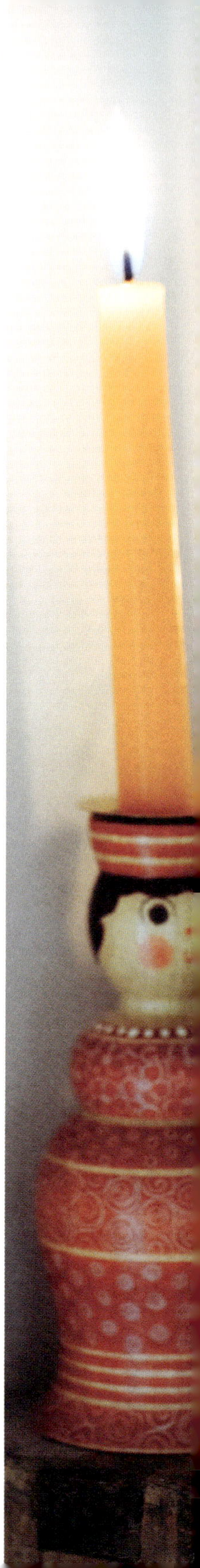

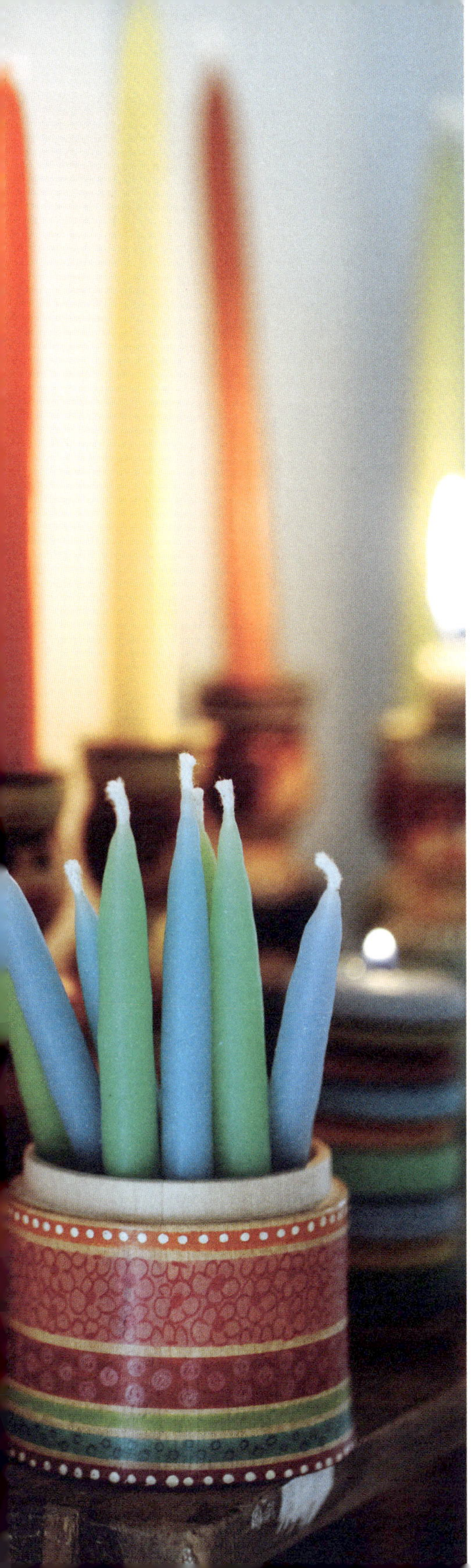

KERZEN ZIEHEN

BIENENWACHSKERZEN ZIEHEN

Im Gegensatz zum Gießen von Kerzen benötigt man fürs Kerzenziehen härtere Wachsarten. Je nach Zusammensetzung eignet sich bei den Naturwachsen Rapswachs mit einem ausreichend hohen Härtegrad (ggf. mit synthetischen Wachsanteilen). Wir haben unsere Kerzen jedoch ausschließlich mit Bienenwachs gezogen.

Wer einmal erlebt hat, wie sich die Atmosphäre eines ganzen Raumes beim Erwärmen von Bienenwachs verändert, weiß, wie wohlig man in dieser Stimmung von einem Gefühl aus Wärme und Geborgenheit umhüllt wird. Man spürt: Im Bienenwachs ist das Sonnenlicht des Sommers verborgen, das selbst in der kalten und dunklen Jahreszeit Herz und Seele wärmt. Auch wenn Bienenwachskerzen traditionell in der Winter- und Weihnachtszeit gezogen werden, bereitet es auch in den übrigen Jahreszeiten viel Freude. Wir möchten Ihnen das Ziehen von Bienenwachskerzen auch für gemeinschaftliches Tun an Geburtstagsfesten, in Kindergartengruppen oder Schulklassen ans Herz legen. Bienenwachskerzen lassen sich vom feinen Zwergenkerzchen bis hin zu langen Leuchterkerzen oder dicken Stumpen ziehen.

In Farbe getaucht, mit Blüten, Blättern, Verzierwachs oder Glitzer dekoriert, in sich gedreht oder miteinander verschlungen, verwandeln sich schlichte handgezogene Bienenwachskerzen in zauberhafte Kunstwerke. Inspirationen dazu finden sich zahlreich in unserer Kerzenwerkstatt.

Material

möglichst hohes (entsprechend der gewünschten Kerzenhöhe), schmales und hitzebeständiges Schmelzgefäß (z.B. Weißblechdose, hohes Konservenglas, Kerzenschmelzbehälter aus Aluminium)
mindestens 1 bis 2 kg Bienenwachs* je Schmelzbehälter, entsprechend dem Volumen des Gefäßes (für bunte Kerzen eingefärbtes Bienenwachs)
ein etwas höherer, schmaler Topf für das Wasserbad (z.B. ein Milch- oder Spargeltopf)
Backpapier
auf den Durchmesser der Kerzen abgestimmter Runddocht (für Bienenwachskerzen geeignete Meterware)
Wasser
Schere
Zeitungspapier und Wachstischdecke zum Abdecken von Boden und Arbeitsfläche, um diese vor Wachstropfen zu schützen
Aufhängemöglichkeit für die gezogenen Kerzen (z.B. Zweige, gespannte Wäscheleine, Leitersprossen, zwischen zwei Backsteine gelegte Holzleiste, geeignete Küchenutensilien wie Kochlöffel)
Wäscheklammern

* Bienenwachs wird blockweise oder auch in praktischer Pastillenform angeboten, was besonders einfach dosierbar ist.

Normalerweise muss vor allem bei Runddochten die Laufrichtung beachtet werden. Bei sehr dünnen Kerzen (Durchmesser bis ca. 1,5 cm) kann darauf verzichtet werden, so lassen sich gleich zwei Kerzen in einem Tauchgang ziehen. Für Kerzen mit einer Länge von ca. 12 cm schneiden wir für das Tauchen von zugleich zwei Kerzen den Runddocht auf eine Länge von ca. 40 cm, sodass zwischen den Kerzen eine ausreichend lange Schlaufe zum Halten und Tauchen gebildet werden kann, an der die Kerzen später auch zum Abkühlen aufgehängt werden können. Für Kinder ist es allerdings einfacher, die Kerzen einzeln zu ziehen. Hierfür sollte der Docht für eine ca. 12 cm lange Kerze in etwa 20 bis 22 cm lang sein und am Ende mit einer Schlaufe versehen werden.

Anleitung

1. Das Bienenwachs in einen möglichst hohen und schmalen Behälter füllen (die mögliche Kerzenlänge hängt von der Höhe des Gefäßes ab). Der Durchmesser des Gefäßes sollte groß genug sein, um die Kerzen problemlos tauchen zu können, ohne dabei versehentlich den Rand des Gefäßes zu streifen.
2. Den Behälter mit dem Wachs in einen Topf mit Wasserbad stellen. Das Wasser unterhalb des Siedepunkts erhitzen und darauf achten, dass keine Wasserspritzer ins Wachs gelangen.
3. Während das Wachs schmilzt, Dochte in gewünschter Anzahl und Länge zurechtschneiden. Für das einfache Kerzenziehen ist es vor allem für Kinder hilfreich, am oberen Kopfende des Dochts eine Schlaufe zu knoten, die sich für den Tauchvorgang über einen Finger legen lässt.
4. Das Bienenwachs sollte bei einer Temperatur von ca. 72 – 75 °C gehalten werden, sodass es stets dünnflüssig genug bleibt, damit sich eine möglichst gleichmäßige Kerzenoberfläche bildet. Dickt das Wachs aufgrund zu niedriger Temperaturen an (was je nach Umgebungstemperatur vor allem an der Wachsober-

fläche schnell geschieht), können sich unschöne Ringe an der Kerze bilden.

5. Den Docht zunächst bis zur gewünschten Kerzenhöhe für ca. 30 Sekunden ins Wachs tauchen, damit sich dieser vollsaugen kann.
6. Den wachsummantelten Docht herausziehen, kurz abkühlen lassen und zum Begradigen auf einer glatten Fläche (auf Backpapier) mit den Handflächen rollen. Dies nach den folgenden 2 bis 3 Tauchvorgängen noch einmal vorsichtig wiederholen (die warme und weiche Kerze wird zunehmend empfindlicher und damit sehr bruchanfällig). Das anfängliche Begradigen begünstigt, dass die Kerze *kerzengerade* wird (manche knoten Schraubenmuttern als Gewicht ans untere Dochtende, die später abgeschnitten werden).
7. Den Docht nun so lange immer wieder ins flüssige Wachs tauchen, bis der gewünschte (und zum gewählten Docht passende) Kerzendurchmesser erreicht ist. Zwischen den einzelnen Tauchgängen muss die Kerze unbedingt für mindestens 1 Minute abkühlen.
8. Im Anschluss an die Pausen den Docht immer nur kurz ins Wachs tauchen, da die darunterliegende Wachsschicht sonst wieder schmilzt und die Kerze nicht an Umfang gewinnt, bzw. dieser nicht gleichmäßig und harmonisch zunehmen kann (so entstehen z.B. Kerzen, die nach unten hin dünner werden).
9. Hat die Kerze den gewünschten Durchmesser erreicht, kann der untere Teil mit einem scharfen Messer begradigt werden. Hierfür die Kerze so weit abkühlen lassen, dass sich das Wachs ohne Druck schneiden lässt.
10. Die Kerzen für mehrere Stunden zum Abkühlen aufhängen.

Bitte Vorsicht

Heißes Wachs und Wasser können schwere Verbrühungen verursachen! Bitte Kinder beim Kerzenziehen niemals unbeaufsichtigt lassen und generell darauf achten, dass sämtliche Gefäße, auch die mit heißem Wasser, absolut sicher stehen.

- Bienenwachskerzen sind nicht nur im klassischen Naturton hübsch anzusehen, auch solche aus gebleichtem weißen Bienenwachs sehen anmutig und fein aus (dieses Wachs duftet allerdings leider kaum noch).
- Weißes Bienenwachs eignet sich besonders gut, um mit speziellen Kerzen-Pigmenten eingefärbt zu werden. Mit eingefärbtem Bienenwachs lassen sich nach Herzenslust farbenfrohe Kerzen ziehen (siehe dazu Kerzenwachs einfärben ab S. 27). Auch gelbes Bienenwachs kann mit Pigmenten gefärbt werden, die Farben werden allerdings nicht so strahlend und klar wie mit gebleichtem Bienenwachs.
- Weiße Bienenwachskerzen können auch erst kurz vor Erreichen des gewünschten Durchmessers noch 2- bis 3-mal in farbiges Bienenwachs getaucht werden (was auch bei gelben Bienenwachskerzen möglich ist, allerdings erscheint der Farbmantel dann gedämpfter).
- Um Kindern das Halten des Dochts zu erleichtern, kann dieser am oberen Ende an ein Stöckchen oder Sternchen aus Holz, bzw. Goldfolie geknotet werden (besonders schön in der Adventszeit).
- Kerzen lassen sich am besten ziehen, während sich der Schmelzbehälter mit dem Wachs im warmen Wasserbad befindet, wo das Wachs gleichmäßig flüssig bleibt (dennoch bitte immer wieder mit einem Holzstäbchen umrühren). Wird der Schmelzbehälter zum Kerzenziehen vorübergehend aus dem Wasserbad entnommen, erkaltet das Wachs zusehends (vor allem am Boden und an der Oberfläche). Der Behälter muss daher zwischendurch immer wieder in das Wasserbad gestellt werden, um das Wachs wieder gleichmäßig aufzuschmelzen.
- Sogenannte «Fidibusse» entstehen, wenn die Kerzen lediglich einen Durchmesser von ca. 3 bis 5 mm haben. Mit ihnen lassen sich im Gegensatz zu Streichhölzern viele Kerzen nacheinander anzünden (z.B. am Weihnachtsbaum, auf dem Geburtstagskuchen usw.). Aus den Fidibussen lassen sich auch niedliche kleine Schnecken als Anzündhilfe für Kinder wickeln (s. S. 61). Die Kerze sollte hierfür nach dem Ziehen so weit abkühlen, dass sie gummiartig und flexibel ist. So lässt sie sich ohne zu brechen aufwickeln. Niedliche Minikerzchen werden einfach auf kürzeren Dochtstücken (Nr. 0) und in nur wenigen Tauchgängen gezogen. Sie brennen zwar recht kurz, jedoch lange genug, um währenddessen eine kleine Geschichte vorzulesen oder ein Liedchen zu singen (sehr schön abends in der Adventszeit oder am Geburtstag).
- Besondere Glanzstücke: Kerzchen mit goldenem Schimmer aus Bio-Glitzer. Einfach etwas Bio-Glitzer in die Hände geben und die Kerze zwischen den Handflächen

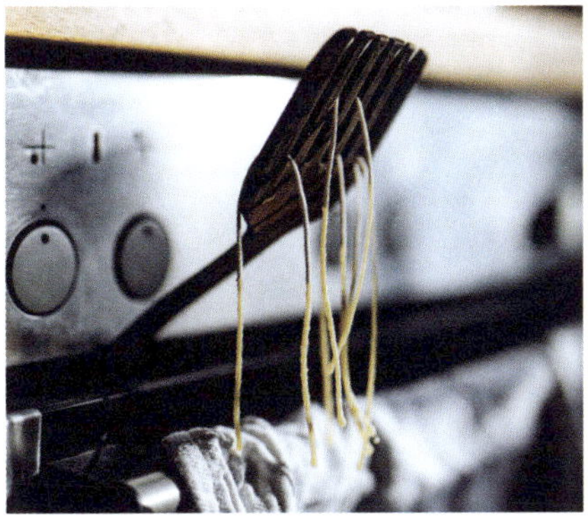
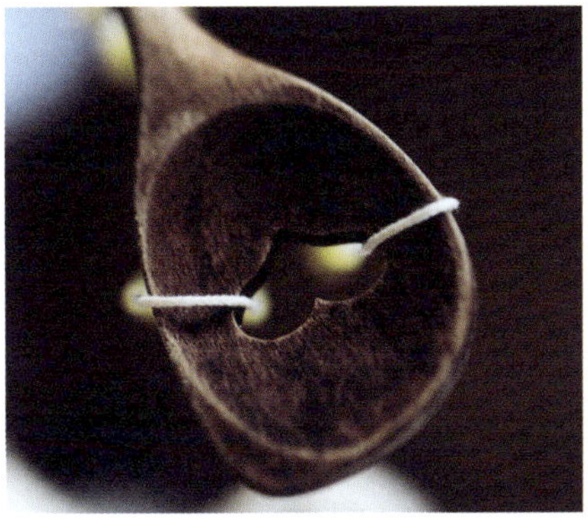
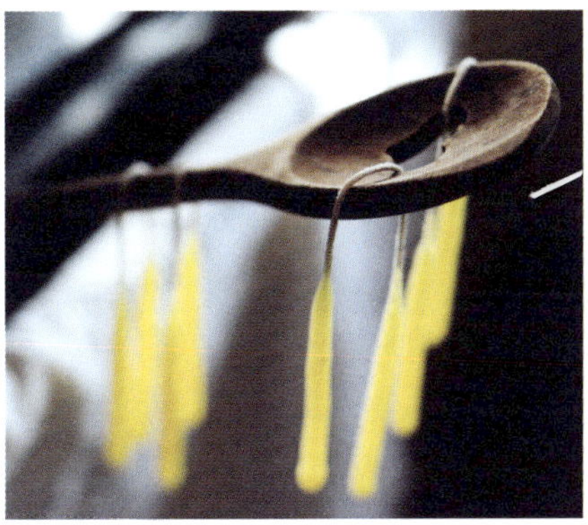
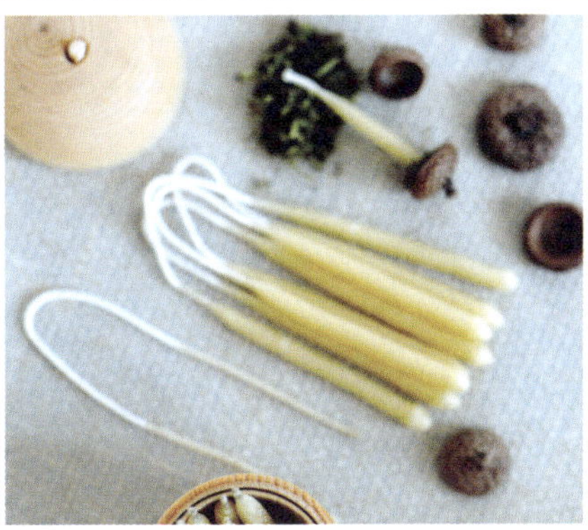
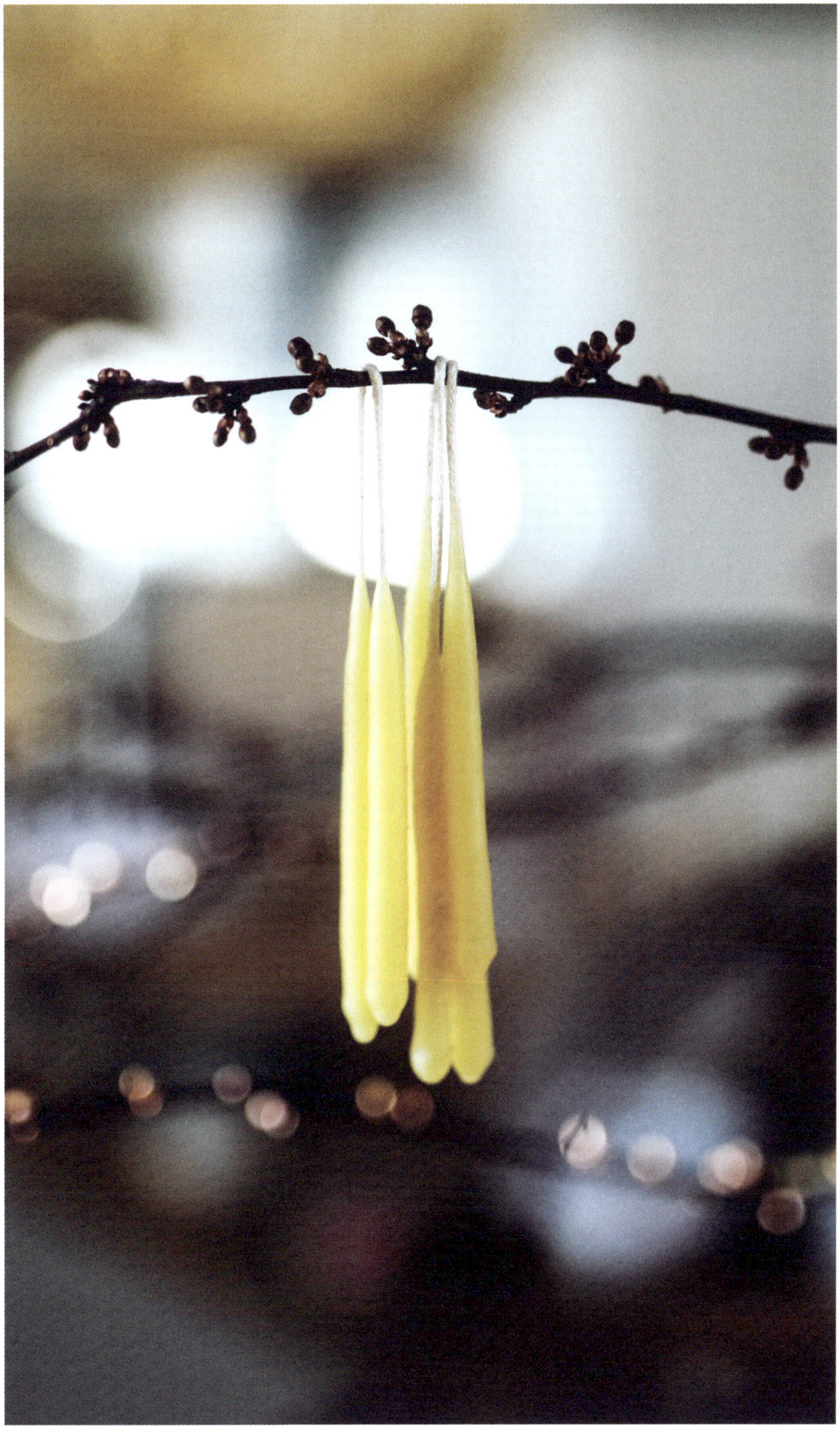

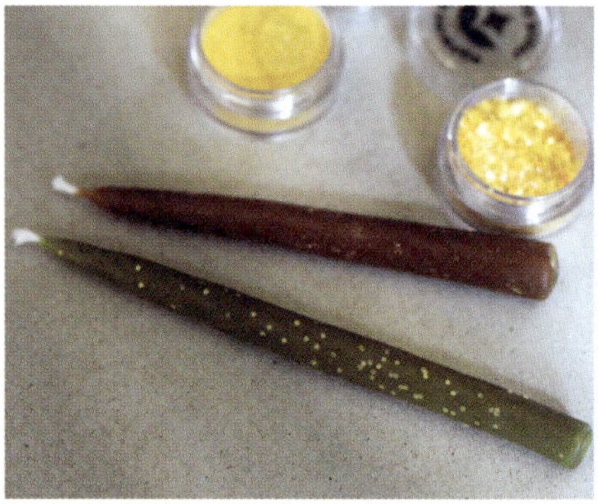

rollen. Durch die Reibung und Wärme haftet der Glitzer an der Kerzenoberfläche (Empfehlung Glitzer: *Pure Sahara Gold Glitzer*, Partikelgröße *Standard* oder *Festival*). Für unsere Kinder war es ein (im wahrsten Sinne des Wortes) Highlight, als sie noch klein waren, wenn der Nikolaus goldschimmernde kleine Bienenwachskerzen in die Stiefel gesteckt hat.

BUNTE BIENENWACHSKERZEN

Vor allem weißes Bienenwachs eignet sich sehr gut, um mit Kerzenpigmenten eingefärbt zu werden. Die handgezogenen Kerzen können entweder direkt im gefärbten Bienenwachs gezogen werden, was je nach Intensität eher kräftigere Farben ergibt, oder man zieht weiße Bienenwachskerzen und taucht diese am Ende noch 2- bis 3-mal ins farbige Wachs, was ein eher zarteres Farbkleid ergibt. Man kann die Kerzen wahlweise komplett ins farbige Wachs tauchen oder nur teilweise im Dip-Dye-, bzw. Ombré-Verfahren (siehe Anleitungen auf S. 32 und 34).

Wir haben zum einen durchgefärbte bunte Bienenwachskerzen in harmonisch aufeinander abgestimmten, gedämpften Herbstfarben gezogen (ein Bündel in sehr dünner Ausfertigung als Fidibusse) und weiße Bienenwachskerzen in Regenbogenfarben getaucht.

Natürlich lässt sich auch gelbes Bienenwachs einfärben, das Resultat in der Farbintensität und Klaheit unterscheidet sich jedoch sehr. Es lohnt sich dennoch, mit beiden Bienenwachsarten zu experimentieren, denn so lässt sich eine fast unerschöpfliche Farbvielfalt erreichen.

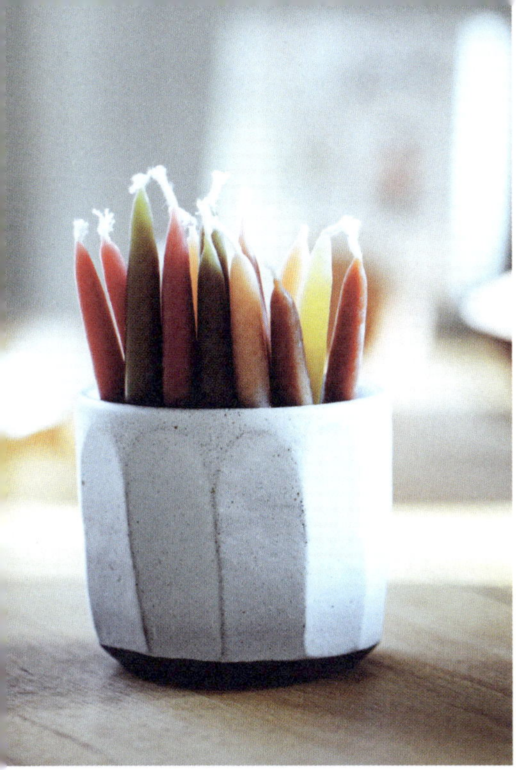
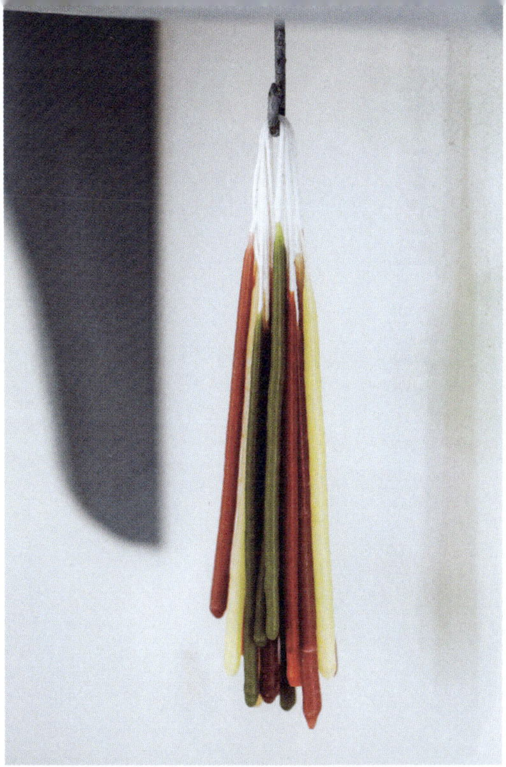
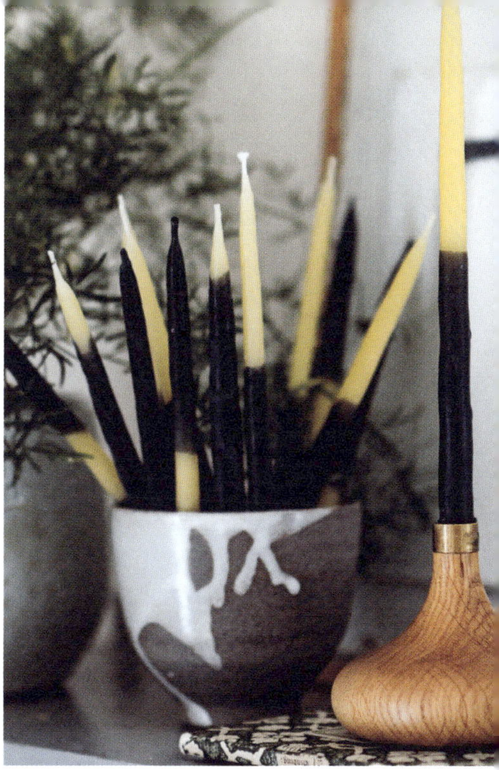
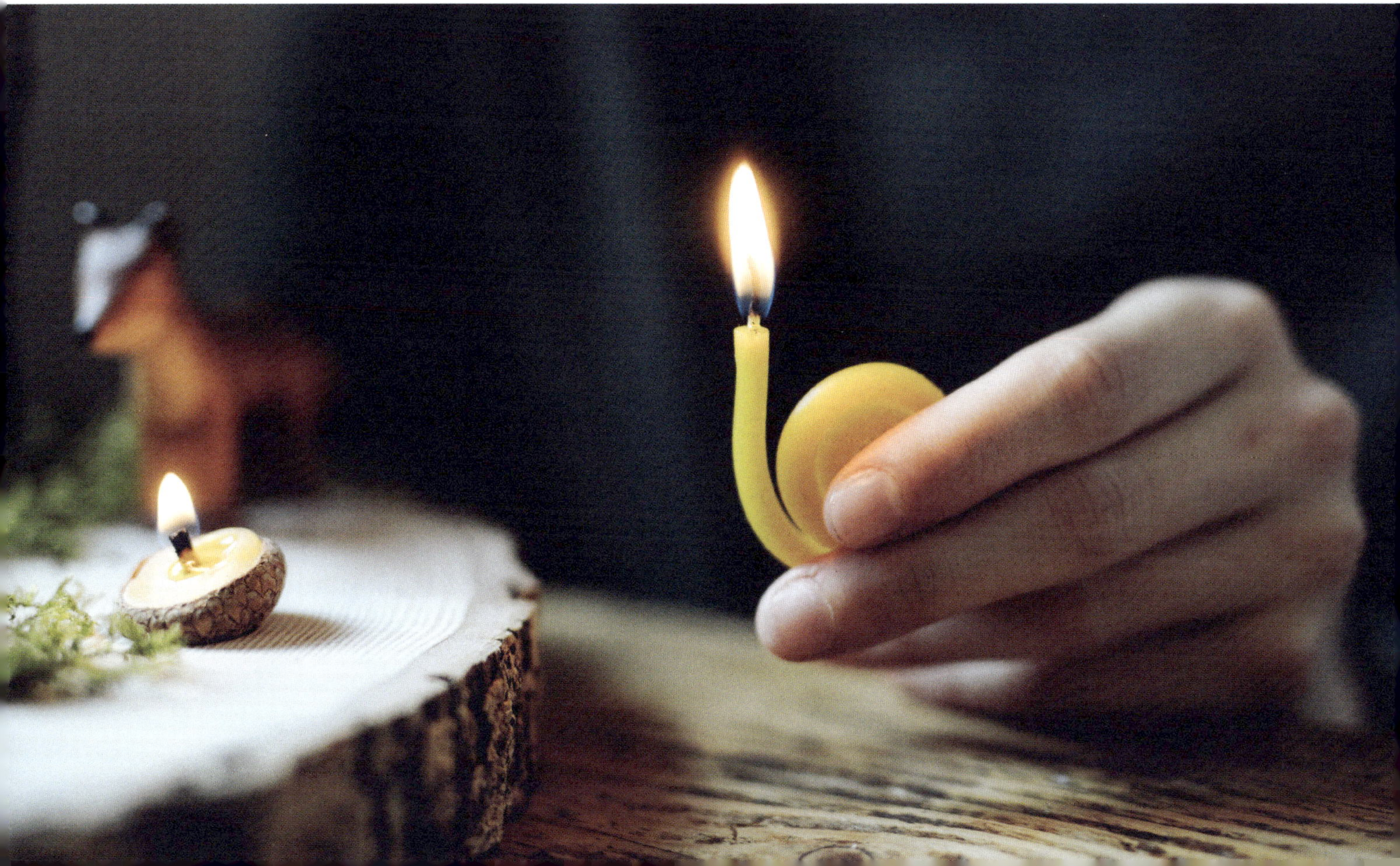

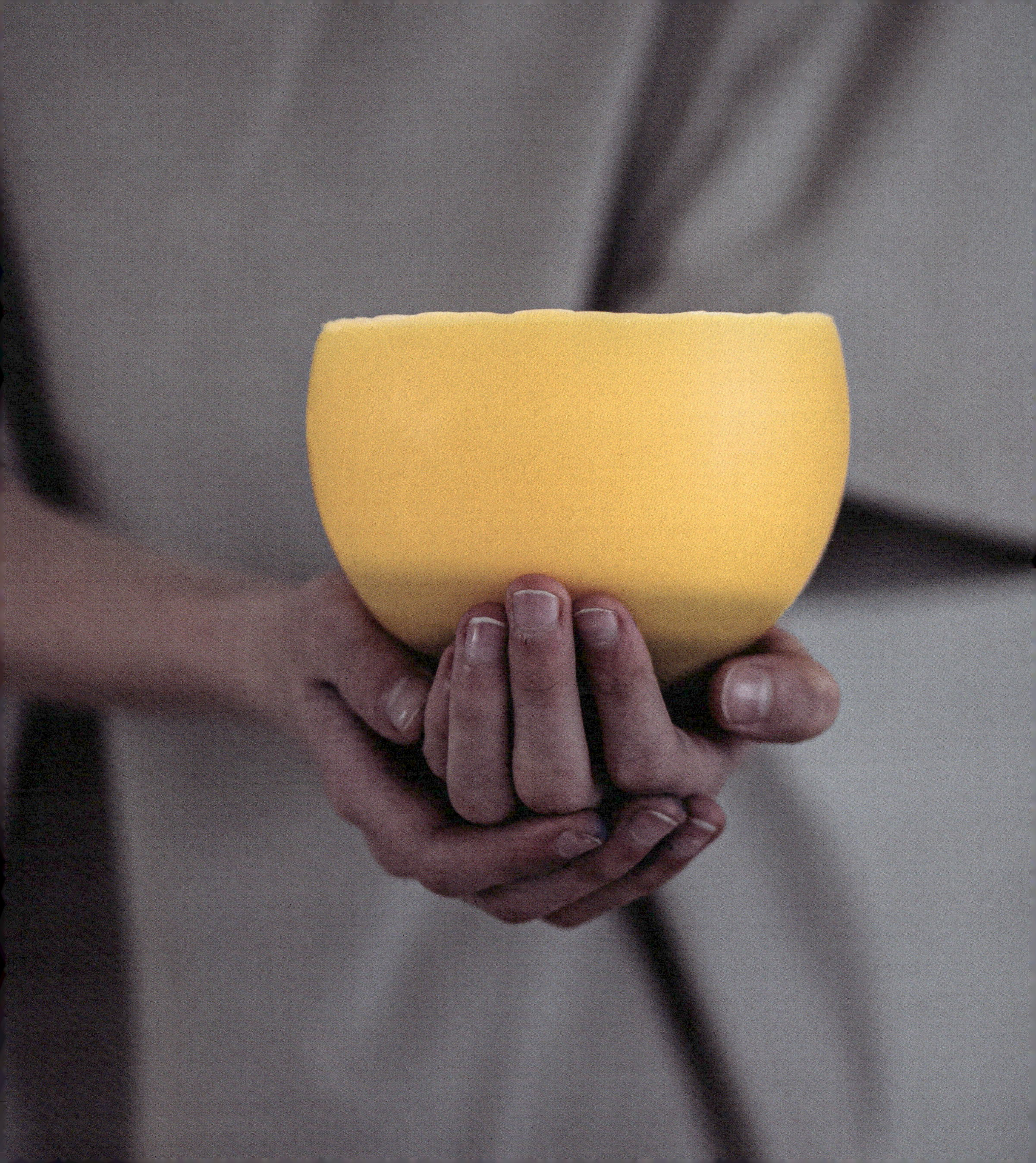

KERZENSCHALEN

WACHSSCHALEN

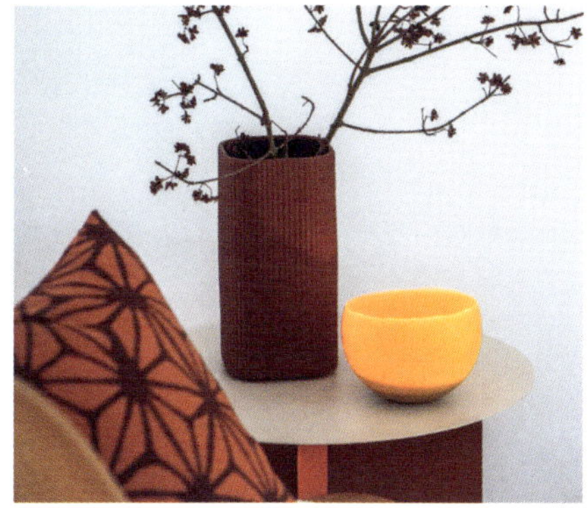

Schalen aus Wachs erzeugen ein wunderschönes, stimmungsvolles Licht mit einem goldenen Schimmer. Dabei wird die Wachsschale wie ein Windlicht verwendet. Dazu wird der Boden ca. 1 cm hoch mit etwas Sand oder Reiskörnern befüllt, um ein Teelicht hineinzustellen.
Die Schalen können in unterschiedlichen Größen und aus unterschiedlichen Wachsarten hergestellt werden. Das Wachs sollte eine gewisse Härte haben, also eine Wachsqualität wie bei Stumpenkerzen.
Wir verwenden hauptsächlich Bienenwachs, denn sein warmer und natürlicher Duft ist einfach unverwechselbar.

Material

Kochtopf und Gefäß für ein Wasserbad zum Schmelzen des Wachses
Dabei sollte ein gefüllter Luftballon gut hineinpassen
(verschiedene Schmelzgeräte siehe ab S. 18).
Thermometer
Holzspachtel o.Ä. zum Rühren des Wachses
Schere
Unterlage zum Abdecken der Arbeitsfläche und zum Trocknen der Schalen
großes Messer oder Backblech
Luftballons (Achtung: keine sogenannten «Wasserbomben-Luftballons» verwenden, denn die Luftballons sollten stabil sein, damit sie nicht platzen.)
Bienenwachs für 10 Schalen, ungefähr 1 kg Bienenwachspastillen
Wasser zum Befüllen der Luftballons

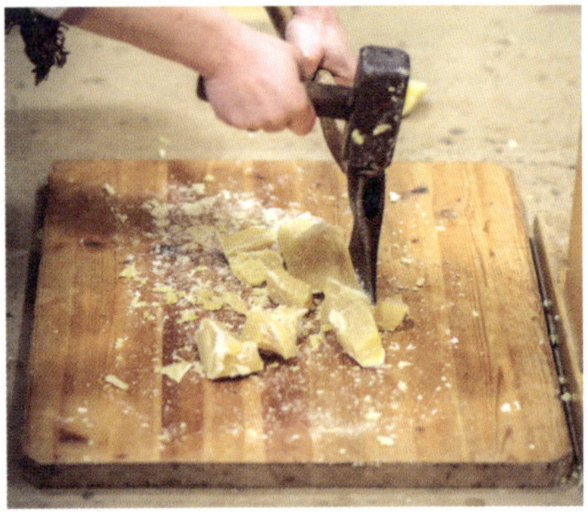
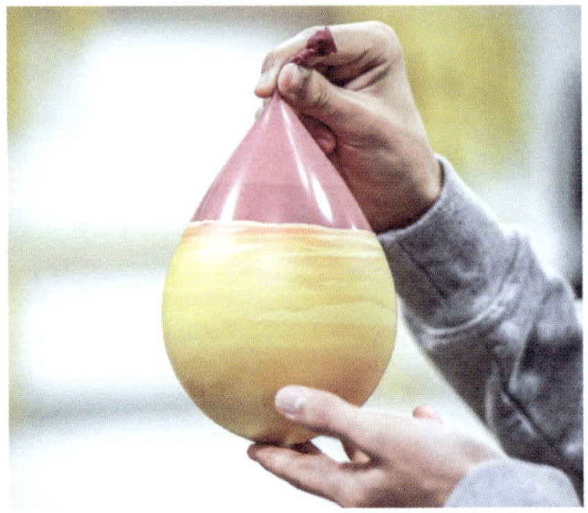
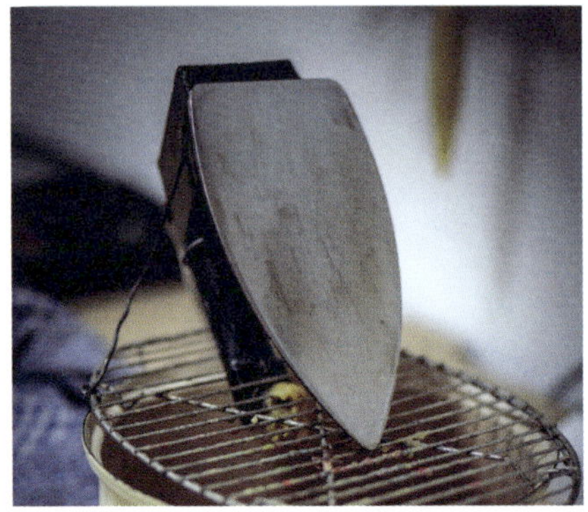
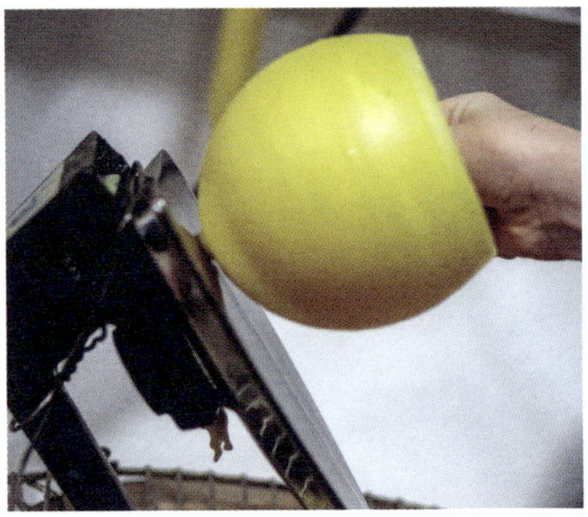
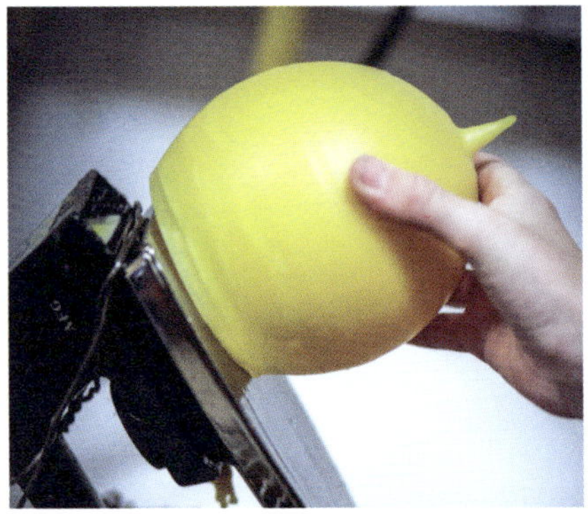
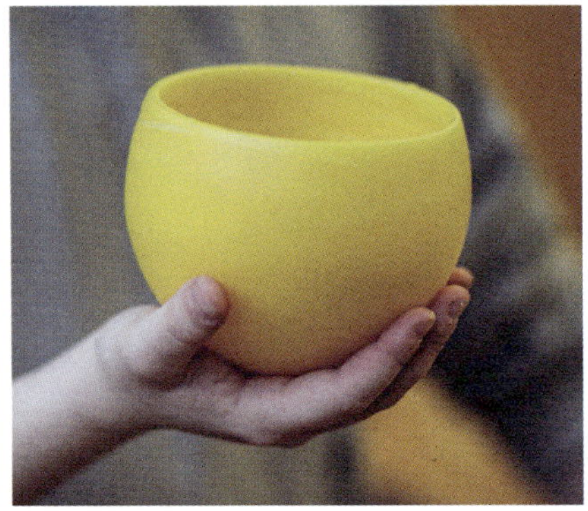
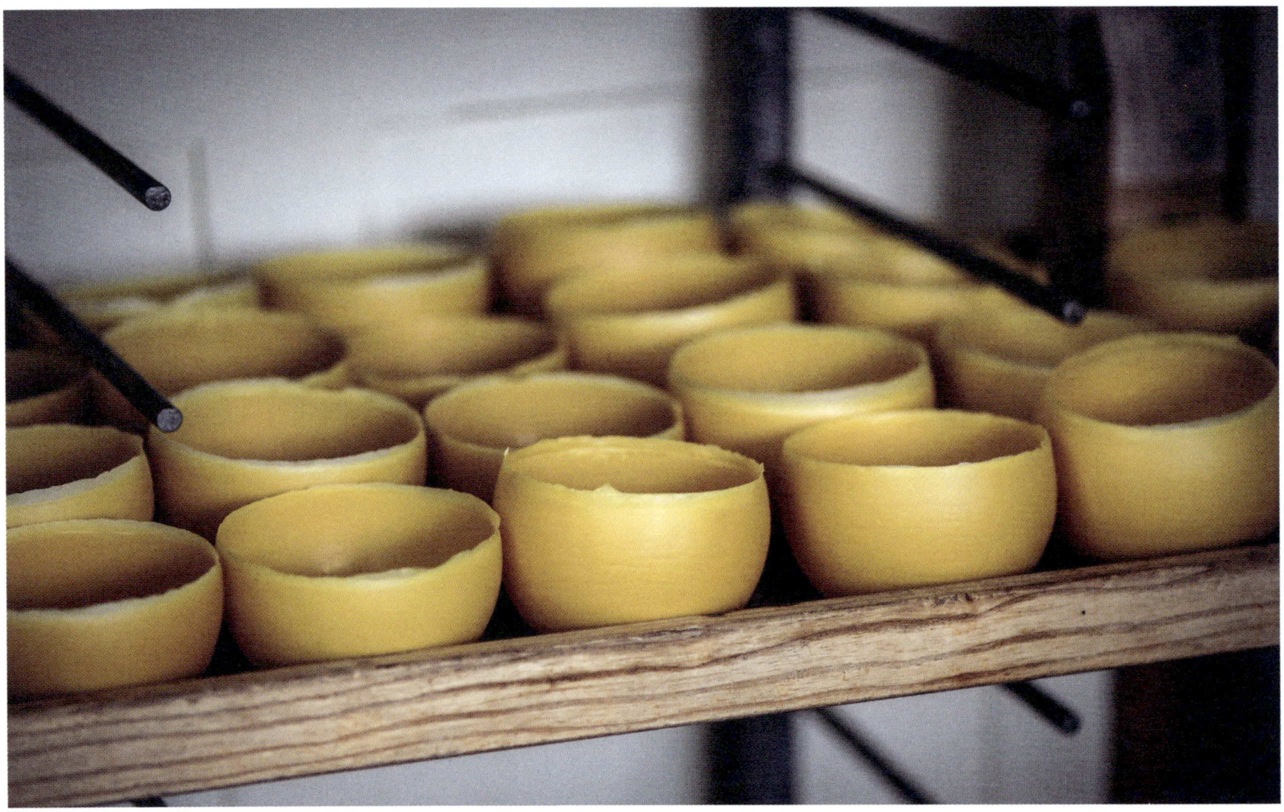

Anleitung

1. Das Wachs im Wasserbad komplett schmelzen.
2. Währenddessen die Luftballons mit lauwarmem Wasser befüllen und verknoten. Darauf achten, dass sie nicht zu groß werden, sonst können sie platzen. Zudem müssen sie noch gut in das Gefäß mit dem geschmolzenen Wachs passen. Falls die Luftballons nicht so stabil wirken, können auch zwei Luftballons ineinandergesteckt werden,* um sicher zu gehen, dass sie nicht platzen.
3. Bevor mit dem Tauchbad begonnen wird, prüfen, ob der entsprechende Schmelzpunkt des Wachses erreicht ist. Der Schmelzpunkt findet sich in der Produktbeschreibung oder siehe auch ab S. 11, «Wachse». Bei Bienenwachs sollte auf 60 bis 62 °C runtergekühlt werden. Falls das Wachs dabei zu dickflüssig wird, vorsichtig die Temperatur wieder erhöhen.
4. Den Ballon am Knoten festhalten und ins Wachs tauchen. Diesen Vorgang zwischen 12- und 15-mal wiederholen. Zwischen jedem Tauchgang ein paar Sekunden warten, bis das Wachs trocken ist. Erst dann den nächsten Tauchgang unternehmen.
5. Zum Aushärten auf eine abgedeckte Fläche legen. Wenn das Wachs komplett getrocknet ist, mit einer Schere den Knoten des Ballons abschneiden und das Wasser ausschütten. So lässt sich der Ballon leicht abziehen.
6. Damit das Windlicht besser stehen kann, muss der Boden begradigt werden. Dazu kann ein altes Bügeleisen auf niedrigster Stufe verwendet werden oder ein großes erhitzes Messer. Alternativ ein Backblech mit Backpapier auslegen, leicht im Backofen erwärmen und im Anschluss den Boden der Wachschale durch leichtes Hin- und Herbewegen begradigen. Wer mag, kann auch die Ränder begradigen. Fertig ist das Windlicht.

* Tipp um zwei Luftballons ineinanderzustecken: Den ersten Luftballon befeuchten und 1 bis 2 Tropfen Spülmittel dazugeben, dadurch gleitet der Luftballon besser. Diesen Ballon dann über das Ende eines Kochlöffelstiels ziehen und den zweiten Ballon darüberstülpen.

GRÖSSEN, PROPORTIONEN UND VARIATIONEN

Kleine Schale: Wenn die Wachsschale recht klein ist, also einen Durchmesser von maximal 7 cm hat, sollten LED-Teelichter verwendet werden, da sonst die Wachsschale trotz Sandboden schmelzen kann.

Randhöhe: Die Schale sollte auch nicht zu hoch sein, sonst kann beim Verwenden mit einem echten Teelicht der Rand anschmelzen. Eine gute Größe sind 9 cm hoch bei einer Breite von 14 bis 16 cm. Wenn die Schale größer gemacht werden soll, kann auch der Rand proportional höher werden.

Tauchgang bei anderen Wachssorten: Bienenwachs ist dickflüssiger als Paraffin. Wer zum Beispiel aus Wachsresten Windlichter herstellen möchte, die evtl. Paraffin enthalten, sollte in dem Fall den Ballon 20-mal eintauchen, um eine entsprechende Dicke zu erhalten.

Einfärben: Wer farbige Windlichter herstellen möchte, kann sein Wachs mit Farbe ergänzen. Es gibt spezielle Farbpigmente (s. Bezugsquellen). Hier können aber auch Wachsmalstifte oder Ölkreiden verwendet werden, da das Wachs nicht mit einem Docht in Berührung kommt.

VERSCHIEDENE VARIANTEN

BIENENWACHSSCHALE MIT BLÜTEN VERZIEREN

Bienenwachsschalen wie Grundanleitung erstellen (s. S. 63).
Bei den Wachsschalen werden die Blüten anders aufgebracht als bei den anderen Blütenkerzen (s. S. 79) in diesem Buch. Das liegt daran, dass die Schalen filigraner sind und durch das Bearbeiten mit einem Löffel beschädigt werden könnten. Hier wird vor dem letzten Tauchgang die gepresste Blüte auf der Schale positioniert und im Anschluss nochmals eingetaucht. Abschließend so weiterarbeiten wie es in der Grundanleitung beschrieben ist.

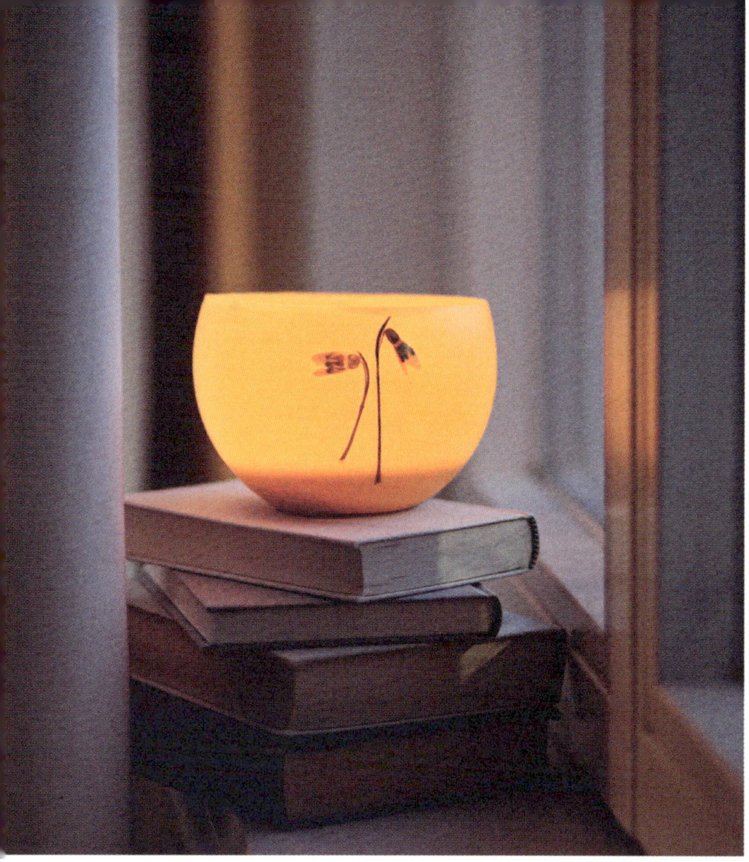
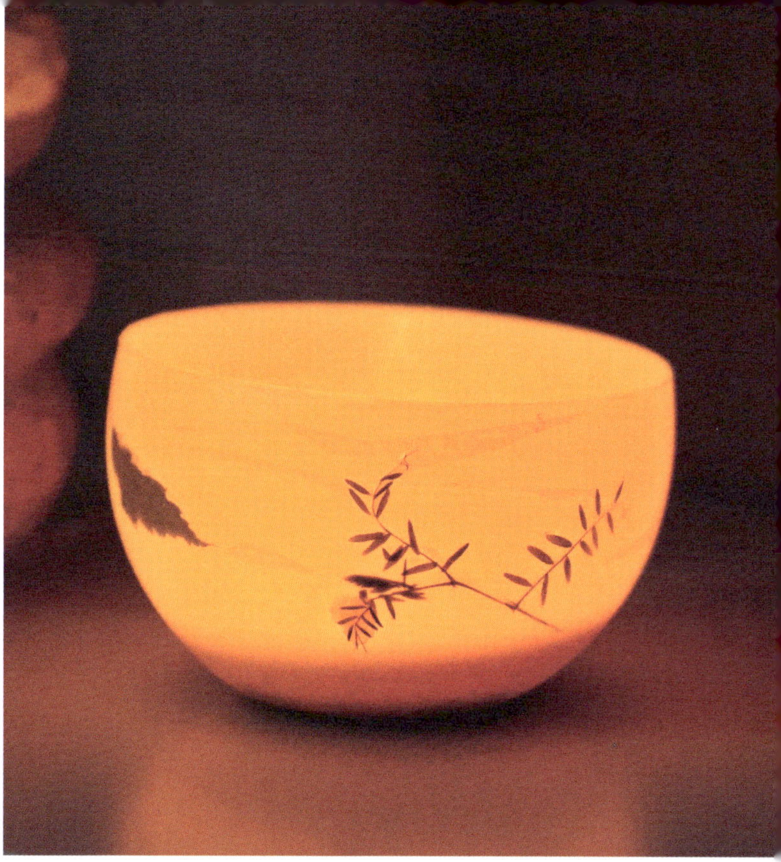
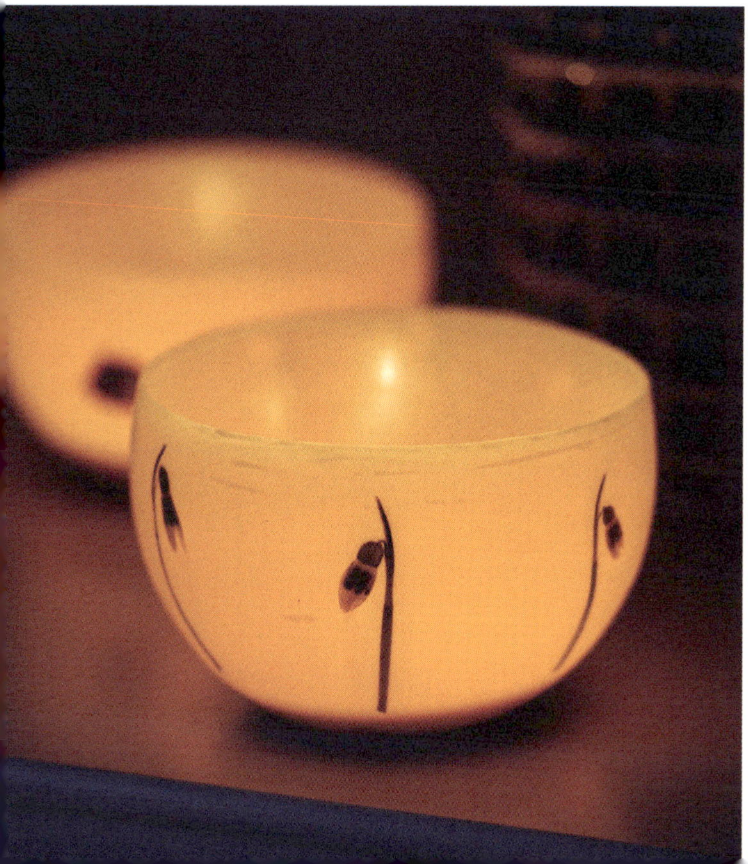
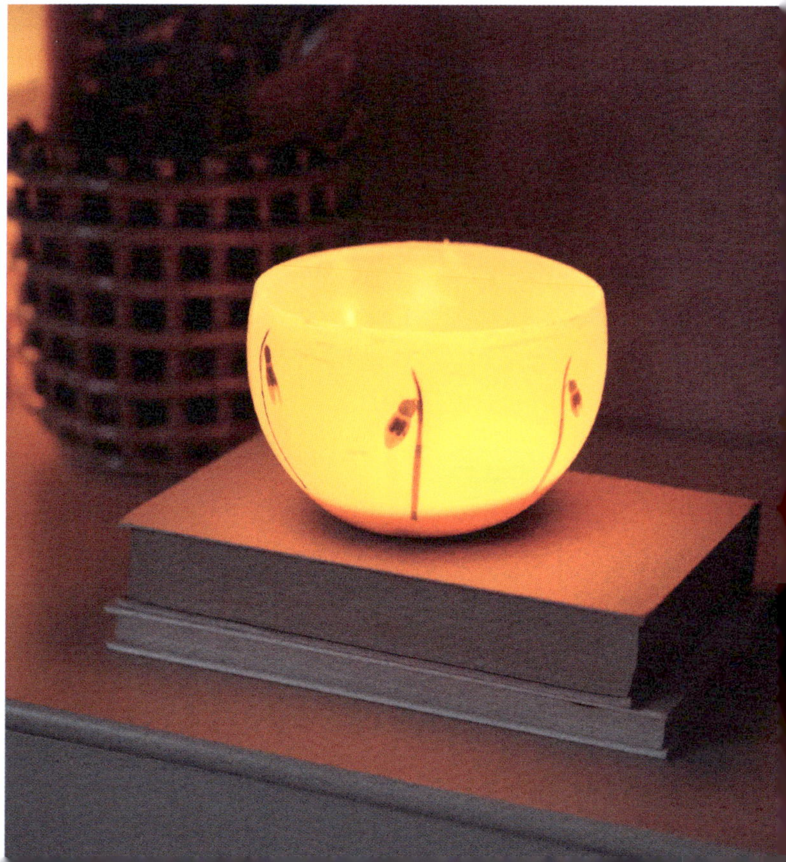

MINI-WACHSSCHALEN FÜR LICHTERKETTEN

Material

Bienenwachs(pastillen) in Gelb oder Weiß mit Pigmenten eingefärbt
Topf für das Wasserbad
Schmelzgefäße (z.B. Konservendosen oder -gläser)
Luftballons in gewünschter Anzahl (keine Wasserbomben)
Wasser
Schere
Backpapier
Herdplatte
Draht-Lichterkette mit LEDs

Hinweise

- Das Schmelzgefäß mit dem Wachs sollte nicht zu voll sein, da sich der Wachsspiegel beim Eintauchen des Ballons hebt und das Wachs bei zu hohem Füllstand überschwappen könnte (besonders wichtig beim Tauchen von größeren Wachsschalen).
- Möchte man die Lichterkette mit Schälchen in unterschiedlichen Farbnuancen bestücken, benötigt man mehrere Gefäße mit eingefärbtem Wachs (z.B. in kleinen Konservendosen).

Die kleinen Wachsschalen zaubern aus einer schlichten Lichterkette einen ganz entzückenden Blickfang, der sich um Zweige schlängeln oder an einem Fenster arrangieren lässt. Auch der Fenstersims oder eine Schale auf dem Tisch lässt sich hübsch mit diesen zarten Lichtern dekorieren.

Die Minischalen werden genauso gemacht wie in der Grundanleitung «Wachsschalen» (s. S. 63) beschrieben, allerdings werden die Ballons hierfür lediglich so weit mit Wasser gefüllt, bis diese einen Umfang von ca. 14 bis 16 cm erreichen. Die Ballons brauchen nur 3- bis 4-mal ins Wachs getaucht zu werden, sie sollten fein und lichtdurchlässig bleiben.

Nach dem Auskühlen der Schalen Backpapier auf eine erwärmte Herdplatte (oder ein Backblech) legen und die Tropfstelle, die sich am Boden der Wachschalen gebildet hat, so lange mit kreisenden Bewegungen abschmelzen, bis eine kleine Öffnung erkennbar wird. Aber Achtung, nicht zu lange, da sonst die Öffnung schnell zu groß wird. Die Birnen der Lichterkette in gewünschtem Abstand durch die Öffnungen führen, den Draht innerhalb der Schale etwas auseinanderziehen, um den Schalen Halt zu geben.

Vorsicht

Das Backpapier auf der Herdplatte darf keinesfalls dunkel werden (Brandgefahr), ggf. zwischendurch einen noch unbenutzten Bereich des Backpapiers auf der Herdplatte platzieren und das Wachs zwischendurch unbedingt immer wieder mit Küchenpapier o.Ä. abnehmen, solange es flüssig ist (das wachsgetränkte Küchenpapier kann übrigens später sehr gut als Ofen- oder Grillanzünder verwendet werden). Man kann auch kleinere Backpapierzuschnitte vorbereiten, die rechtzeitig entsorgt werden, bevor das Papier dunkel wird.

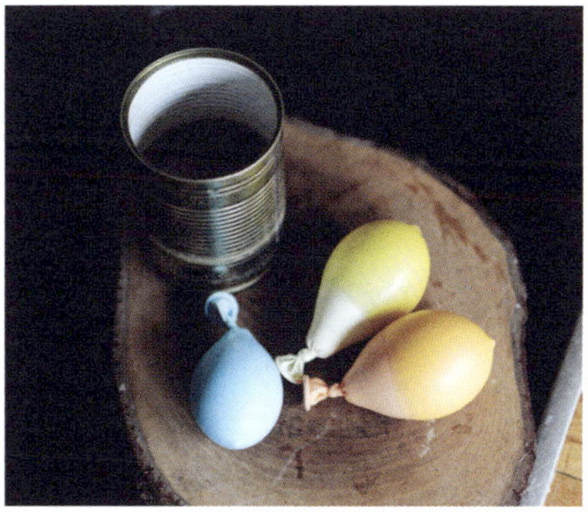
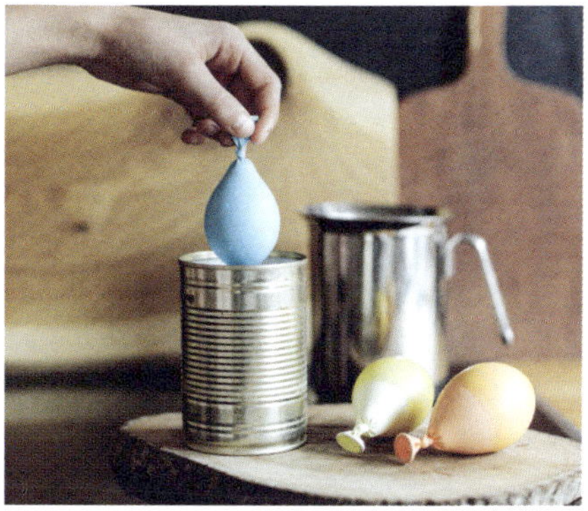
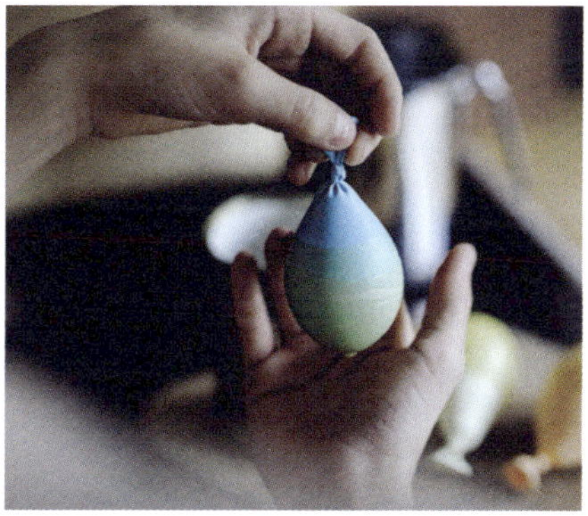
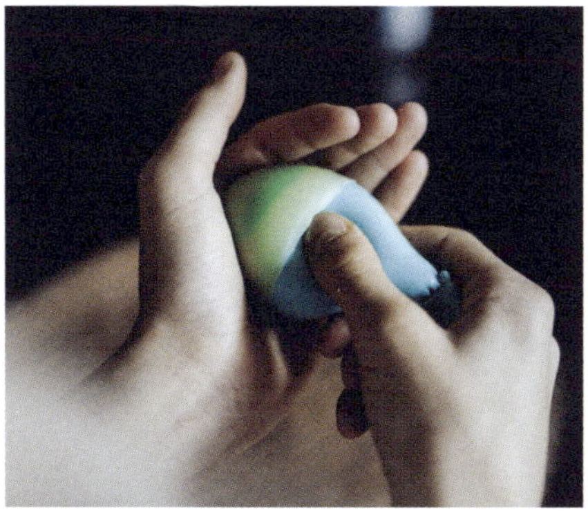
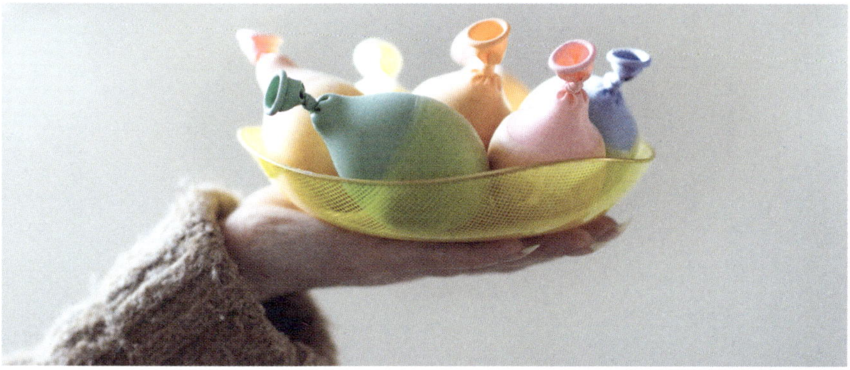
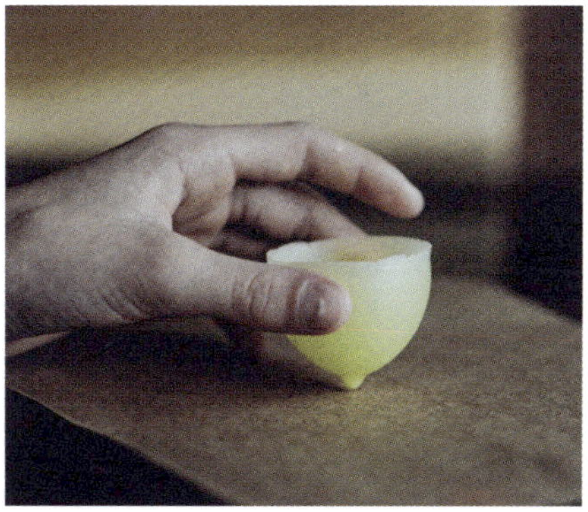
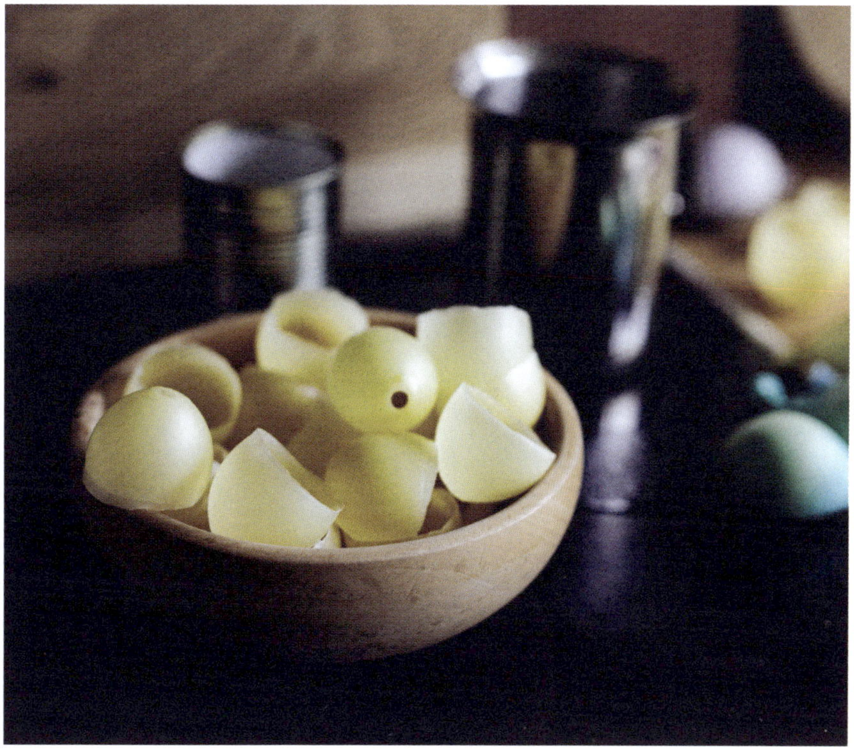
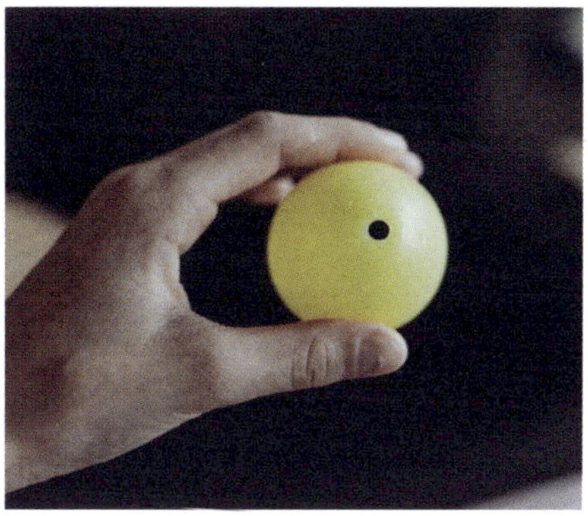

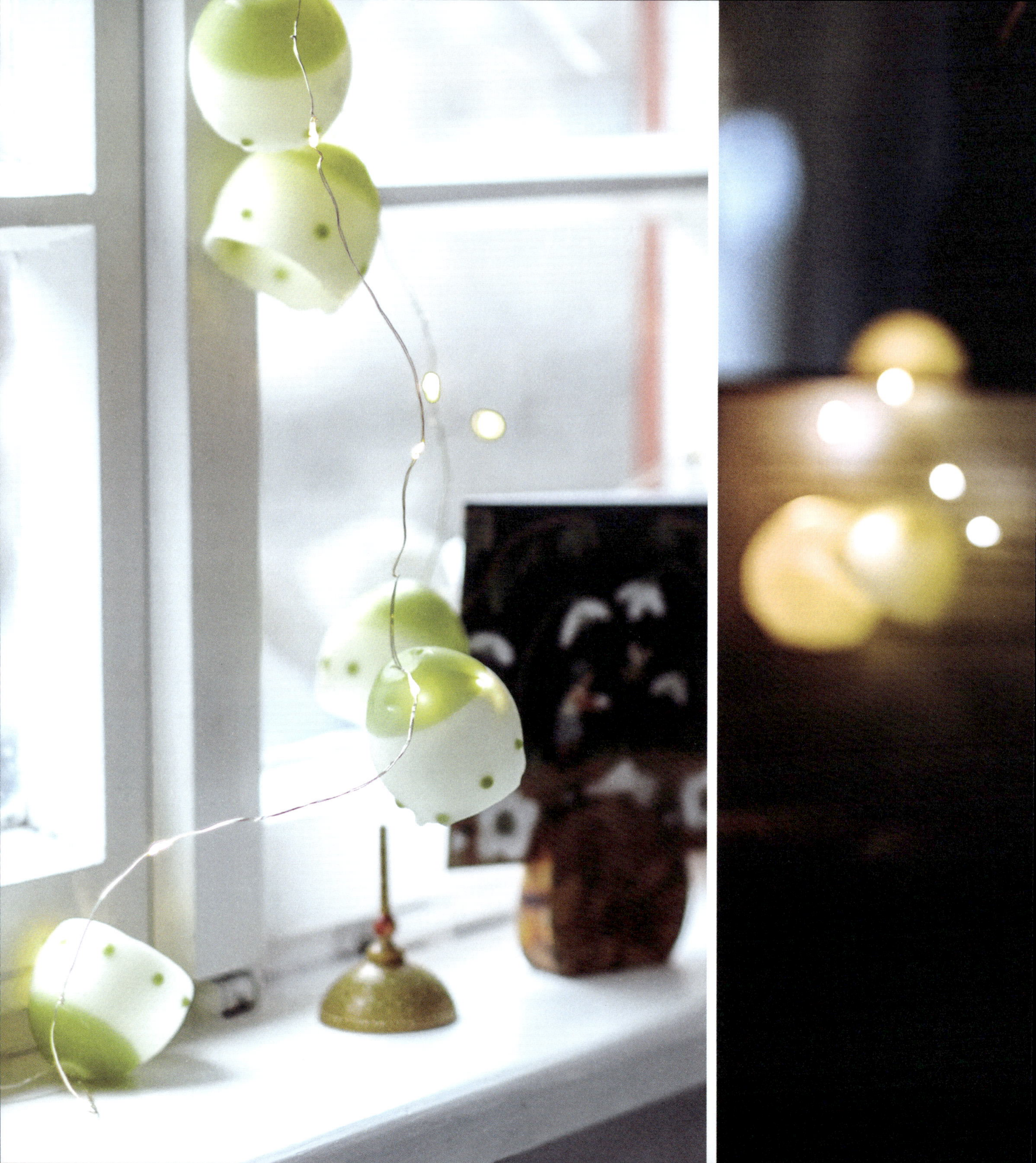

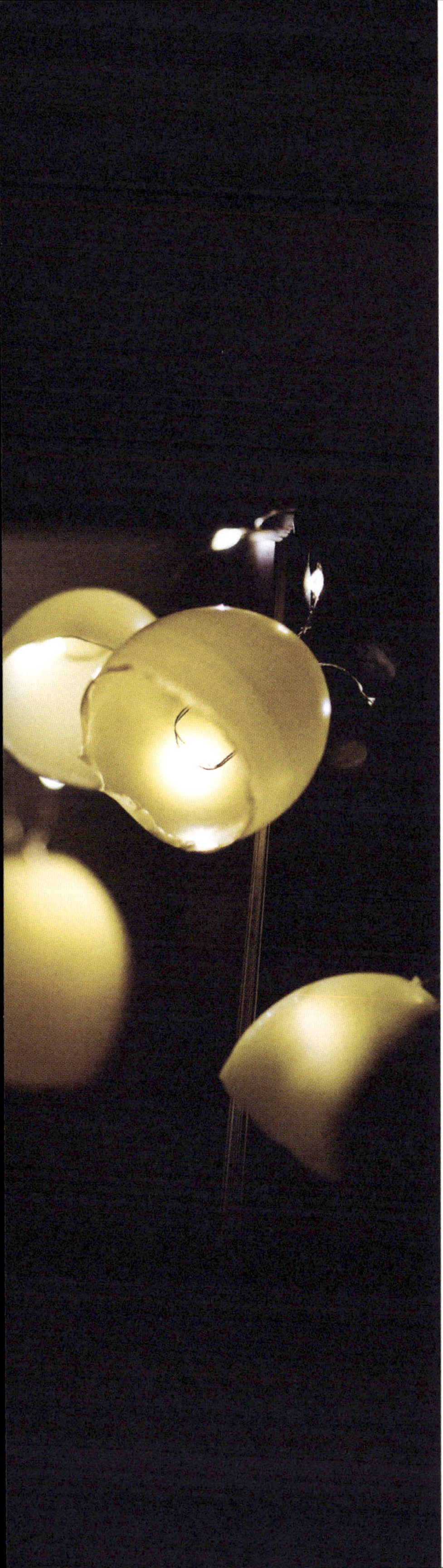
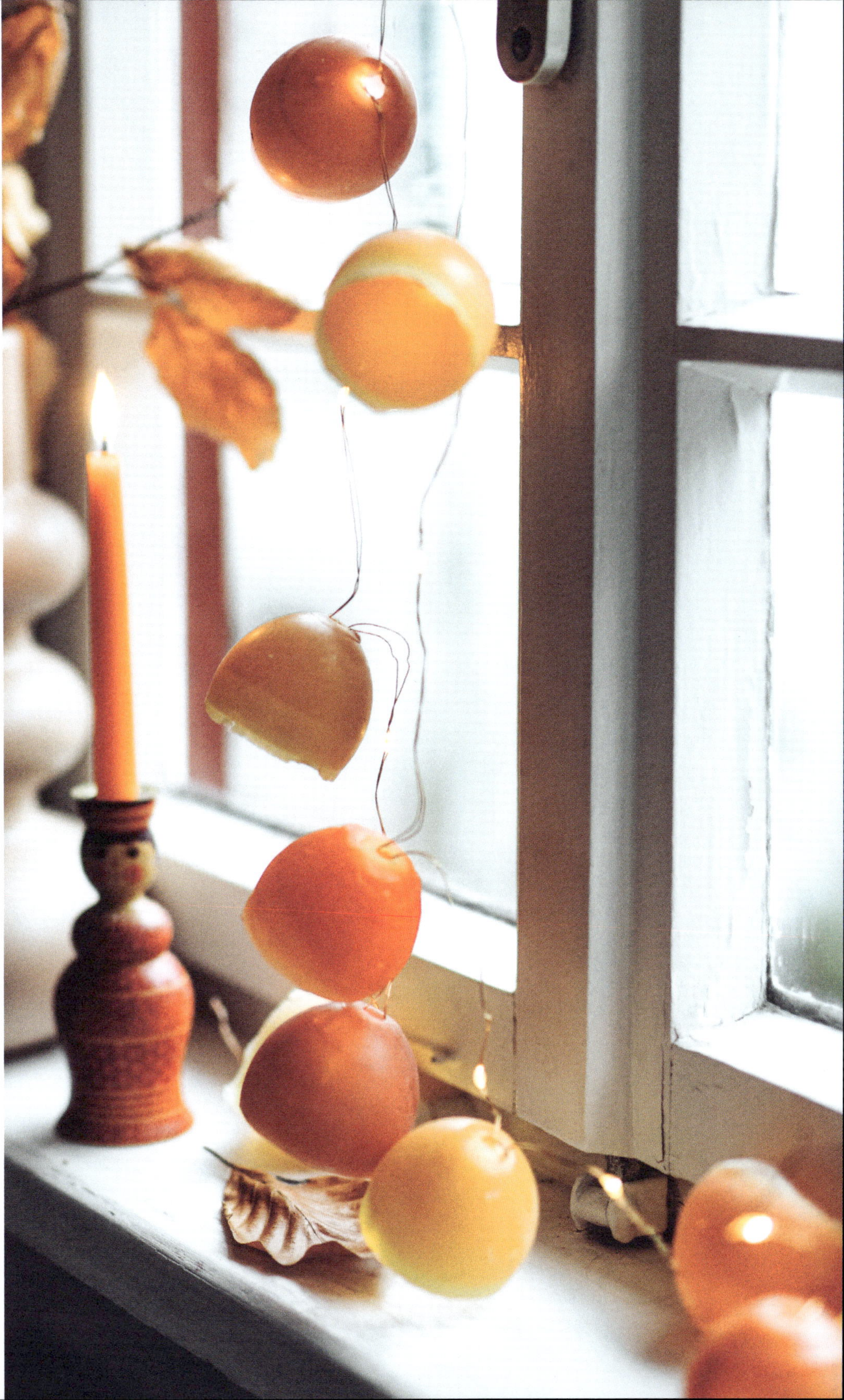

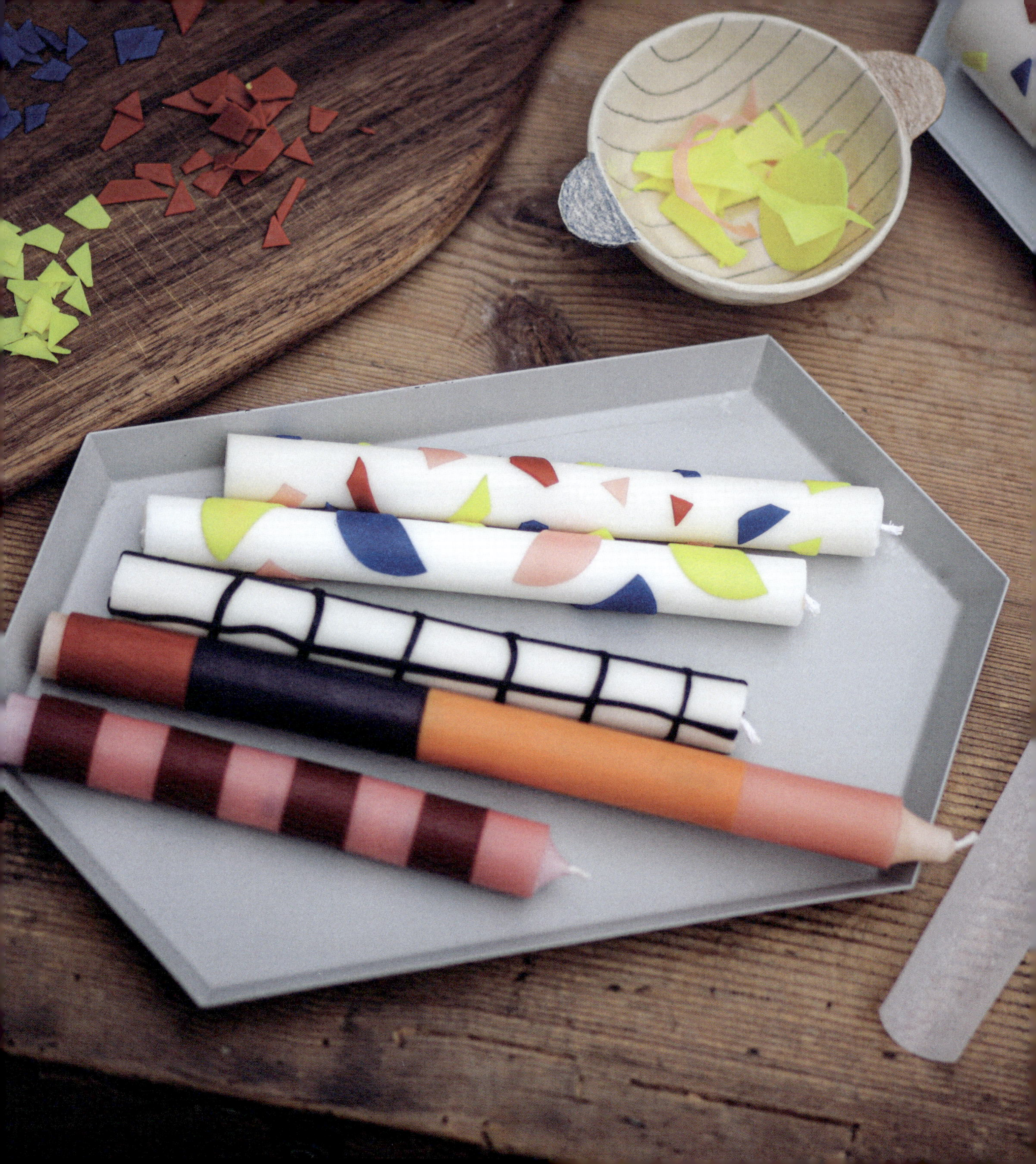

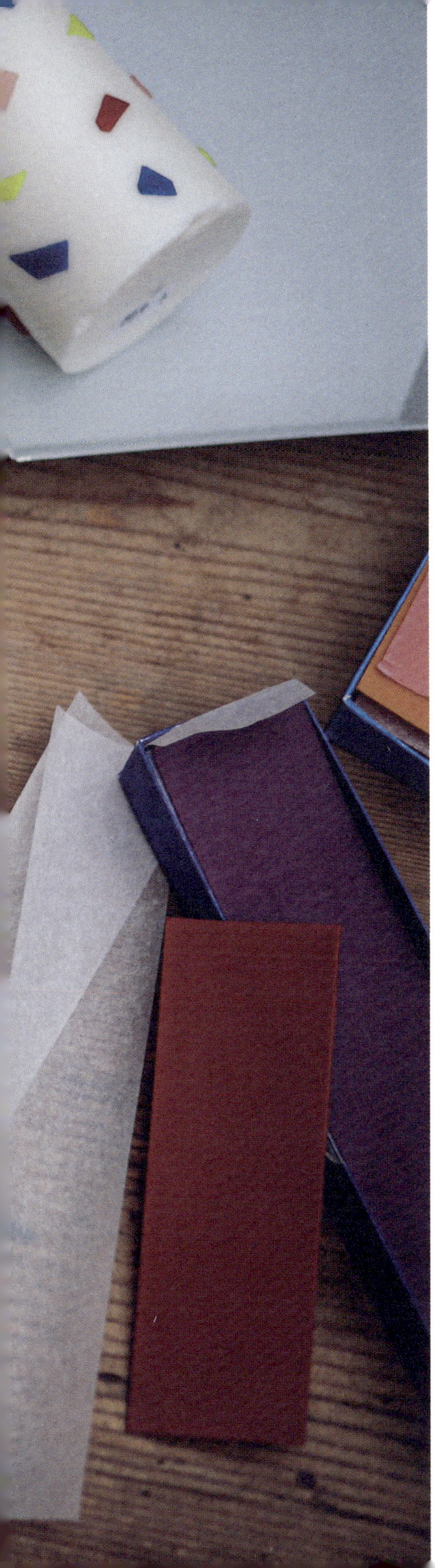

KERZEN VERZIEREN

KERZEN MIT WACHSFOLIE VERZIEREN

Gerade bei den wichtigsten Ereignissen in unserem Leben werden wir seit langer Zeit vom Kerzenlicht begleitet. So hat es bei Taufen, Hochzeiten, aber auch bei Trauerfeiern eine hohe Bedeutung – und dies war auch schon in den vergangenen Jahrhunderten so. Schon früh fingen wir Menschen an, Kerzen mit Symbolen und Namen zu verzieren.
Inzwischen ist das Verzieren von Kerzen auf unterschiedliche Art und Weise, in unterschiedlichen Bereichen und zu verschiedenen Anlässen sehr beliebt.

Material

Kerzenrohling in gewünschtem Lieblingsformat und Größe
Wachsplatten in gewünschten Farben
Schneideunterlage
Schere (idealerweise feine Schere, alternativ Nagelschere, feines Küchenmesser oder Bastelskalpell)
Lineal

Anleitung

Wie bei allen Kerzengestaltungen ist eine warme Raumtemperatur (ca. 18 bis 22 °C) wichtig. Wenn die Kerze zu kalt ist, kann die Wachsfolie nur schwer haften. Dann ggf. das Wachs mit einem Föhn oder zwischen den Händen anwärmen. Dabei aber darauf achten, dass die Wachsplatten nicht zu warm werden, sonst sind sie zu weich und zu klebrig.

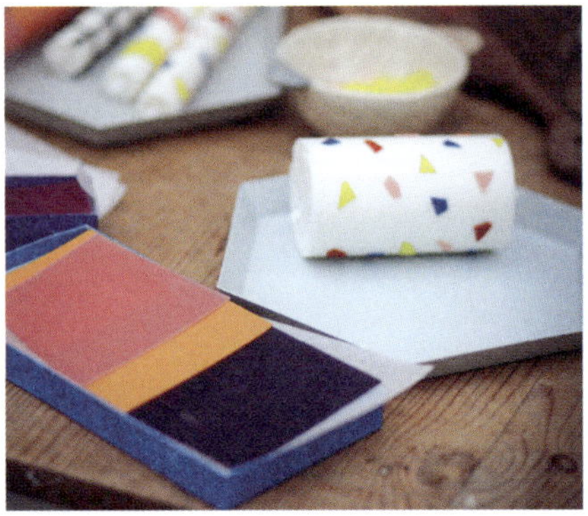

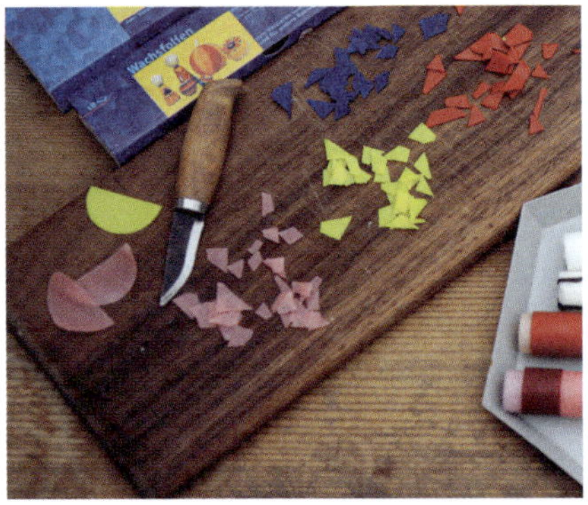

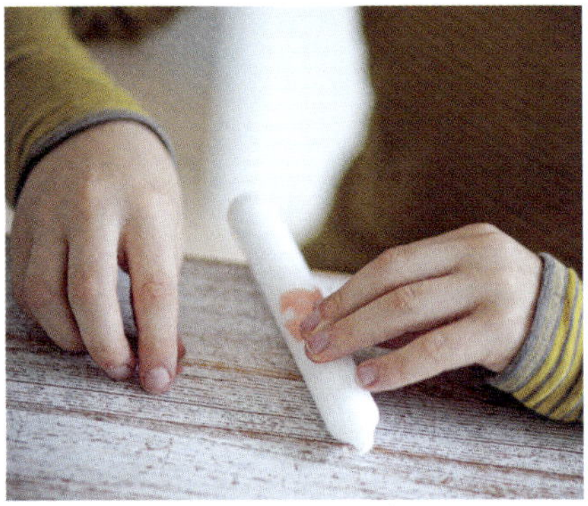

1. Zuerst das gewünschte Motiv auf Papier oder Transparentpapier aufzeichnen und ausschneiden. Im Anschluss das Motiv an die Kerze zur Probe halten, um zu überprüfen, ob Größe, Design und Proportionen stimmen.
2. Die ausgewählten Motive dann auf die Wachsplatte legen. Je nachdem wie fein das Motiv ist, eine spitze Schere oder ggf. ein Bastelskalpell und eine entsprechende Unterlage verwenden. Bei geraden Linien idealerweise mit einem Lineal arbeiten. Es können aber auch Motive mithilfe von Formen, beispielsweise Backformen, ausgestanzt werden.

Tipp

Beim Schneiden mit dem Bastelskalpell in Wachs vorher etwas testen, um ein Gefühl für das Material zu bekommen.

3. Nun das Motiv an den gewünschten Stellen auf der Kerze platzieren. Dabei das Wachsmotiv leicht andrücken. Die Handwärme hilft dabei, dass das Wachs auf der Kerze gut haftet.

Tipp

Die Kerze während der Bearbeitung auf ein Handtuch oder Kissen legen, damit sie nicht davonrollen kann.

4. Kleinere Wachsrückstände können mit dem Bastelskalpell, Fingernagel oder der Schere von der Kerze entfernt werden. Mit einem warmen, feuchten Handtuch lassen sich auch kleine Kratzer entfernen.

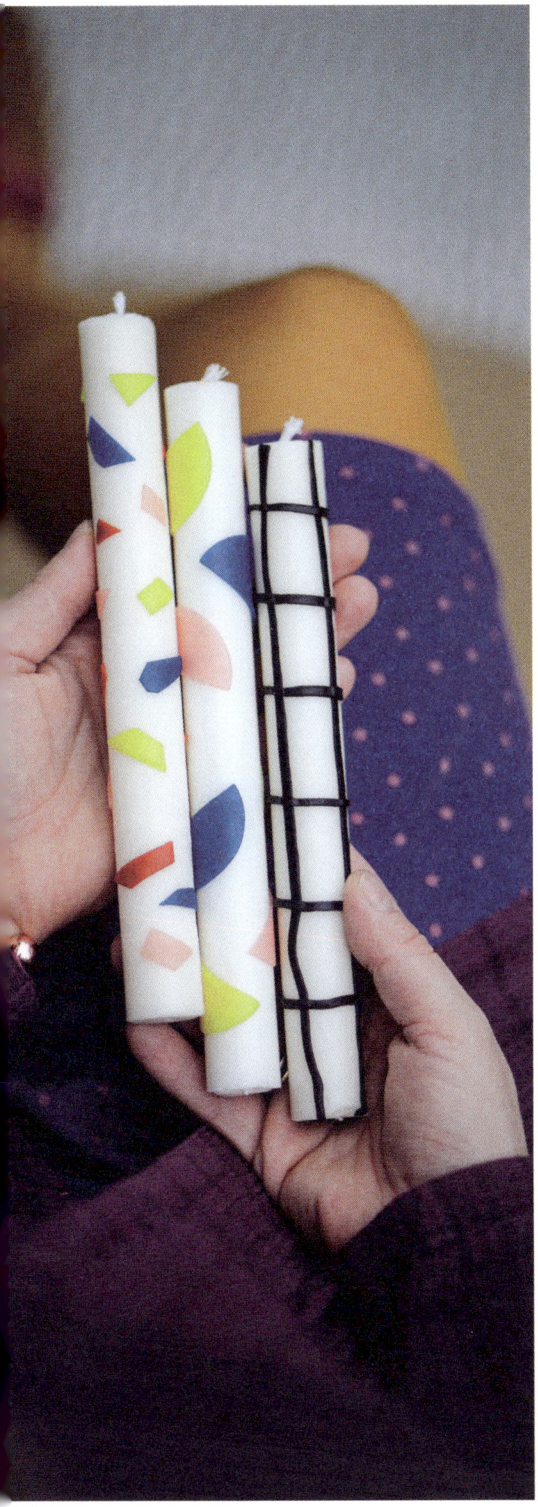

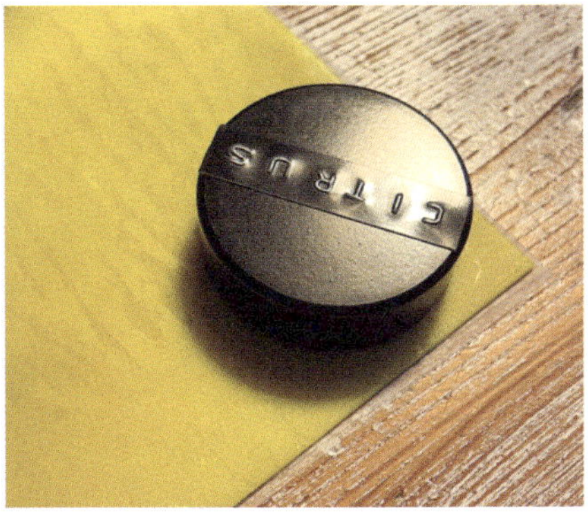

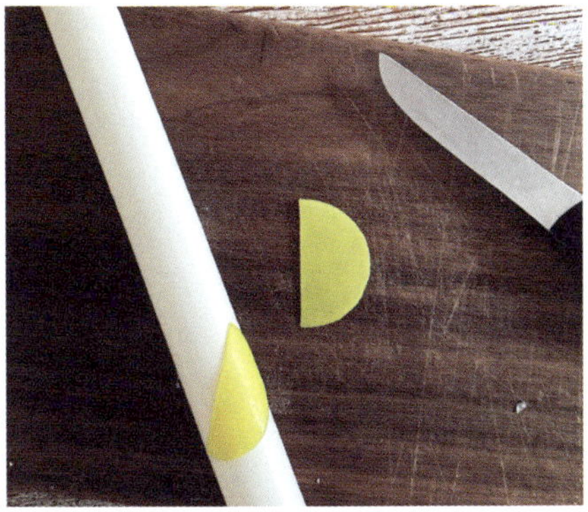

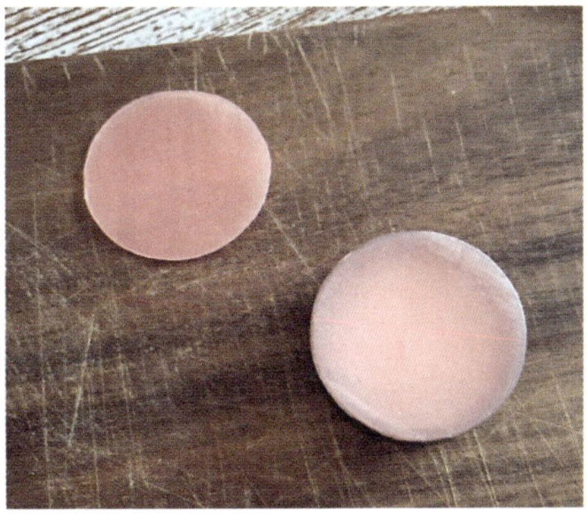

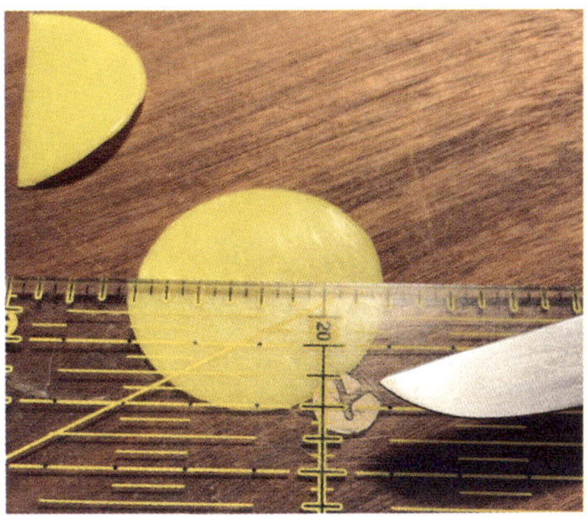

INSPIRATIONEN

Verwendete Kerzen:
Rapswachskerzen

Kerze mit geometrischen Formen

Für die Kreise aus Wachsfolie haben wir einen kleinen Kosmetikdeckel als Ausstechförmchen genutzt. Die Kreise haben wir anschließend halbiert und in verschiedenen Farben auf der Kerze platziert.

Kerze mit organischem Karomuster

Zuerst mithilfe von Lineal und Messer schmale Streifen ausschneiden. Diese dann leicht organisch im Karomuster auf der Kerze platzieren.

Kerze mit Konfettimuster

Diese Technik lässt sich sehr gut mit kleinen Kindern anweden und ist ideal, um Wachsfolienreste aufzubrauchen.

Kerze mit Streifenmuster

Da diese Kerzen komplett umwickelt werden, können verfärbte, weniger schöne Kerzen wiederverwendet werden. Zuerst mithilfe von Lineal und Messer Streifen ausschneiden. Im Anschluss die komplette Kerze mit Streifen umwickeln.

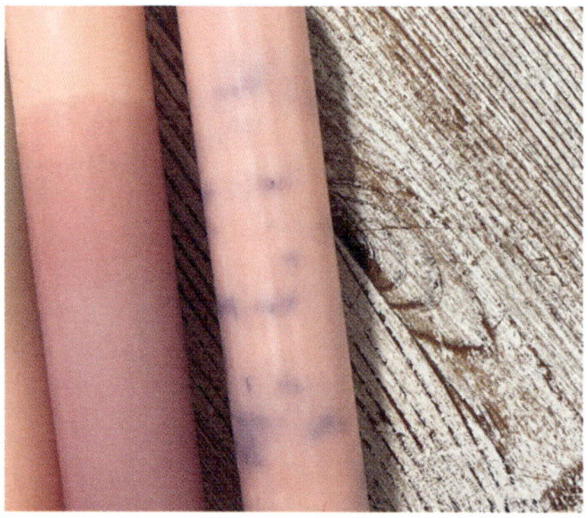

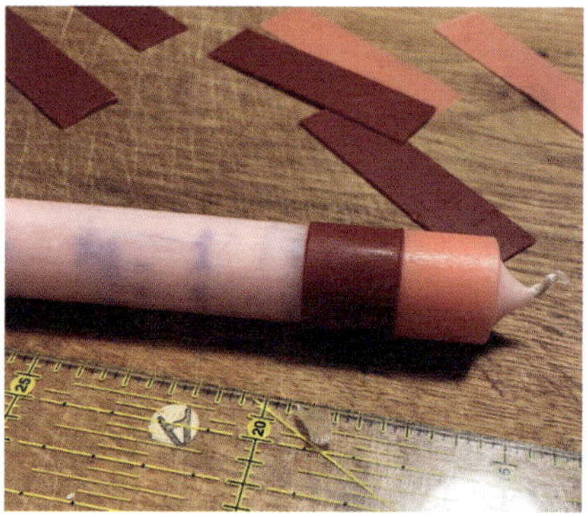

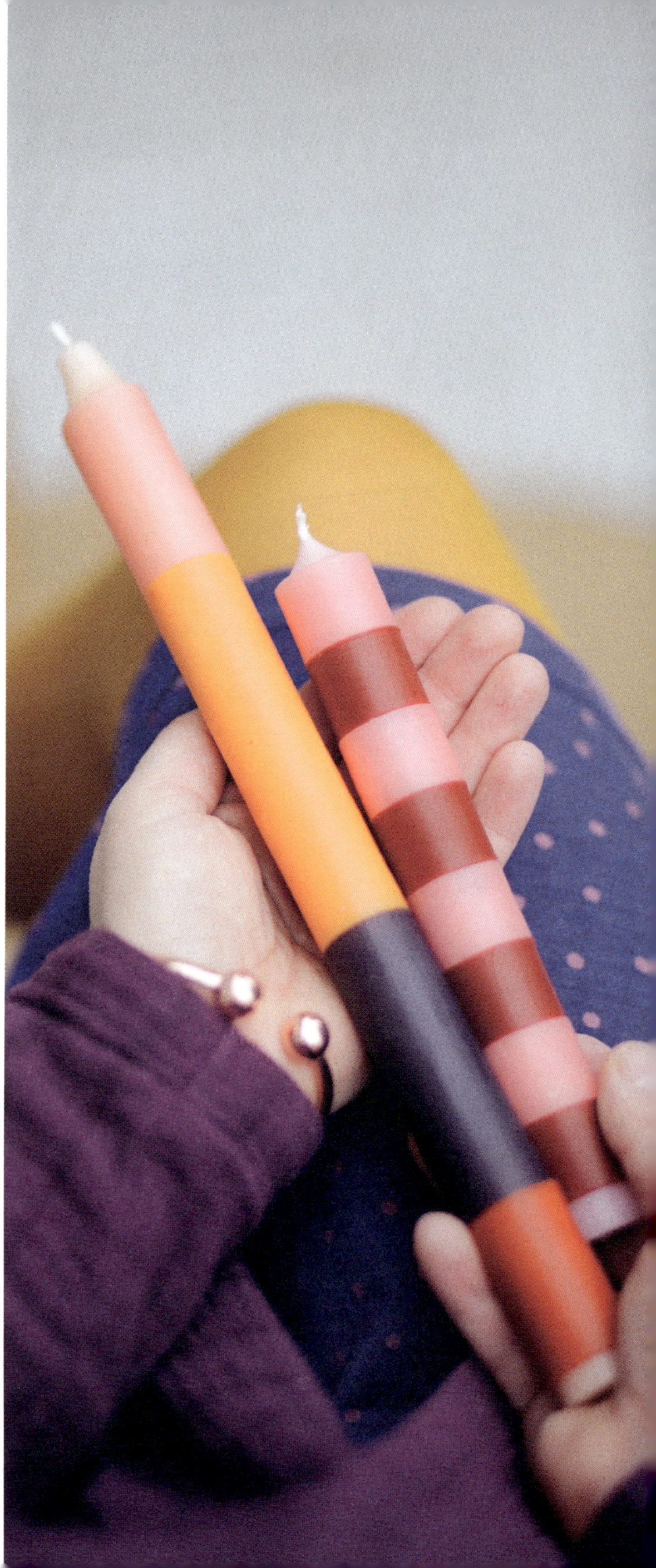

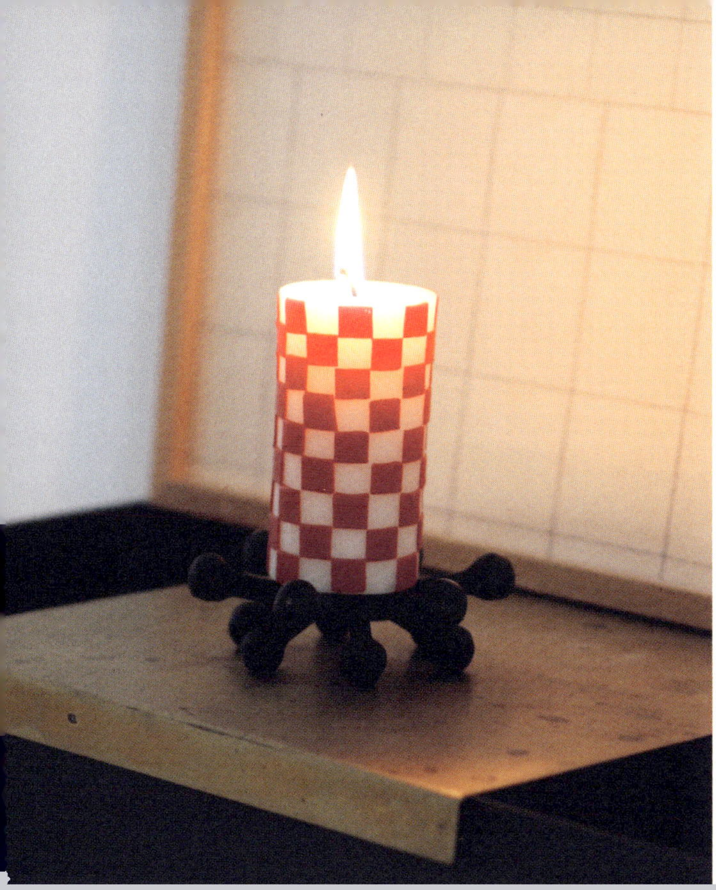

Kerzen mit Schachbrettmuster

Für die Schachbrettkerzen die Wachsfolie mithilfe eines Lineals und Messers zuerst in Streifen und dann in Quadrate schneiden. Diese dann schachbrettmusterartig auf der Kerze platzieren. Auch etwas größere Kinder ab etwa 10 Jahren können dies gut machen.

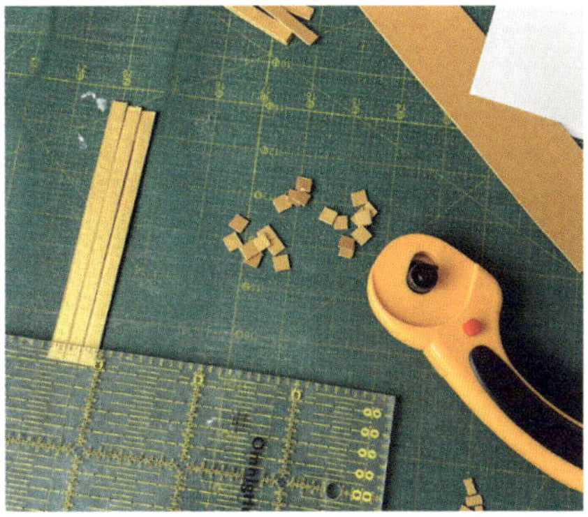

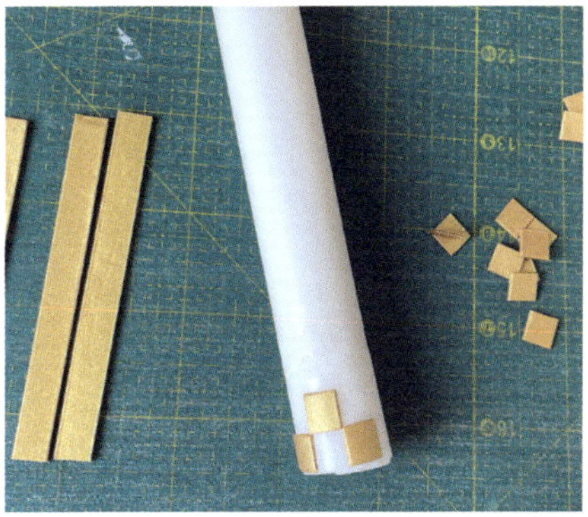

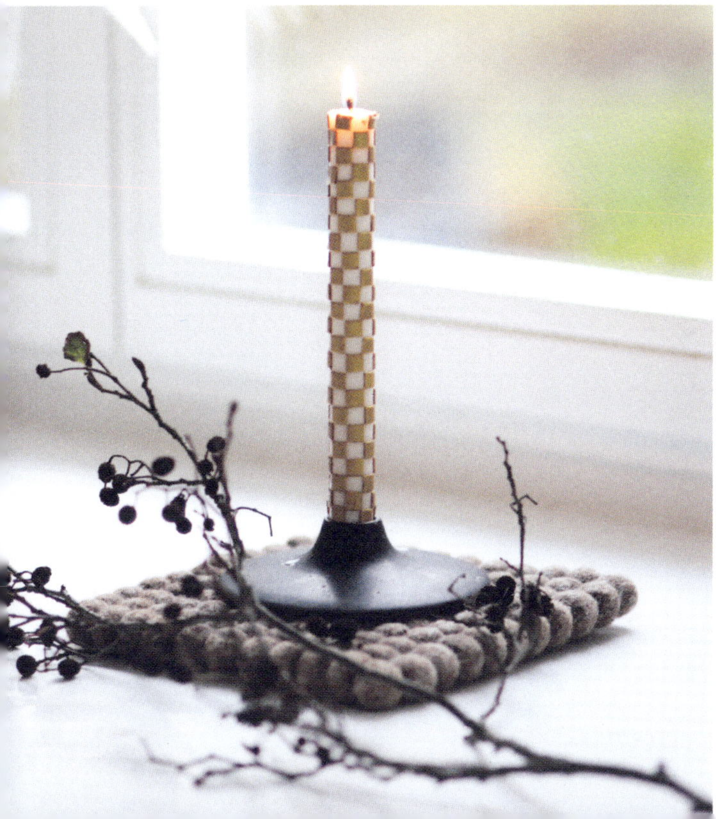

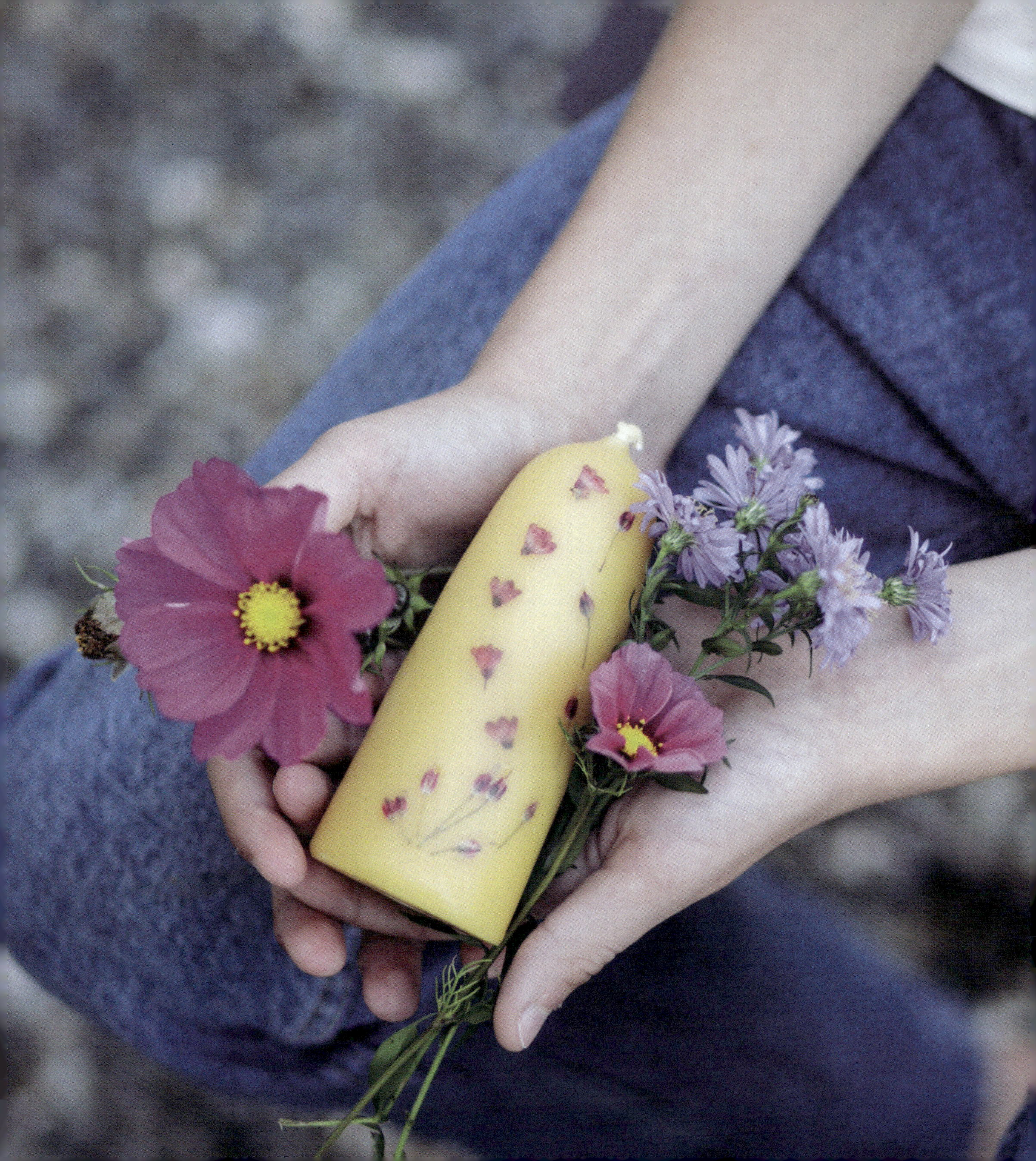

KERZEN MIT BLÜTEN VERZIEREN

BLÜTENKERZEN

Mit zarten Blüten dekorierte Bienenwachskerzen – für ein stimmungsvolles Zuhause und als besondere Geschenkidee.

Material

Bienenwachskerzen mit nicht zu kleinem Durchmesser (ab ca. 30 mm)
gepresste Blüten (feine zarte Blüten eignen sich besser als voluminösere)
Teelöffel
brennende Kerze nach Wahl zum Erhitzen des Löffels
ggf. Schmelzgefäß mit gebleichtem Bienenwachs für einen abschließenden Überzug

Anleitung

1. Gepresste Blüten bereitlegen.
2. Eine Kerze zum Erhitzen des Löffels anzünden.
3. Den Teelöffel mit der Mulde nach unten gerichtet über die Kerzenflamme halten, um das Metall zu erhitzen.
4. Die Blüten einzeln an der gewünschten Stelle auf die zu verzierende Kerze legen und vorsichtig mit der gewölbten Seite des erhitzten Löffels darüberstreichen. Durch die Hitze des Löffels schmilzt das Wachs unter der aufgelegten Pflanze und fixiert diese beim Erkalten. Der Löffel sollte ohne Druck über die Kerze geführt werden, da sich sonst unschöne Druckstellen bilden können.

Tipps

- Stets nur die Löffelmulde über die Flamme halten, keinesfalls die Wölbung, mit der man über die Blüten streichen möchte, da der der Flamme zugewandte Teil des Löffels vom Ruß geschwärzt sein könnte.
- Je länger man mit dem heißen Löffel über die Blüten streicht, desto mehr Wachs schmilzt unter und um die aufgelegten Pflanzen, was bei zu lang anhaltendem Erhitzen zu Unebenheiten und Ungleichmäßigkeiten an der Oberfläche führen kann.
- Wer einen Embossing-Föhn (kleines Heißluftgerät) zur Verfügung hat, kann Blüten auch mit dessen Hilfe auf der Kerze anbringen. Die Vorgehensweise ist wie bei den bestempelten Kerzen (Variation mit Seidenpapier) beschrieben (siehe Anleitung S. 84).
- Zum Verzieren bieten sich feinere Blumen wie Zaunwinde, Krokusse, Vergissmeinnicht, Wilde Möhre, Schneeglöckchen usw. besser an als kräftige, fleischige. Auch Gräser sehen sehr hübsch aus.
- Aus Sicherheitsgründen empfehlen wir Kerzen mit nicht zu kleinem Durchmesser (mindestens 30 mm), sodass Pflanzenteile beim Abbrennen nicht zu nah an die Flamme gelangen, wo sie sich entzünden könnten. Falls eine Kerze gewählt wird, deren Durchmesser sich nach oben hin verjüngt, sollten die Pflanzen nur im unteren Bereich angebracht werden, wo der Durchmesser ausreichend groß ist.
- Falls beim Abbrand etwas Pflanzenmaterial am Rand stehen bleibt, dieses vorsichtig an der nicht brennenden Kerze abschneiden.
- Besonders edel sieht es aus, wenn die Kerze am Ende noch einen hauchzarten Wachsüberzug erhält. Hierfür wird die Kerze nur kurz in ca. 70 bis 75 °C heißes, geschmolzenes gebleichtes Bienenwachs getaucht. Der Überzug schützt zugleich die feinen Blumen.

VARIATION HERBSTKONFETTI

Kerzen lassen sich nicht nur mit Blüten und Gräsern verzieren. Unser farbenfrohes Herbstkonfetti in Herzform bringt schlichte Kerzen zum Strahlen.

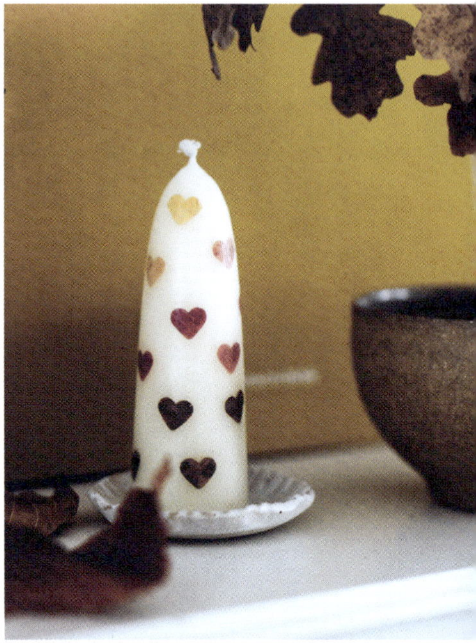

Material

Bienenwachskerzen mit nicht zu kleinem Durchmesser (ab ca. 30 mm)
gepresstes Herbstlaub
Locher oder Motivstanzer
Teelöffel
brennende Kerze nach Wahl zum Erhitzen des Löffels
ggf. Schmelzgefäß mit gebleichtem Bienenwachs für einen abschließenden Überzug

Anleitung

1. Aus dem gepressten Herbstlaub kleines Konfetti ausstanzen. Wahlweise rund mit dem klassischen Locher oder wie in unserem Beispiel mit einem Herzmotivstanzer (kleine Stanzteile eignen sich besser als große).
2. Das Konfetti auf der Kerze verteilen und wie in der Anleitung «Blütenkerzen» auf S. 79 beschrieben weiter verfahren.

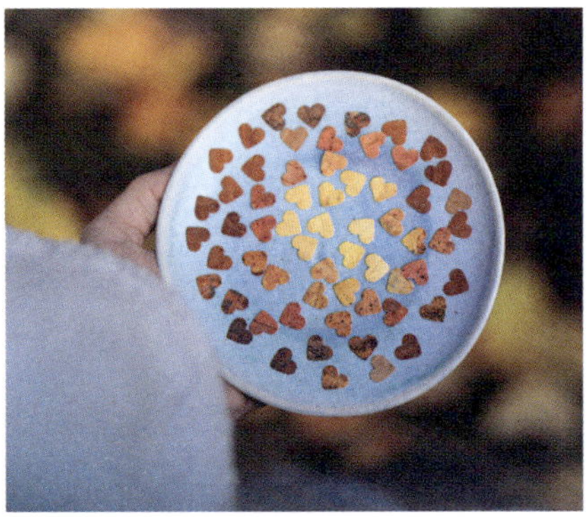

Tipp

Das Konfetti aus Herbstlaub ist wundervoll farbenfroh. Man kann es einfach wahllos rings um die Kerze verteilen oder die Farben, wie in unserem Beispiel, vorab sortieren – unten dunklere Konfettiherzen, nach oben hin immer heller werdend.

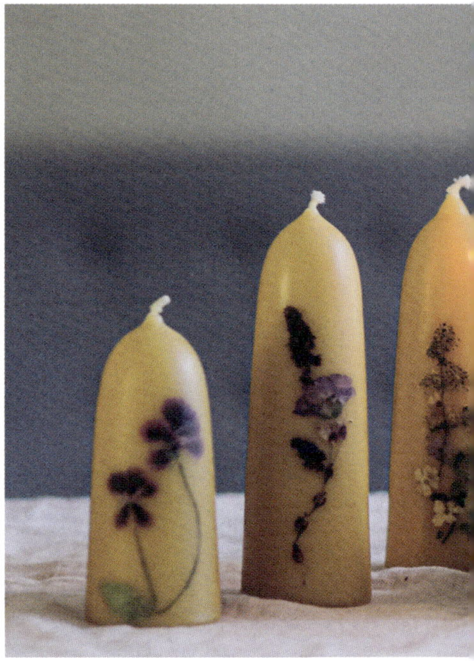

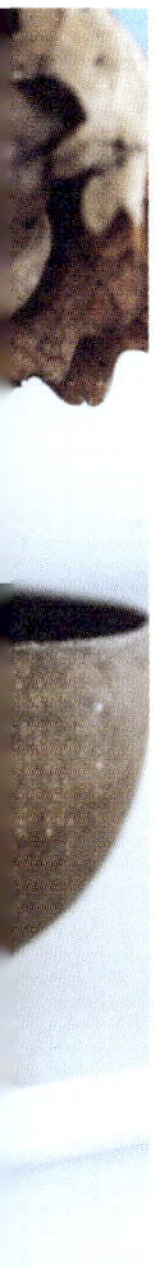

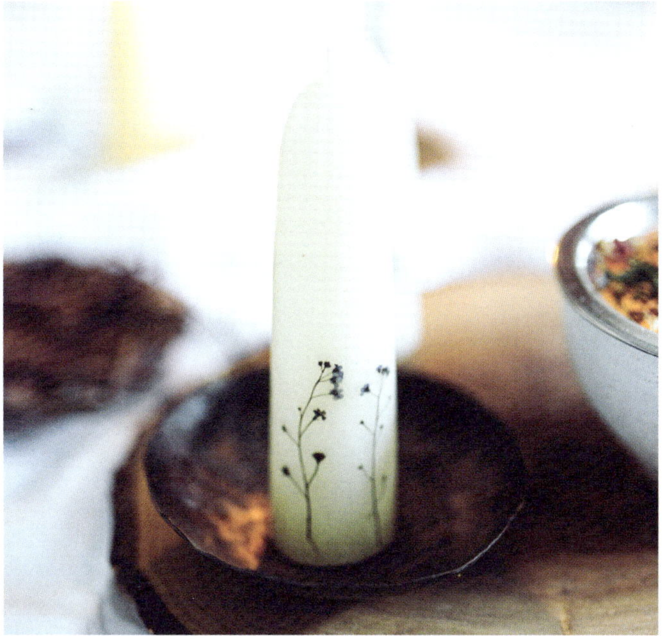

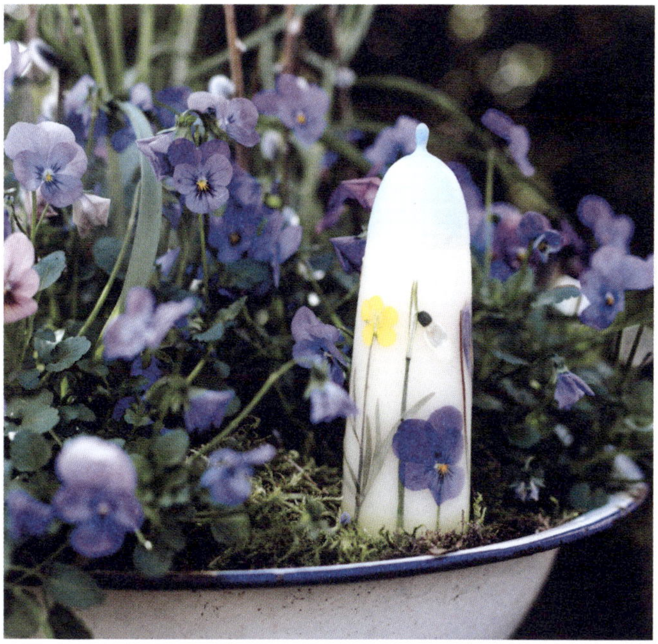

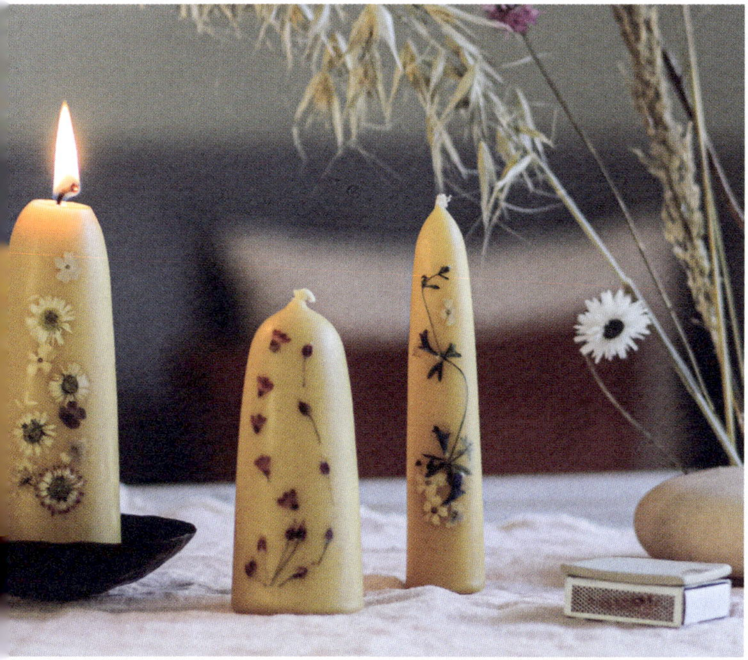

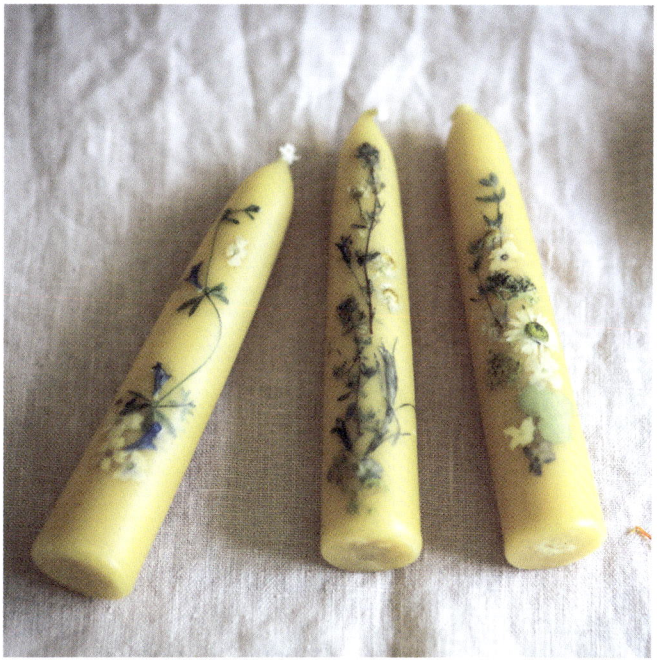

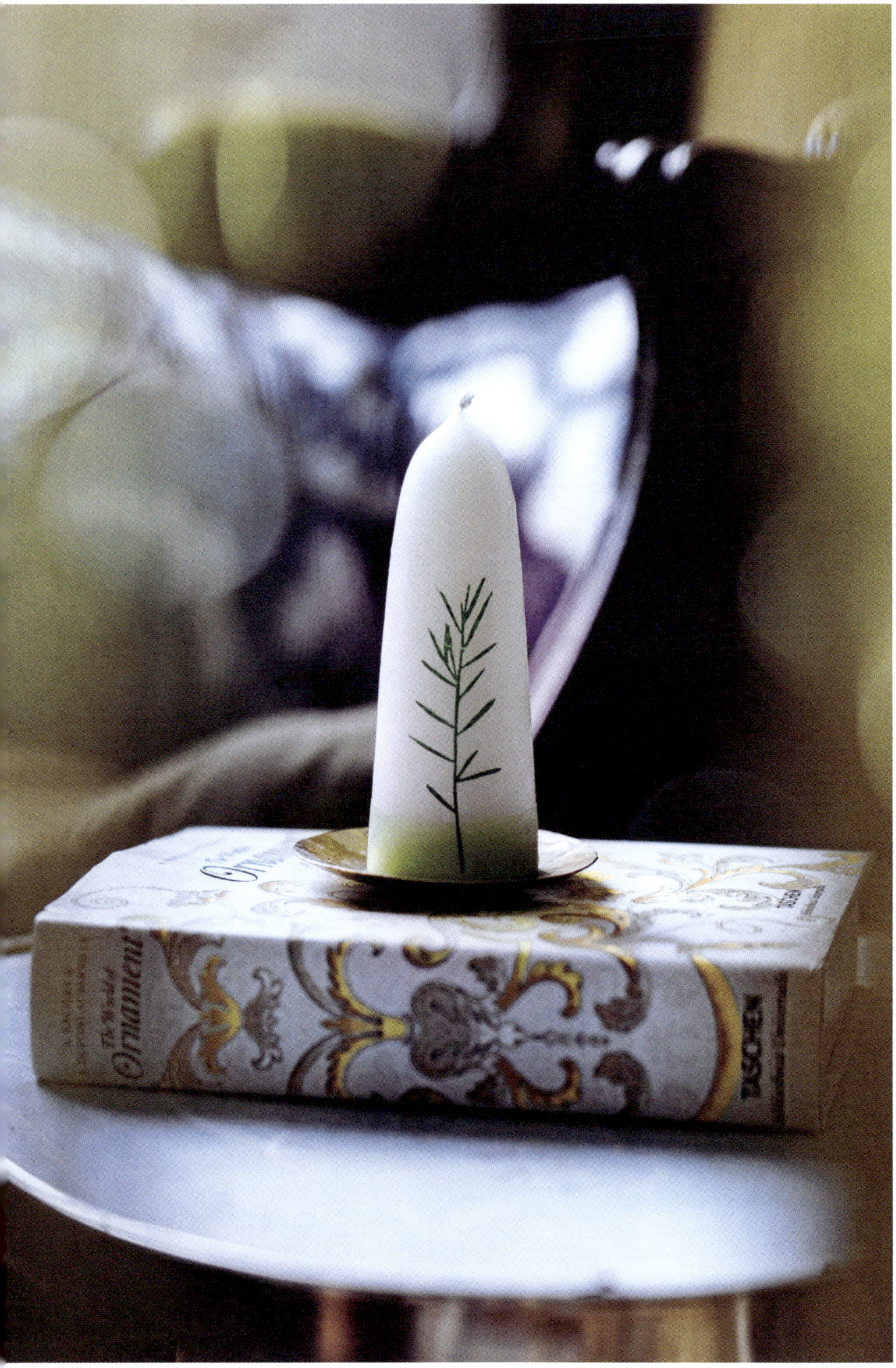
TASCHEN
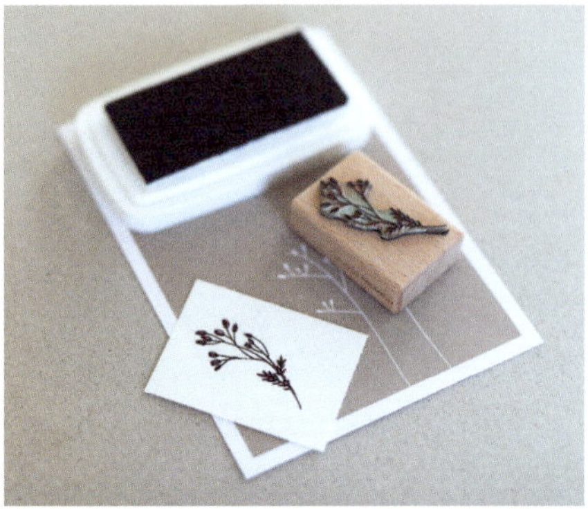
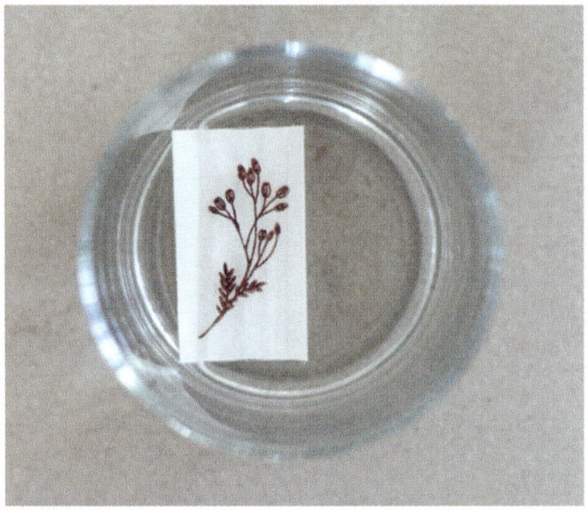
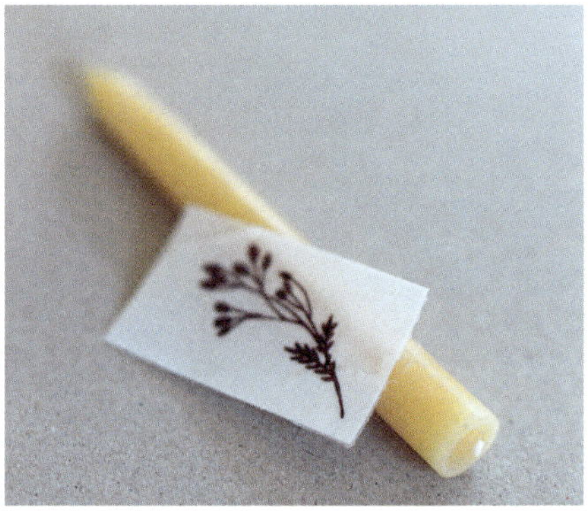
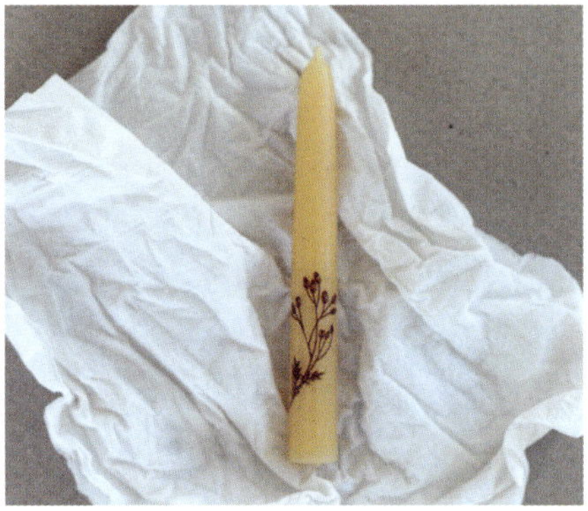

Mit hübschen Stempeln lassen sich nicht nur Papier und Stoff kreativ bedrucken, wir haben auch schlichten Kerzen so ein optisches i-Tüpfelchen aufgesetzt.

Kerzenfolie

Kerzen mit Kerzenfolie (auch Decal Papier genannt) zu dekorieren ist inzwischen vielen bekannt. Meist werden die Kerzen mit Schriftzügen oder Sprüchen versehen, die vorab mit einem Laserdrucker auf die Folie gedruckt werden. Die Kerzenfolie lässt sich jedoch auch bestempeln.

Anleitung

1. Stempel mit Stempelfarbe betupfen, die Folie relativ zügig bestempeln (die Farbe trocknet schnell) und ca. 1 Minute trocknen lassen.
2. Das Motiv ausschneiden (mindestens 2,5 x 2,5 cm).
3. Die bestempelte Folie in das Glas mit lauwarmem Wasser legen. Warten, bis sich die Folie zu lösen beginnt, dann vorsichtig herausnehmen.
4. Die Folie samt Trägerpapier über die Stelle der Kerze legen, an die das Motiv platziert werden soll und die transparente Folie vorsichtig vom Trägerpapier auf die Kerze schieben.
5. Prüfen, ob sich Ränder nach innen gelegt haben, diese ggf. vorsichtig wieder nach außen ziehen, sodass die Folie sehr glatt auf der Kerzenoberfläche liegt.
6. Luftbläschen und Feuchtigkeit unter der Folie mit einem weichen Tuch von der Mitte ausgehend zum Rand hin ausstreichen.
7. Die bestempelte Stelle für mehrere Stunden trocknen lassen, bevor die Kerze angezündet wird.

Material

Bienenwachskerzen mit größerem Durchmesser (mind. 30 mm)
Stempelmotive nach Wahl
Stempelfarbe von *StazOn* (unbedingt wasserfest)
1 Bogen Kerzenfolie (Decal Papier)
Schere
Glas mit lauwarmem Wasser
feines Baumwolltuch
Stempelreiniger

Tipps

Aus Sicherheitsgründen eine Kerze mit etwas größerem Durchmesser wählen, sodass die Kerzenfolie beim Abbrennen nicht zu nah an die Flamme gelangt, wo sich diese entzünden könnte. Falls eine Kerze gewählt wird, deren Durchmesser sich nach oben hin verjüngt, sollte das Stempelmotiv im unteren Bereich angebracht werden, wo der Durchmesser ausreichend groß ist.
Beim Abbrand stehen gebliebene Folienreste vorsichtig an der erkalteten Kerze abschneiden.
Der Folienglanz fällt auf weißen Kerzen weniger auf als auf farbigen.
Die Folie kann auch mit einem Laserdrucker bedruckt werden (z.B. mit Worten).

Tipps

- Vorsichtig mit der Heißluftpistole umgehen, die Temperaturen sind je nach Gerät recht hoch und können zu Verbrennungen führen (bitte die Anleitung des Geräts beachten).
- Sicherheitshalber eine Kerze ab ca. 30 mm Durchmesser wählen, damit das Papier genug Abstand zur Flamme hat. Falls eine Kerze gewählt wird, deren Durchmesser sich nach oben hin verjüngt, sollte das Stempelmotiv im unteren Bereich angebracht werden.
- Falls beim Abbrand der Kerze etwas vom wachsgetränkten Papier am Rand stehen bleibt, dieses immer mal wieder an der nicht brennenden Kerze vorsichtig abzupfen oder abschneiden.
- Mit der Düse einer Heißluftpistole kann die Wärme gezielt auf die gewünschte Stelle gebracht werden. Bei Verwendung eines Föhns sollte das Gebläse auf die kleinste Stufe gestellt werden. Auch ein Aufsatz mit kleiner Düse ist hilfreich.
- Der Kerzensockel kann nach Belieben in der Ombré-Technik (s. S. 34) eingefärbt werden, was vor allem Kerzen mit größerem Umfang eine schöne Optik verleiht. Hierfür den Sockel 2- bis 3-mal jeweils unterschiedlich tief in farbiges Bienenwachs tauchen, sodass ein zarter Farbverlauf entsteht.
- Dunkle Kerzen eignen sich weniger für diese Technik, da das weiße Seiden-/Serviettenpapier nach dem Einschmelzen noch hauchzart durchschimmert, was bei weißen oder eher hellen Kerzen kaum bis gar nicht auffällt.
- Eine besonders feine Oberfläche ergibt sich, wenn die Kerze am Ende kurz in gebleichtes Bienenwachs getaucht wird. Das Wachs sollte hierfür sehr flüssig sein, damit sich lediglich ein hauchzarter Überzug über die Kerze legt.
- Beide Techniken lassen sich auch mit gepressten Blüten kombinieren (siehe Trauerkerze S. 110, Taufkerze S. 128).

Seidenpapier/Serviette

Diese Technik ist etwas aufwändiger als die zuvor Beschriebene, das Motiv verschmilzt jedoch förmlich mit der Kerzenoberfläche.

Material

weiße oder möglichst helle Bienenwachskerzen (oder andere Kerzen) mit etwas größerem Durchmesser (mind. 30 mm)
Stempelmotive nach Wahl
Stempelfarbe (nicht ölbasiert)
1 Bogen hauchdünnes weißes Seidenpapier oder eine Schicht einer weißen Serviette
Backpapier oder Butterbrotpapier
Schere
kleiner Heißluftföhn/Embossing-Föhn (Heimwerkerbereich), alternativ Föhn mit kleiner Düse
Wäscheklammern, Wonderclips, Foldback-Clips o.Ä.
Handschuh (Hitzeschutz)
nach Bedarf: Schmelzgefäß mit gebleichtem Bienenwachs für einen Überzug, ggf. auch eingefärbtes Bienenwachs für einen farbigen Kerzensockel

Anleitung

1. Stempelmotiv auf die glatte Seite des Seidenpapiers stempeln und vollständig trocknen lassen. Bei Verwendung einer Serviette, eine der Lagen abziehen und das Motiv auf die glatte Seite stempeln.
2. Das gestempelte Motiv randnah ausschneiden.
3. Das bestempelte Papier mit der bedruckten Seite nach oben faltenfrei auf die Kerze legen.
4. Das Back-/Butterbrotpapier so zuschneiden, dass die Breite etwas länger ist als der Kerzenumfang, die Höhe muss das Stempelmotiv zumindest oben und unten etwas überragen.
5. Das Back-/Butterbrotpapier um die Kerze legen und auf der Rückseite mit Klammern o.Ä. fixieren. Wichtig ist, dass es straff und faltenfrei anliegt.

6. Die Heißluftpistole mit etwas Abstand so lange gleichmäßig über das Stempelmotiv bewegen, bis sich dieses durch das aufgelegte Papier abbildet. Das Seiden-/Serviettenpapier saugt sich mit Wachs voll und verschmilzt mit der Kerzenoberfläche. Wichtig ist, mit dem Föhn immer in Bewegung zu bleiben.
7. Das Backpapier vorsichtig abziehen.
8. Die Stelle über dem Motiv ggf. noch einmal mit Abstand erwärmen, die Wachsoberfläche darf dabei nur leicht anschmelzen. Die Oberfläche darf milchig erscheinen, jedoch keine Tropfen bilden. So lassen sich, falls nötig, die Übergänge an Rändern ausgleichen.
9. Solange die Oberfläche milchig ist, kann die Kerze im Bereich des Motivs auf einer glatten Unterlage auf Backpapier 1- bis 2-mal mit vorsichtigem Druck hin- und hergerollt werden, um Unebenheiten zu glätten. Das Backpapier darf dabei keinerlei Falten aufweisen.

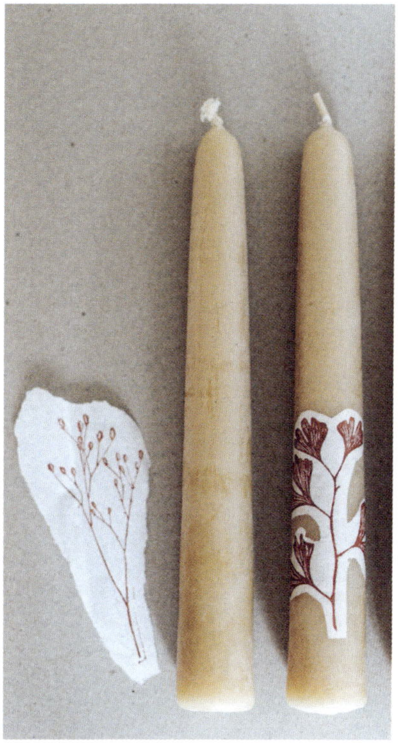

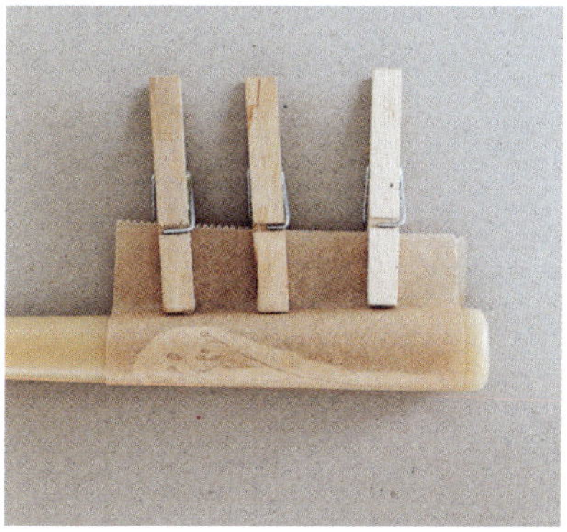

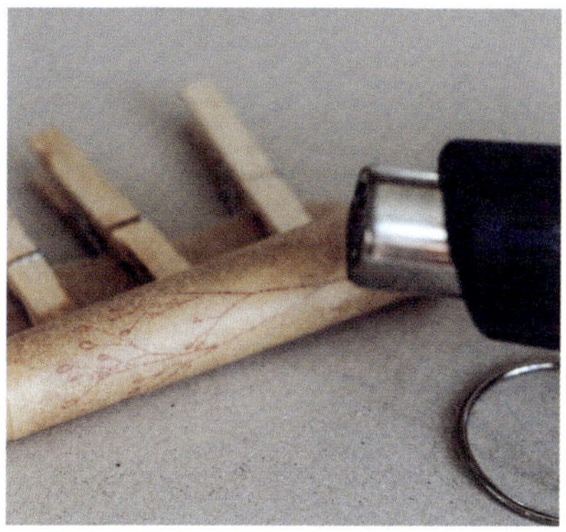

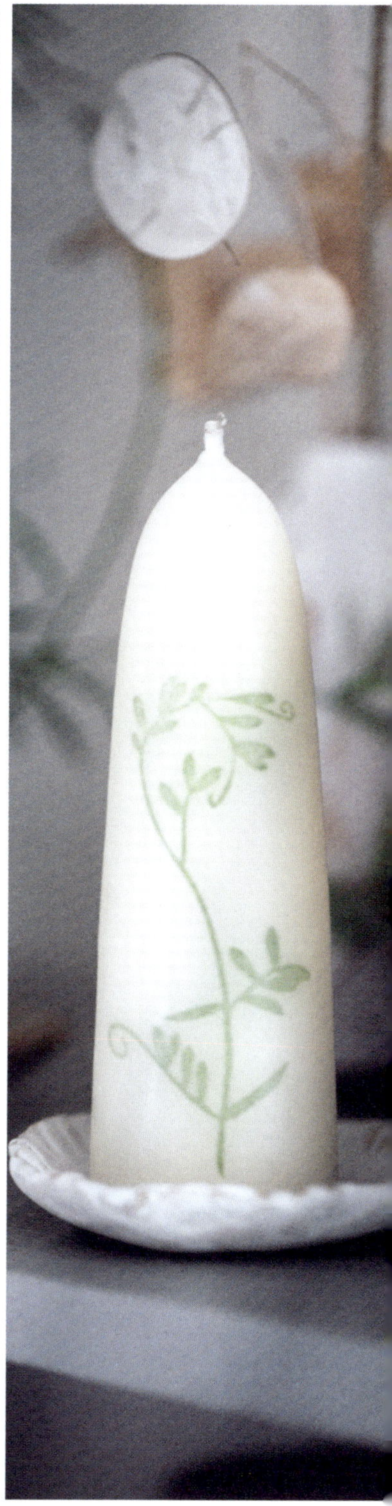

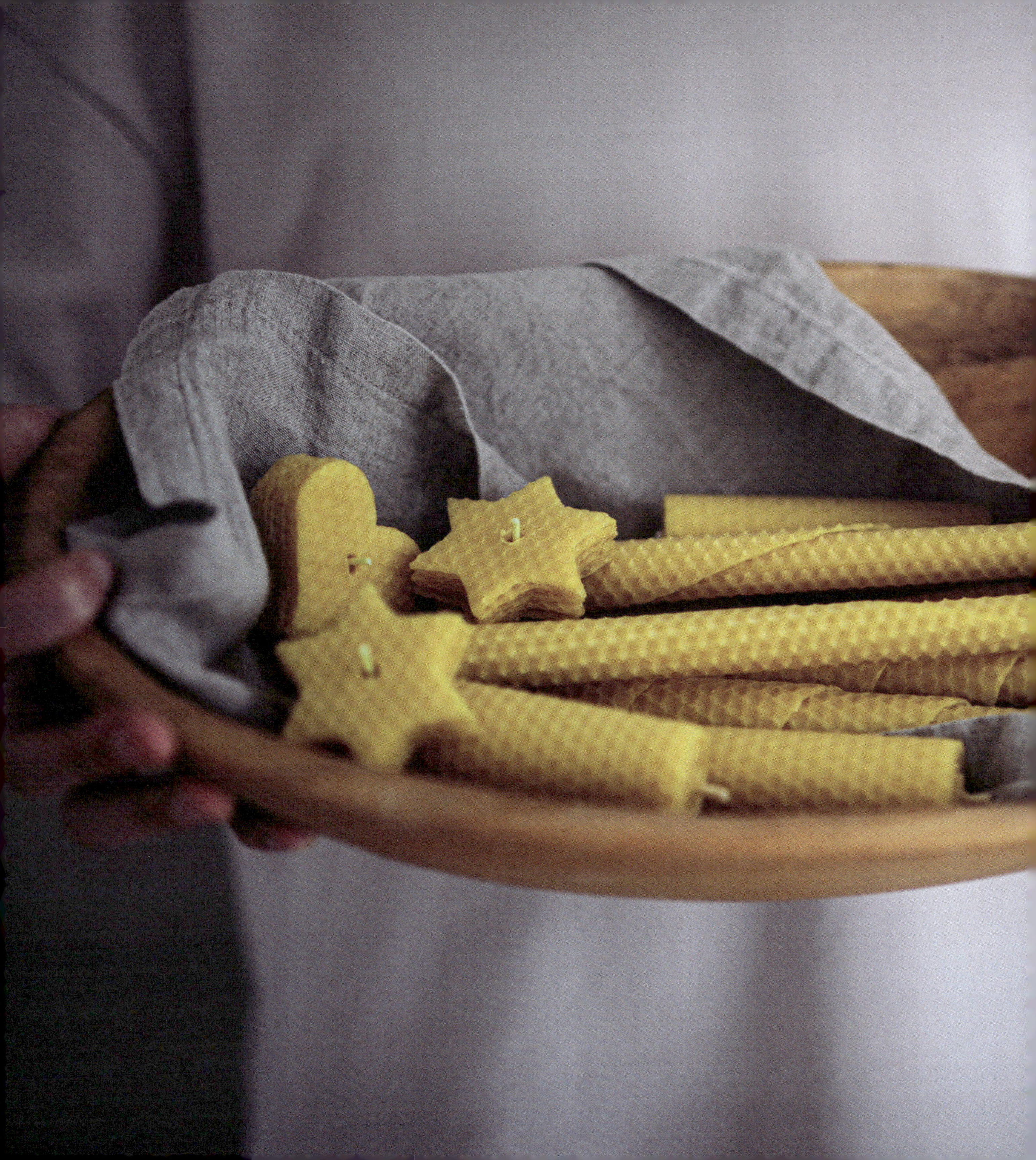

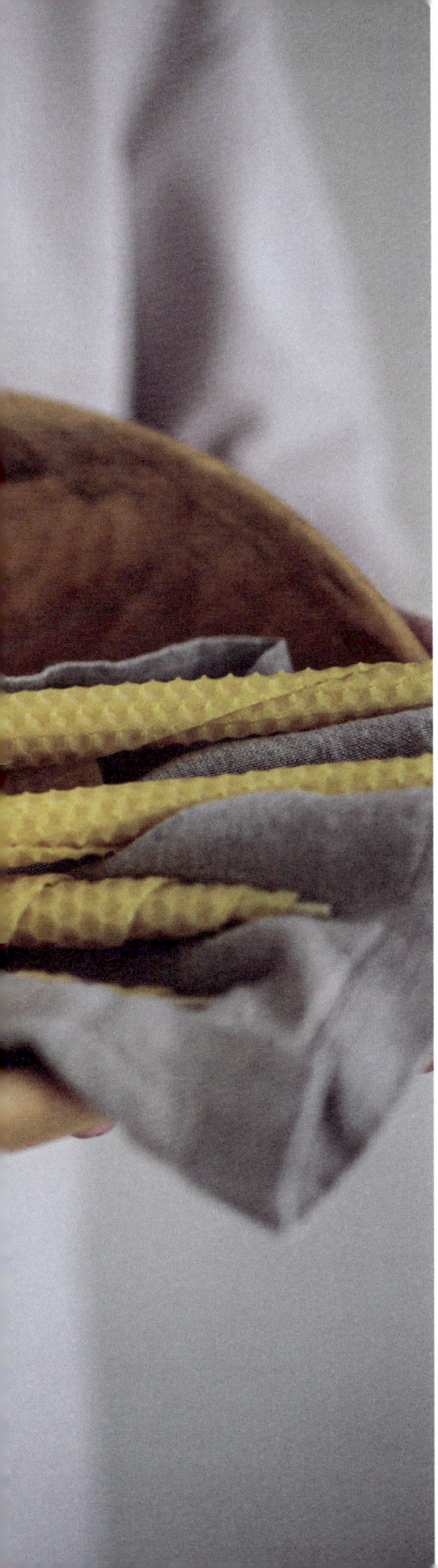

KERZEN AUS BIENENWACHSPLATTEN

Gerollte Bienenwachskerzen lassen sich recht einfach herstellen. Gerade mit Kindern macht diese einfache Technik sehr viel Freude und der angenehme Bienenwachsduft schenkt Geborgenheit, sodass schnell eine gemütliche Atmosphäre entsteht. Zudem lassen sich die Bienenwachsplatten vielseitig einsetzen und laden dadurch zum Kreativsein ein.
Die Bienenwachsplatten gibt es im Imkereifachhandel und in Kerzen- oder Bastelfachgeschäften. Inzwischen gibt es sie in verschiedenen Farben sowie ab und an auch in unterschiedlichen Zellstrukturen.
Mehr Infos zum Thema Bienenwachsplatten s. S. 12.

Vorbereitung

Auch hier gilt: Bei der Kerzenherstellung ist eine entsprechende Wärme sehr wichtig. Die Platten sollten eine Temperatur von ca. 25 °C haben. Auch der Arbeitsraum sollte warm sein. Wenn die Platten oder der Raum zu kalt sind, können sie schnell brechen. Generell ist kaltes Wachs sehr spröde und lässt sich nicht wirklich verarbeiten.
Wer eine empfindliche Arbeitsplatte hat, sollte eine Unterlage verwenden, damit keine Wachsreste haften bleiben. Um die Platten zu bearbeiten, empfehlt es sich, Messer, Rollschneider oder Pizzamesser zu verwenden. Dies ist bei der Wahl der Unterlage zu berücksichtigen.

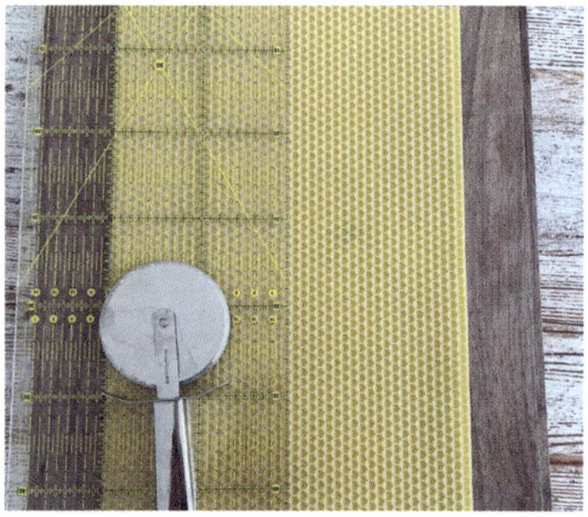

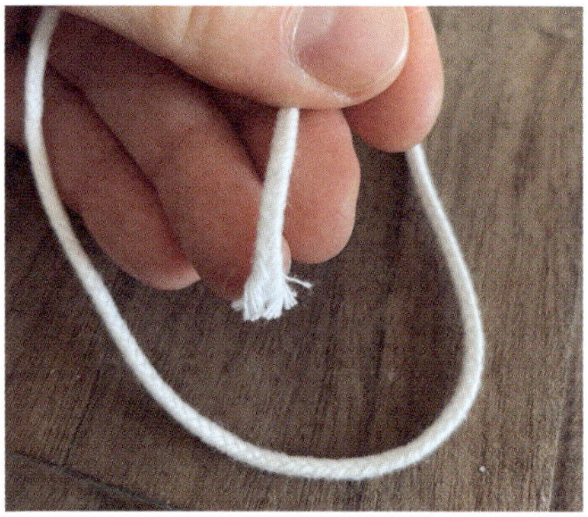

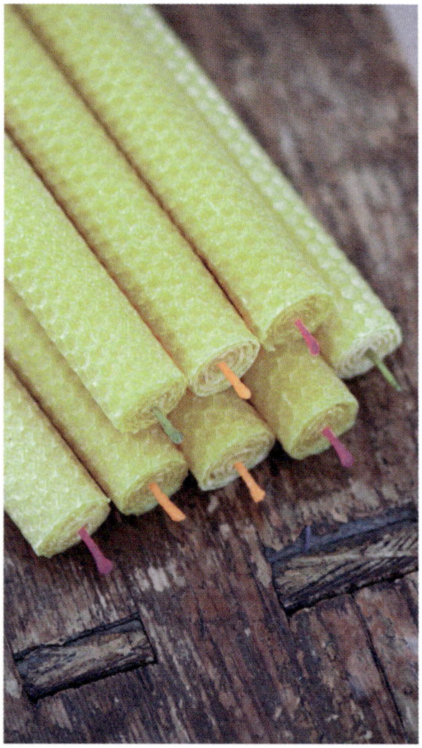

Docht

Der Docht sollte zum Durchmesser der Kerze passen. Bei Runddochten die Laufrichtung mit dem V berücksichtigen (s. S. 14).

Anleitung

1. Zuerst den Docht (Laufrichtung beachten) mit etwas Druck an den Anfang der Bienenwachsplatte drücken. Falls am Anfang der Platte etwas bricht, ist das nicht schlimm, da dieser Teil durch das Rollen umwickelt wird und dann nicht mehr sichtbar ist.
2. Nun die Bienenwachsplatte langsam aufwickeln. Beim Wickeln ist es wichtig, schön dicht zu rollen. Wenn die Kerze nicht eng gerollt ist, kann sie im Anschluss nicht gut abbrennen. Beim Rollen darauf achten, dass die angestrebte Laufrichtung beibehalten wird.
3. Falls eine Bienenwachsplatte nicht reicht, weil die Kerze dicker sein soll, wird einfach an die erste Bienenwachsplatte eine zweite Platte angelegt und weitergerollt.
4. Zum Schluss den Docht auf 1 bis 1,5 cm Überstand kürzen.

Sehr hübsch sehen auch gerollte Kerzen mit verschiendenfarbigen Dochten aus. Dazu einen Baumwolldocht in farbiges Wachs tauchen (s. Anleitung ab S. 56). Für die farbigen Dochte Schritt 1 bis 6 folgen. Bei Schritt 6 sollte allerdings der Baumwolldocht nur 1-mal ins heiße Wachs getaucht und im Anschluss begradigt werden. Dafür entsprechend farbiges Wachs verwenden. Passende Anleitung dazu siehe «Kerzenwachs färben» ab S. 27.

Abgesehen von der klassischen Kerzenform lassen sich auch andere Formen herstellen, wie die folgenden Beispiele zeigen.

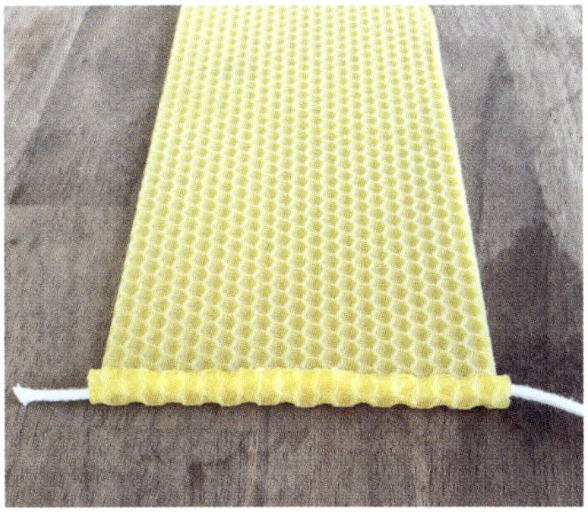

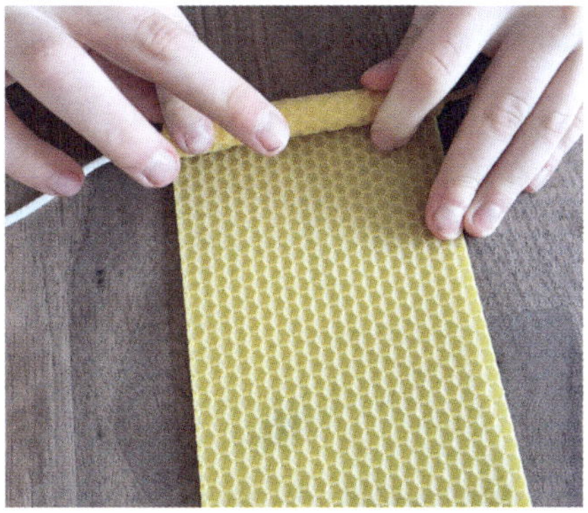

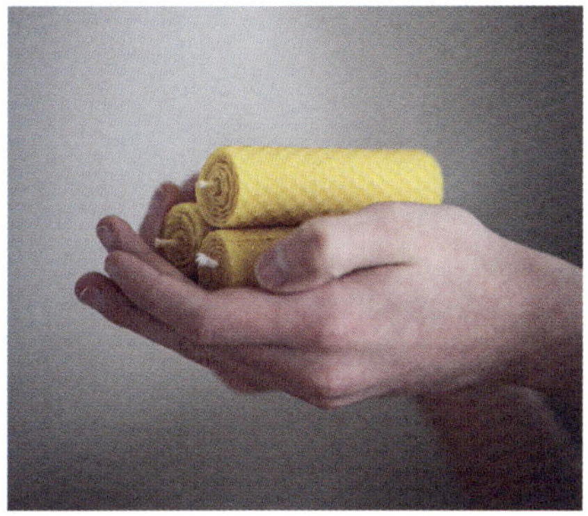

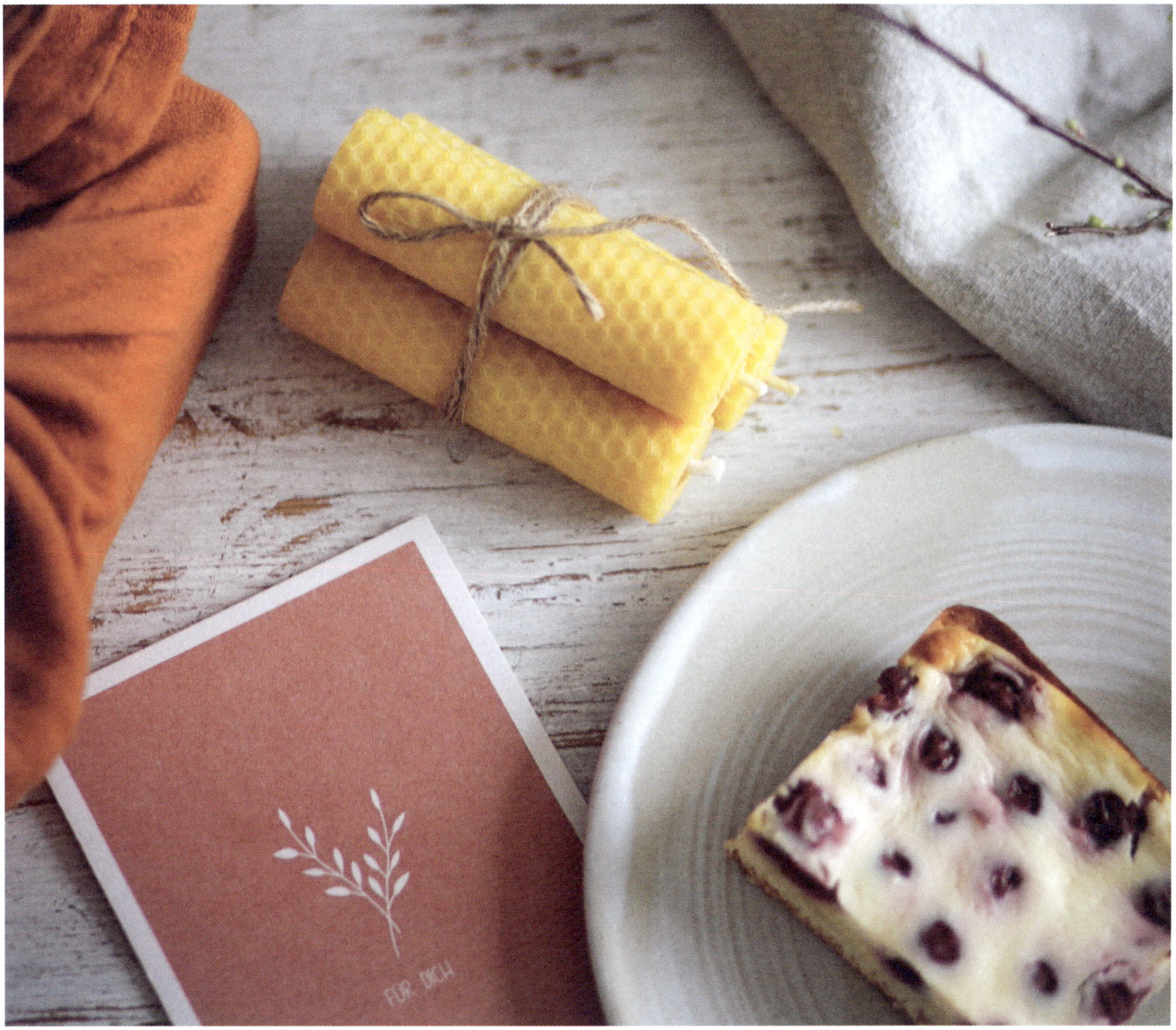
FÜR DICH

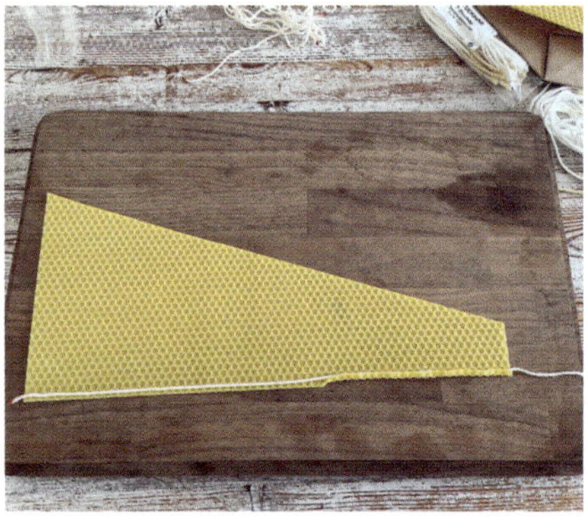

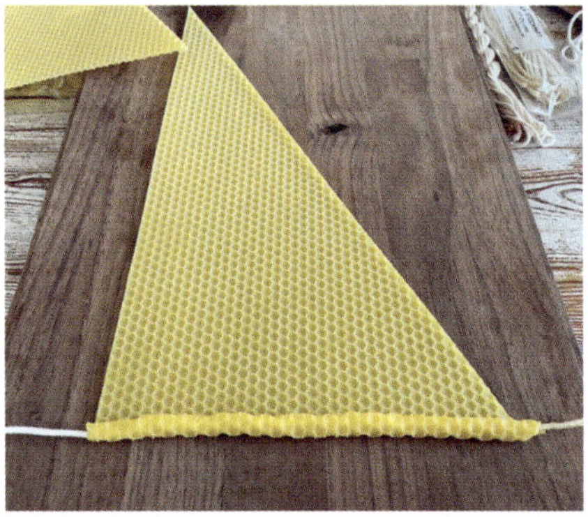

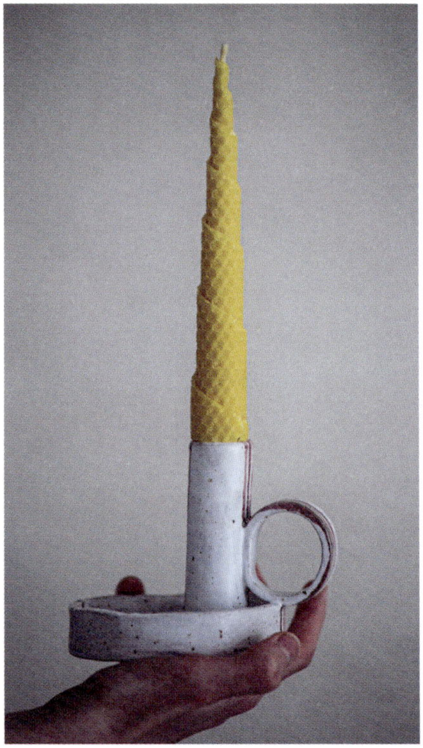

HOHE KEGELFÖRMIGE KERZE

Zuschnitt

Dazu eine Platte mithilfe eines Messers diagonal in zwei Hälften trennen. Dabei läuft der Schnitt nicht von Ecke zu Ecke, sondern startet ca. 4 cm von der Kante entfernt.

Docht

Der Docht wird an der längsten Stelle eingelegt. Auch hier auf die Laufrichtung achten. Gerade bei der langen Strecke sollte der Docht mit viel Sorgfalt eingerollt werden. Zum Schluss den Docht kürzen.

BREITE KEGELFÖRMIGE KERZE

Zuschnitt

Komplett von Ecke zu Ecke diagonal schneiden, sodass ein Dreieck entsteht.

Docht

Den Docht auf der kurzen Seite einlegen und aufrollen. Zum Schluss den Docht kürzen.

WEITERE VARIANTEN

Motiv-Teelichter

Hierfür werden Bienenwachsplatten und Teelichtdochte für Bienenwachsteelichter benötigt. Auch dies ist eine Variante, die ganz wunderbar mit Kindern gemacht werden kann, zum Beispiel als Muttertagsherz.

Anleitung

1. Mehrmals das gleiche Motiv mit einer Form ausstechen.
2. Zwischen 5 und 10 Stück bündig aufeinanderstapeln.
3. In der Mitte der Kerze mithilfe einer Nadel oder einem Nagel ein Loch bohren.
4. Durch das Loch den Teelichtdocht einsetzen.

Tipp

Die Reste, die beim Ausstechen entstehen, können gut fürs nächste Bienenwachsschmelzen verwendet werden.

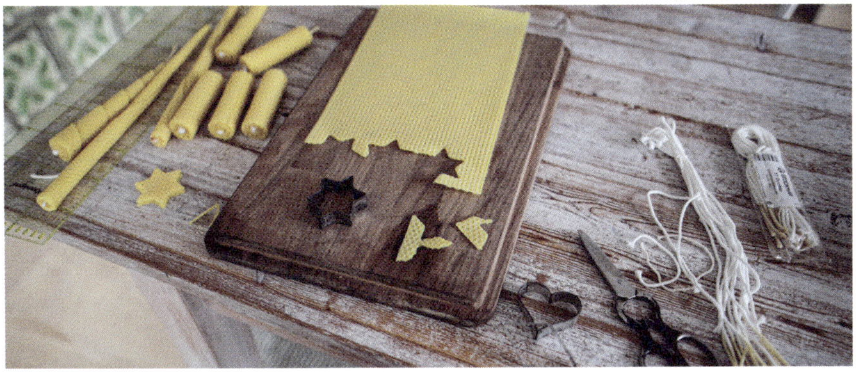

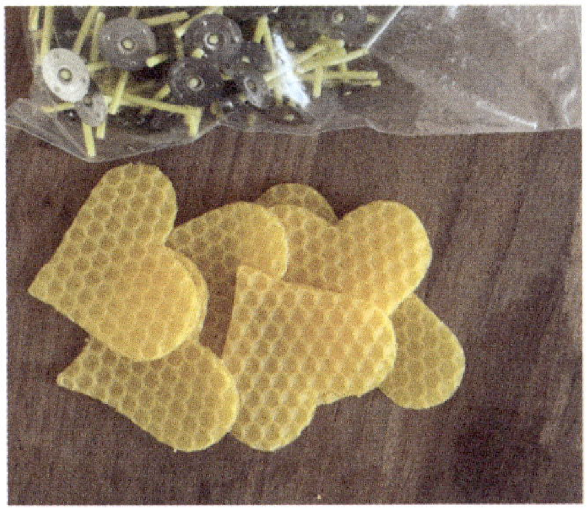

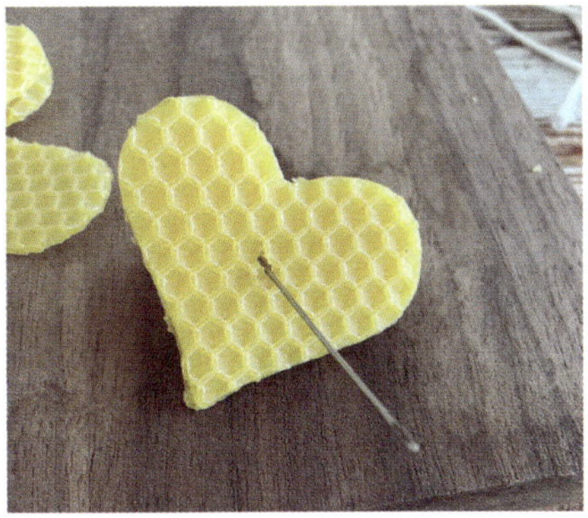

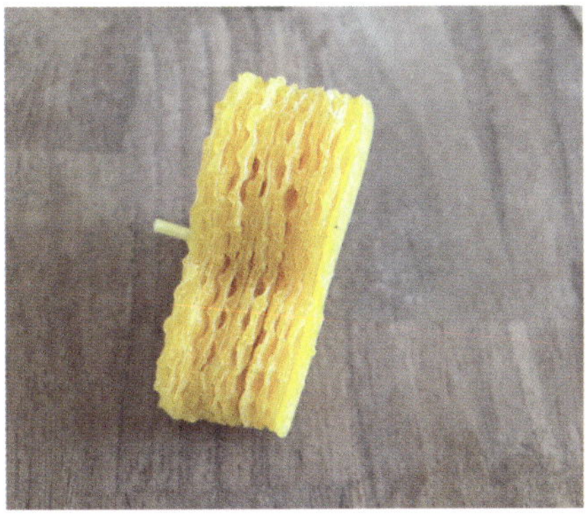

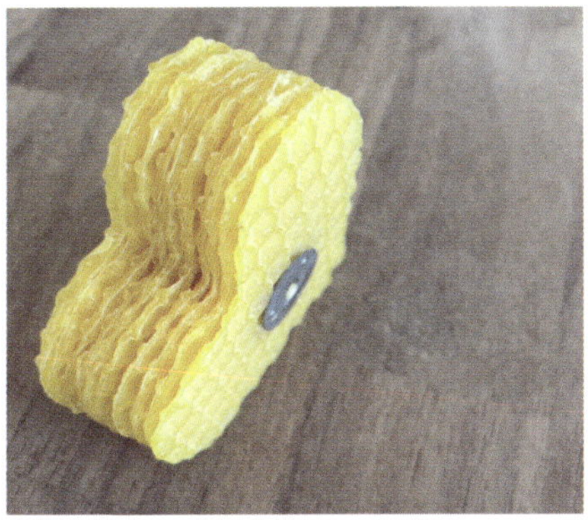

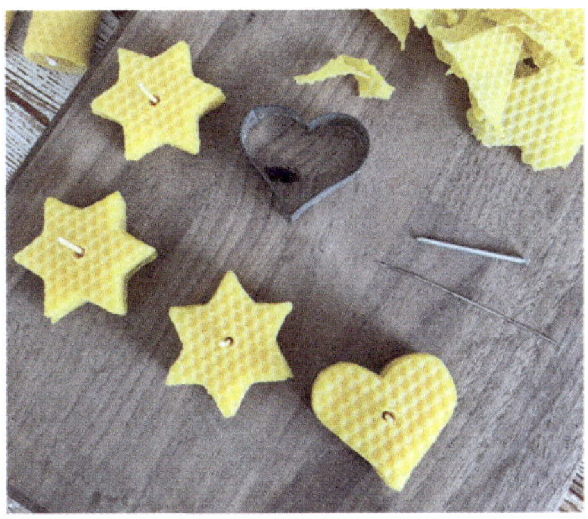

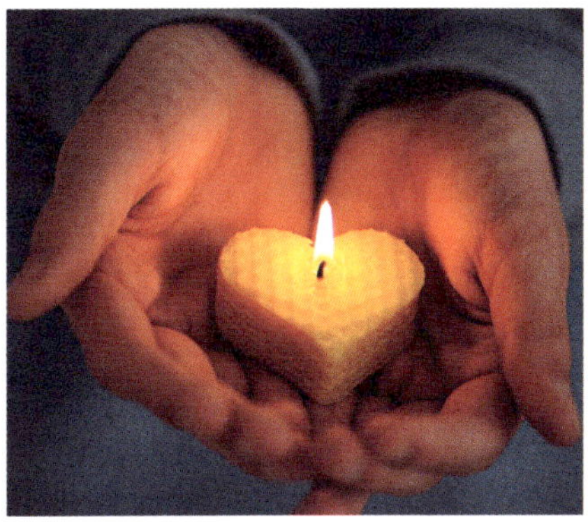

FARBIGE BIENENWACHSPLATTEN

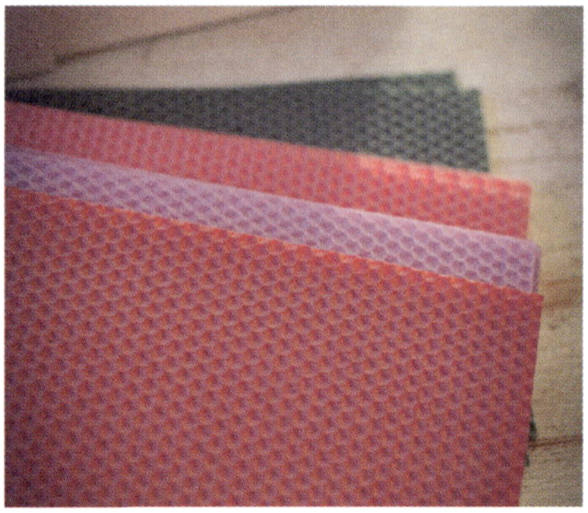

Inzwischen gibt es die Bienenwachsplatten neben klassischem Gelb auch in vielen verschiedenen Farben. Dadurch lassen sich spannende Farbkombinationen erstellen.
Wir haben hier ein paar Anregungen zusammengestellt, was alles aus den farbigen Bienenwachsplatten hergestellt werden kann. Diese fröhlichen bunten Kerzen lassen sich ebenfalls ganz wunderbar mit Kindern herstellen. Gerade die bunten Farben gefallen ihnen sehr. Die fertigen Kerzen eignen sich besonders gut für Geburtstage und Feste.

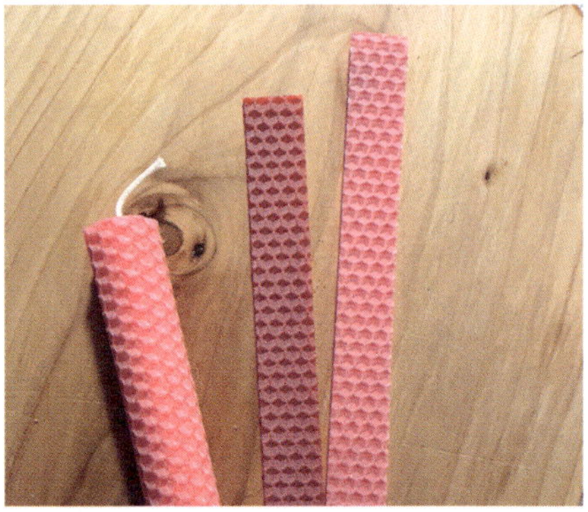

BUNTE SPIRALMUSTER AUS BIENENWACHSPLATTEN

Anleitung

1. Zuerst eine Kerze aus Bienenwachsplatten rollen. Unsere Kerze hat einen Durchmesser von ca. 2 cm.
2. Nun zwei verschiedenfarbige Streifen ausschneiden. Diese sollten die Breite der fertigen Kerze, also 2 cm, haben und etwas höher als die Kerze sein.
3. Anschließend die zwei Streifen nebeneinander schräg an die Kerze legen. Der Winkel beträgt ca. 40°. Dabei, wie im Bild zu sehen, darauf achten, dass die zwei Streifen etwas weiter unten liegen, damit die komplette Kerze umwickelt werden kann.
4. Nun die Kerze bis ganz oben wickeln. Bei Bedarf einen zweiten Streifen ansetzen.
5. Zum Schluss die überschüssigen Streifen bündig mit dem Kerzenrand abschneiden.
6. Die überschüssigen Streifen, wie im Bild zu sehen ist, am Ende der Kerze einschlagen.

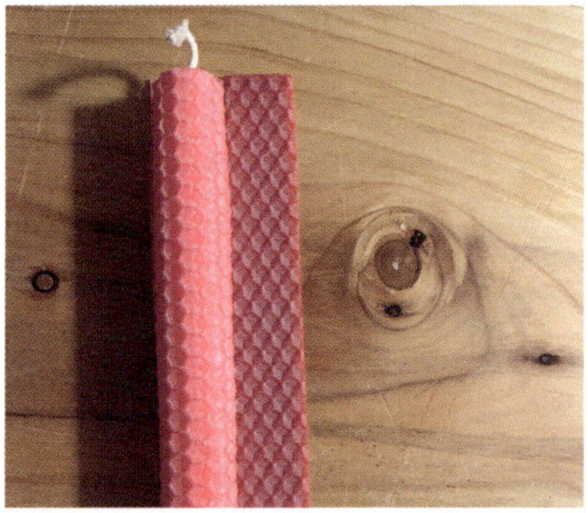

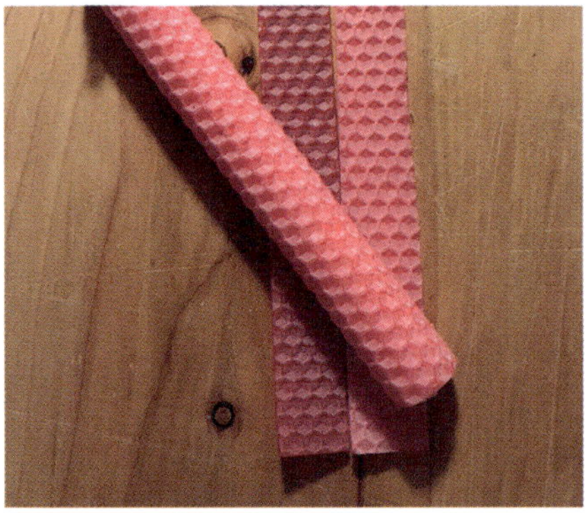

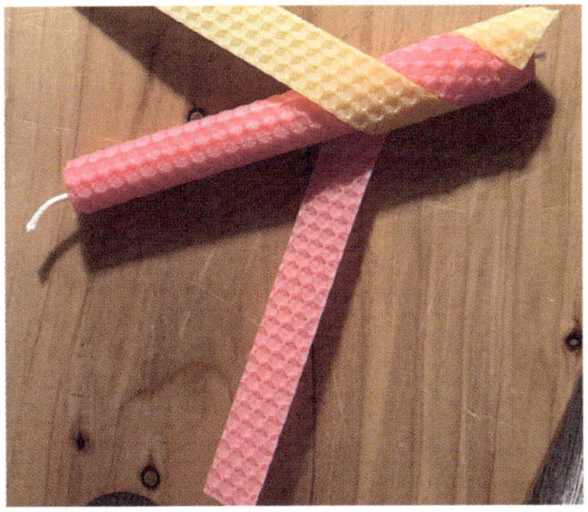
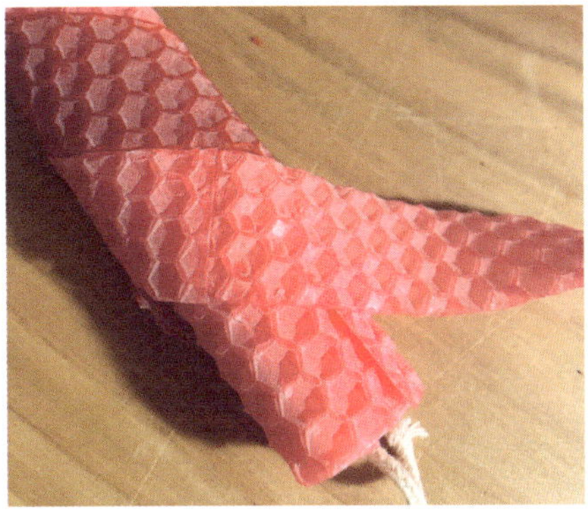
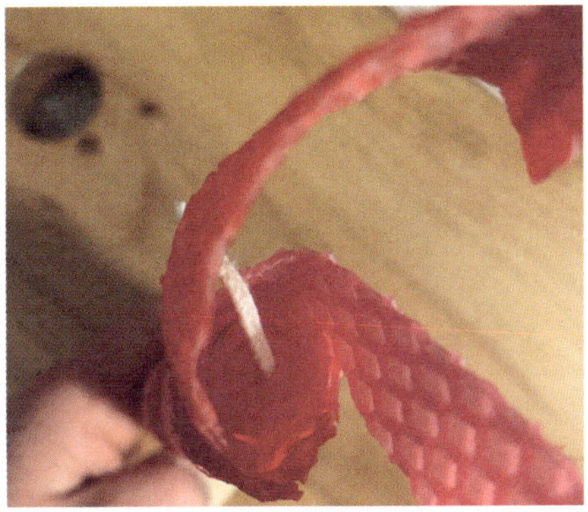
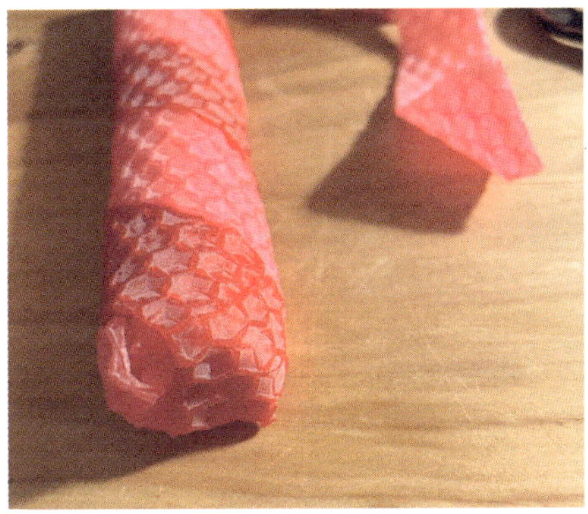
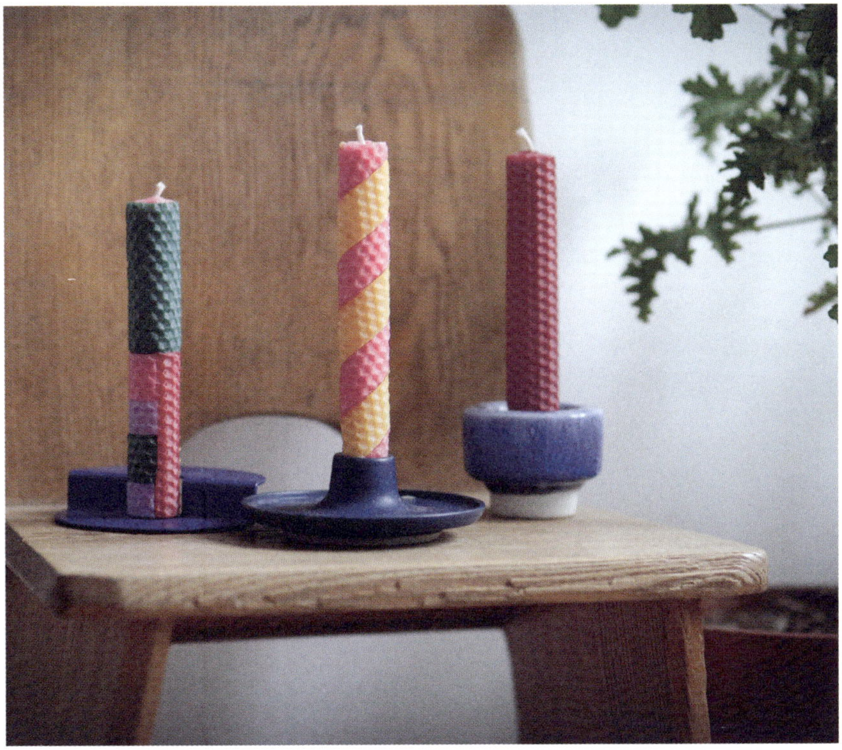
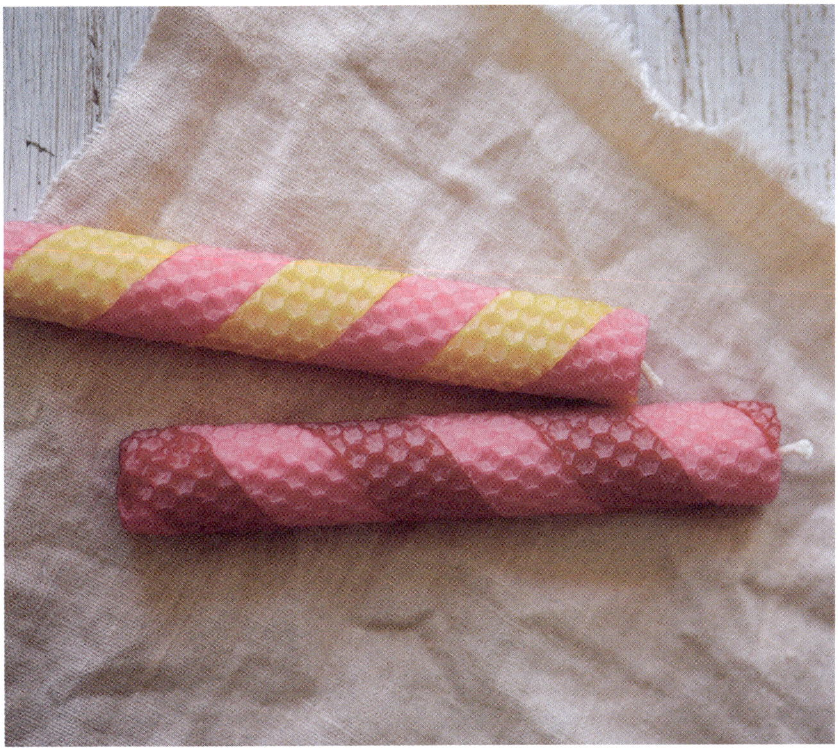

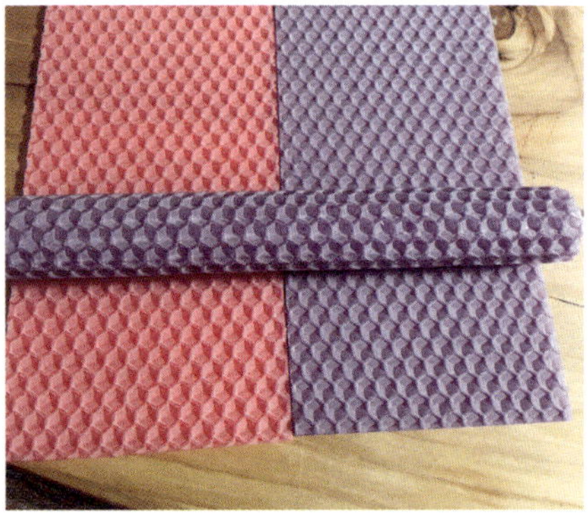

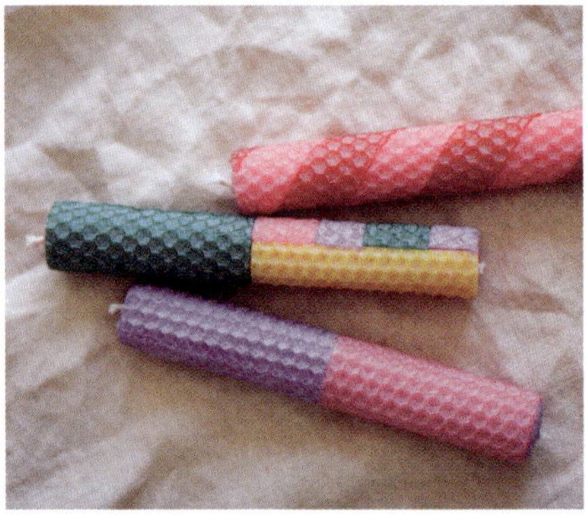

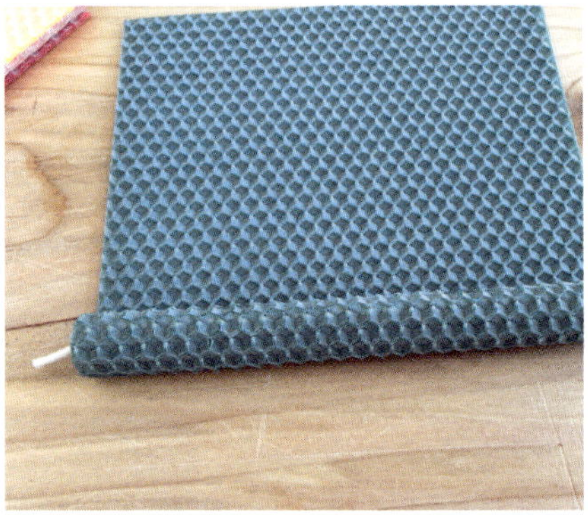

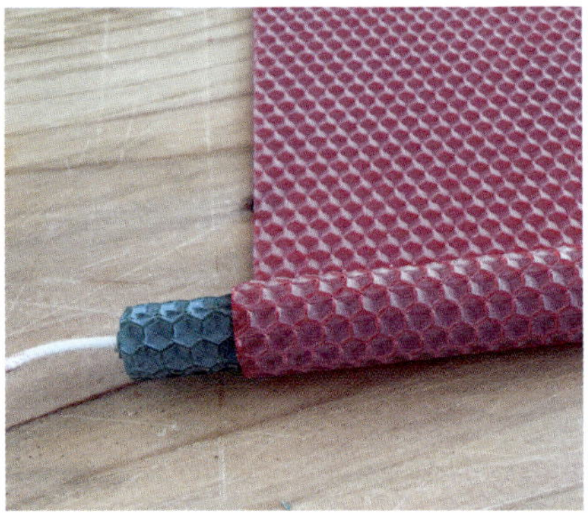

STREIFENKERZEN

Anleitung

1. Zuerst eine Kerze aus Bienenwachsplatten im gewünschten Maß rollen.
2. Mithilfe eines Lineals und Messers Streifen ausschneiden. Größe und Proportionen können nach Lust und Laune variieren.
3. Nun spielerisch die Streifen anbringen. Einfach an die fertige Kerze andrücken. Durch den Druck und die Wärme der Hände haftet das Wachs gut zusammen.

Anbei ein paar Beispiele. Sowohl nur zwei Streifen aber auch Längs- und Querstreifen sehen sehr hübsch im Zusammenspiel aus.

KEGELFÖRMIGE BUNTE KERZE

Anleitung

1. Streifen in verschiedenen Größen zurechtschneiden. Wir haben immer einen Abstand von 2 cm proportional von der größten Platte weggenommen. Die Breite haben wir am Anfang offengelassen, da diese sich ebenfalls verändern wird.
2. Den größten Streifen zu einer Kerze rollen. Unsere hat einen Durchmesser von 2 cm.
3. Nun den zweiten Streifen, der 2 cm kürzer ist, umwickeln. Achtung: Diesen zweiten Streifen nur 1-mal um die Kerze wickeln und bündig abschneiden.
4. Nun die restlichen Streifen gleich handhaben.

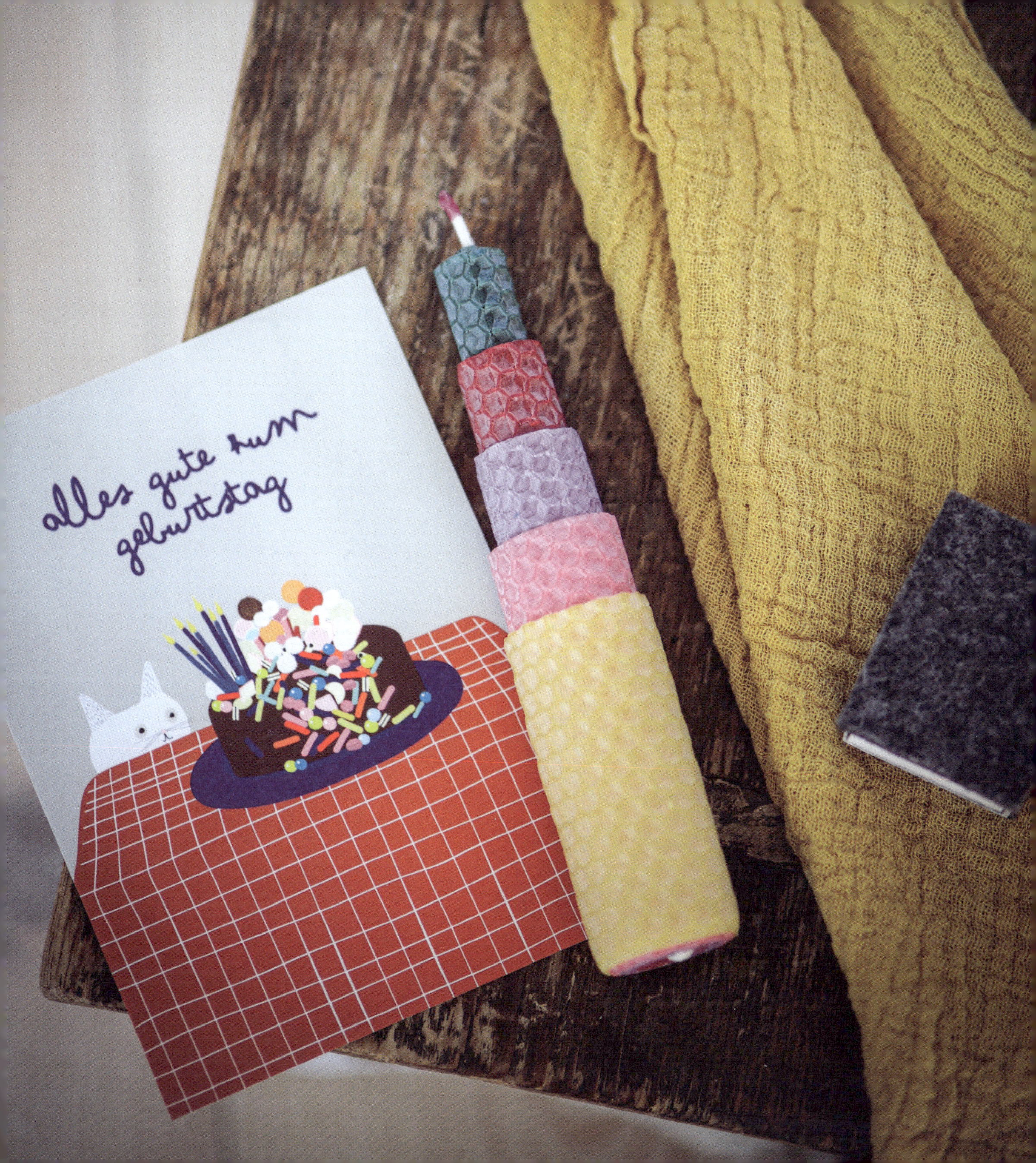
alles gute zum
geburtstag

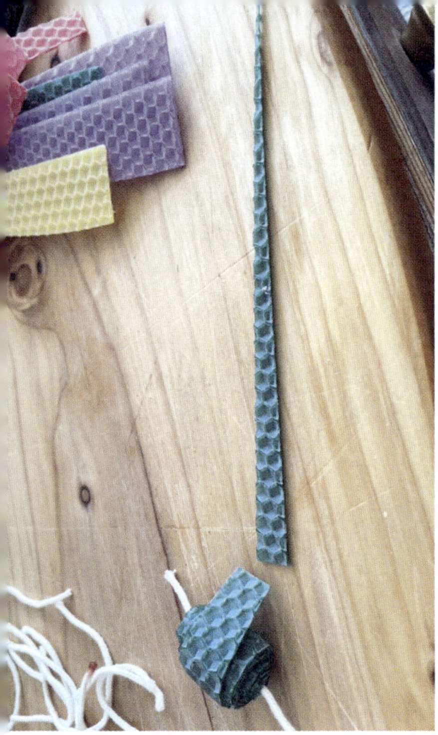
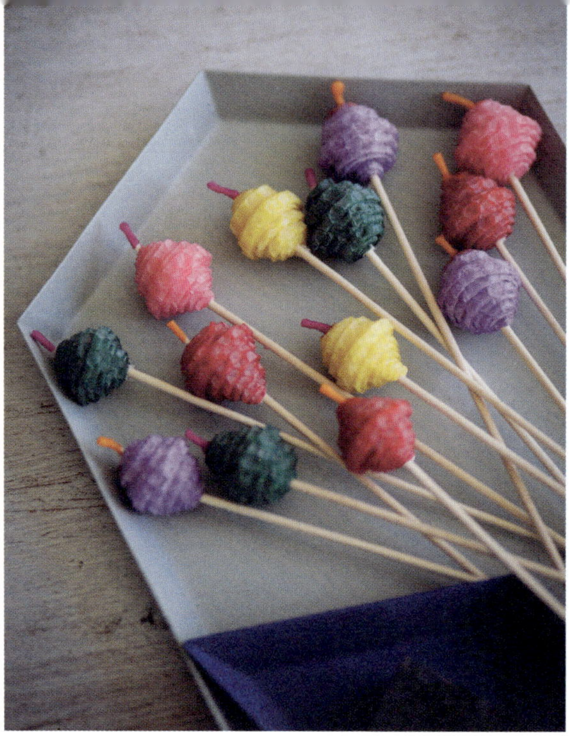
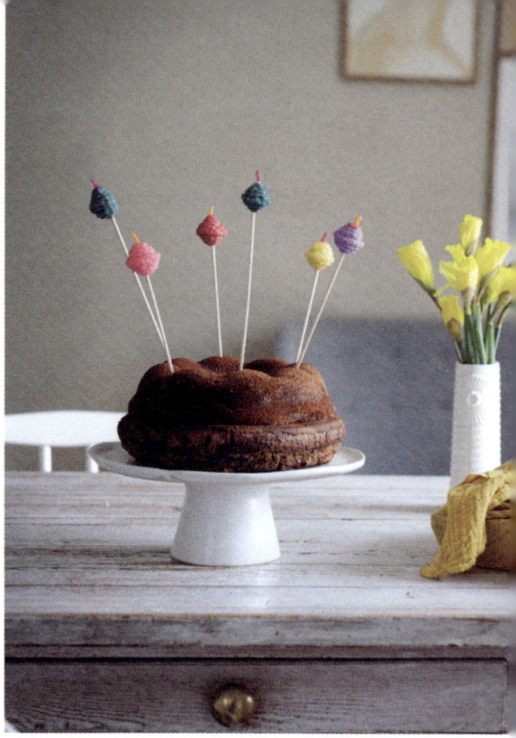

BUNTE GEBURTSTAGSKUGELKERZEN

Zusätzliches Material

Holzspieß

Diese Kuchenkerzen lassen sich gut aus Wachsplattenresten herstellen. Sie sollten in etwa folgende Maße haben: ca. 15 bis 20 cm lang und eine Seite ca. 2 bis 3 cm hoch, die andere Seite ca. 1 cm hoch. Sie sehen ein bisschen wie eine spitze Flaggenform aus.

Anleitung

1. Zuerst den Docht am längeren Ende hineinlegen. Aus Sicherheitsgründen den Docht nicht bis ganz unten einlegen, damit dieser sich nicht mit dem Holzspieß entzünden kann!
2. Nun die flaggenförmigen Bienenwachsplatten zu Kerzenkugeln zusammenrollen.
3. Wer möchte, kann auch die abgeschnittenen Seiten als Verlängerung aufrollen.
4. Anschließend mit der spitzen Seite des Holzspießes die gerollte Kerzenkugel aufspießen.
5. Wer möchte, kann den Docht noch in ein farbiges Wachsbad tauchen (siehe Anleitung Grundtechnik «Kerzen färben» ab S. 27). Dies ist aber kein Muss. Sie sehen auch ohne farbigen Docht sehr hübsch aus.

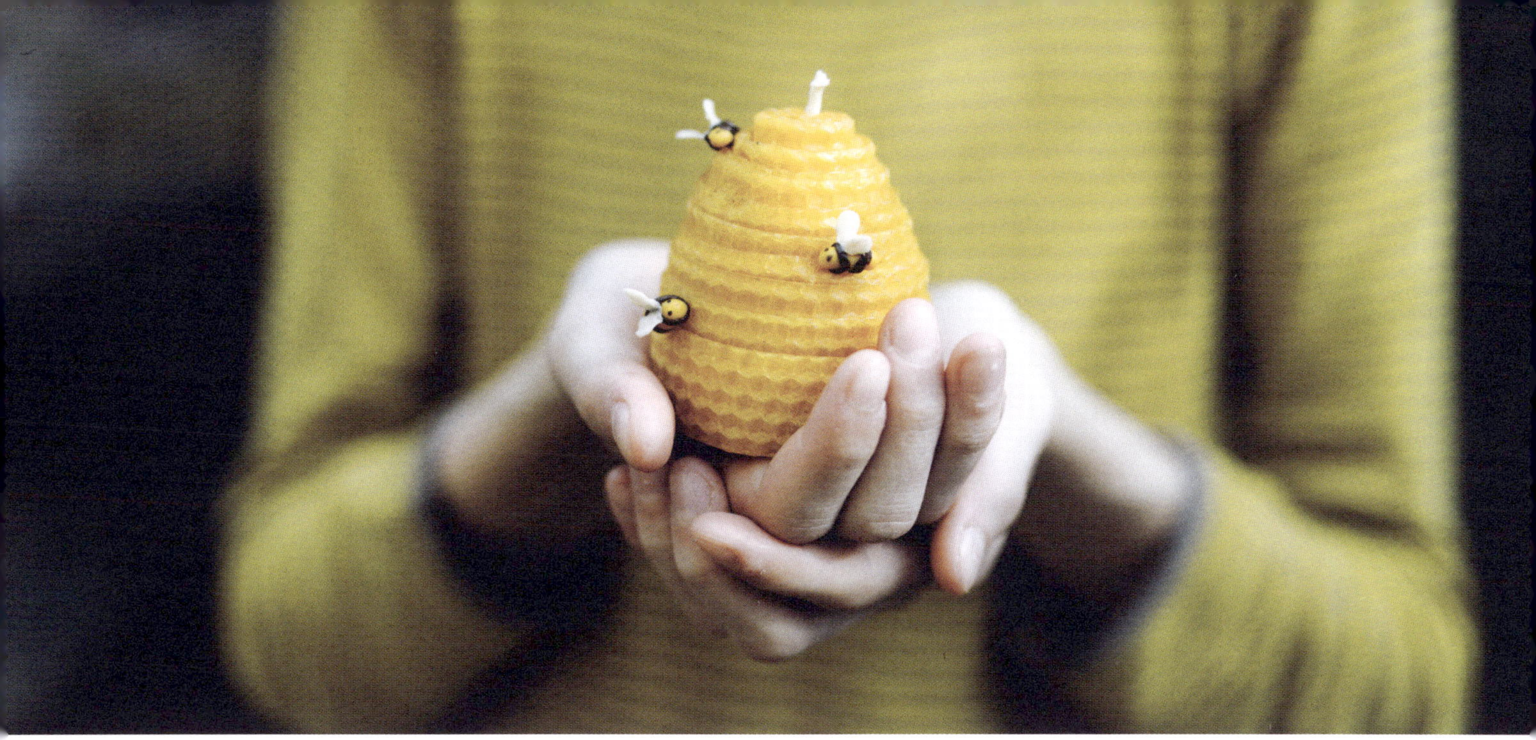

BIENENKORB MIT BIENCHEN AUS BIENENWACHSPLATTEN

Anleitung Bienenkorb

1. Den ersten Bienenwachsplatten-Zuschnitt in 2, 3, 4, 5 und 6 cm breite Streifen schneiden (= 5 Streifen). Den 2 cm breiten Streifen am Ende spitz zulaufend zuschneiden.
2. Das zweite Quadrat in 3,5, 4,5, 5,5 und 6,5 cm breite Streifen schneiden (= 4 Streifen).
3. Alle 9 Streifen der Größe nach sortiert nebeneinanderlegen. Mit dem breitesten Streifen beginnen wir das Aufrollen. Diesen vor dem Aufwickeln kurz mit dem Föhn erwärmen und enganliegend um das untere Ende des Dochts wickeln.
4. Den zweitgrößten Streifen direkt ans Ende des vorherigen anschließen und aufwickeln. Dabei darauf achten, dass die unteren Längskanten am sich bildenden Kerzenboden exakt

Material

2 Bienenwachsplatten-Zuschnitte, 20 x 20 cm
Lineal
Rollschneider oder Cutter
Schneideunterlage
zum Durchmesser der Kerze passenden Runddocht für Bienenwachskerzen
Föhn
Holzspieß o.Ä.
Wachsfolie in Sonnengelb, Zitronengelb, Braun, Schwarz und Weiß für die Bienchen
schwarzer Filzmarker

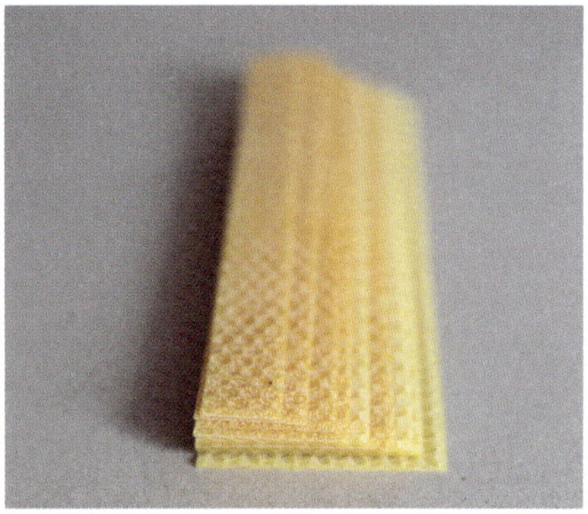

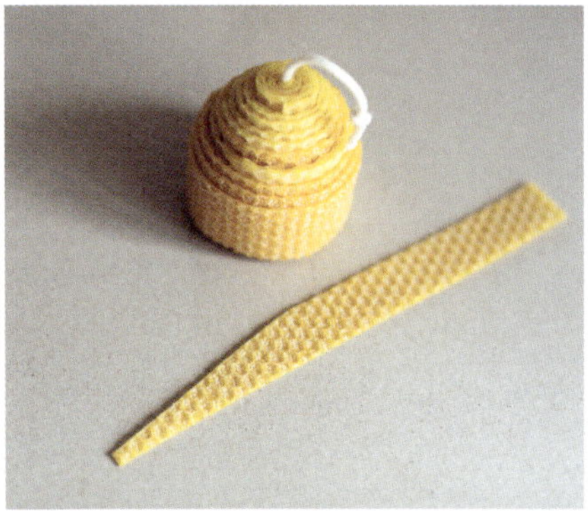

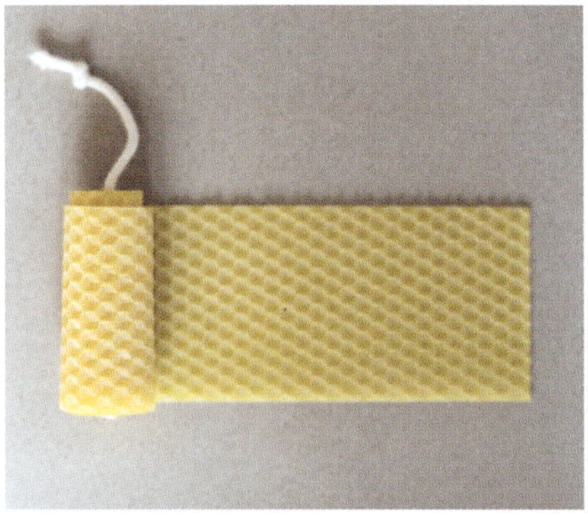

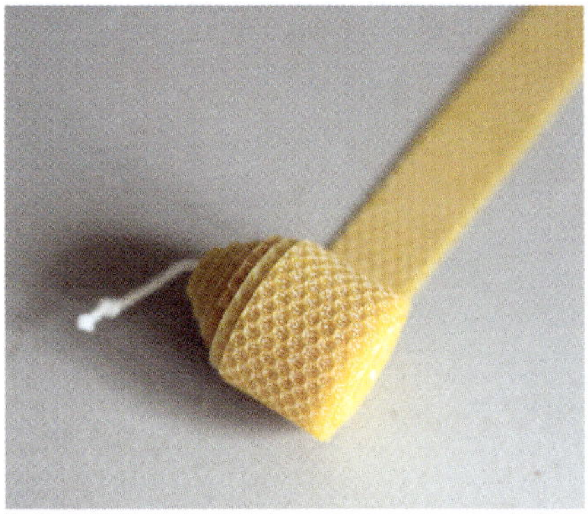

neben- und aufeinanderliegen. Am oberen Teil der Kerze dürfen sich dagegen kleine Treppchen bilden. Nach und nach ergibt sich die für den Bienenkorb typische Kuppelform.

5. Mit den übrigen Streifen wie beschrieben weiter verfahren, bis alle Wachsstreifen aufgewickelt sind (unser Bienenkorb hat einen Durchmesser von ca. 6 cm).
6. Wen es stört, kann die Höhenunterschiede zwischen den aufeinanderfolgenden Streifenkanten mit einem scharfen Messer vorsichtig schräg zulaufend abkanten.
7. Allerliebst wird es, wenn noch 1 bis 3 modellierte Wachsbienchen auf dem Bienenkorb sitzen.

Anleitung Bienchen aus Wachsfolie

1. Für den Bienenkörper von der sonnengelben und zitronengelben Wachsfolie etwas abzupfen, mit der Handwärme ineinander kneten, bis ein gleichmäßiger Gelbton entsteht. Daraus eine kleine Rolle formen.
2. Eine sehr kleine Menge braune Wachsfolie mit der Handfläche auf einer festen Unterlage oder zwischen Daumen und Zeigefinger zu zwei feinen Schnürchen rollen. Diese knapp nebeneinander um den Bienenkörper herumwickeln, Überstände abzupfen.
3. Aus der weißen Wachsfolie zwei dünne kleine Flügel modellieren und mithilfe eines Holzstäbchens o.Ä. auf dem Rücken der Biene fixieren.
4. Mit schwarzem Filzmarker Augen aufmalen.

In ähnlicher Weise lassen sich auch kleine Apfel- und Birnenkerzchen wickeln. Der Hanfdocht von *beegut* ist hier zugleich auch der Stängel und passt farblich wunderbar.

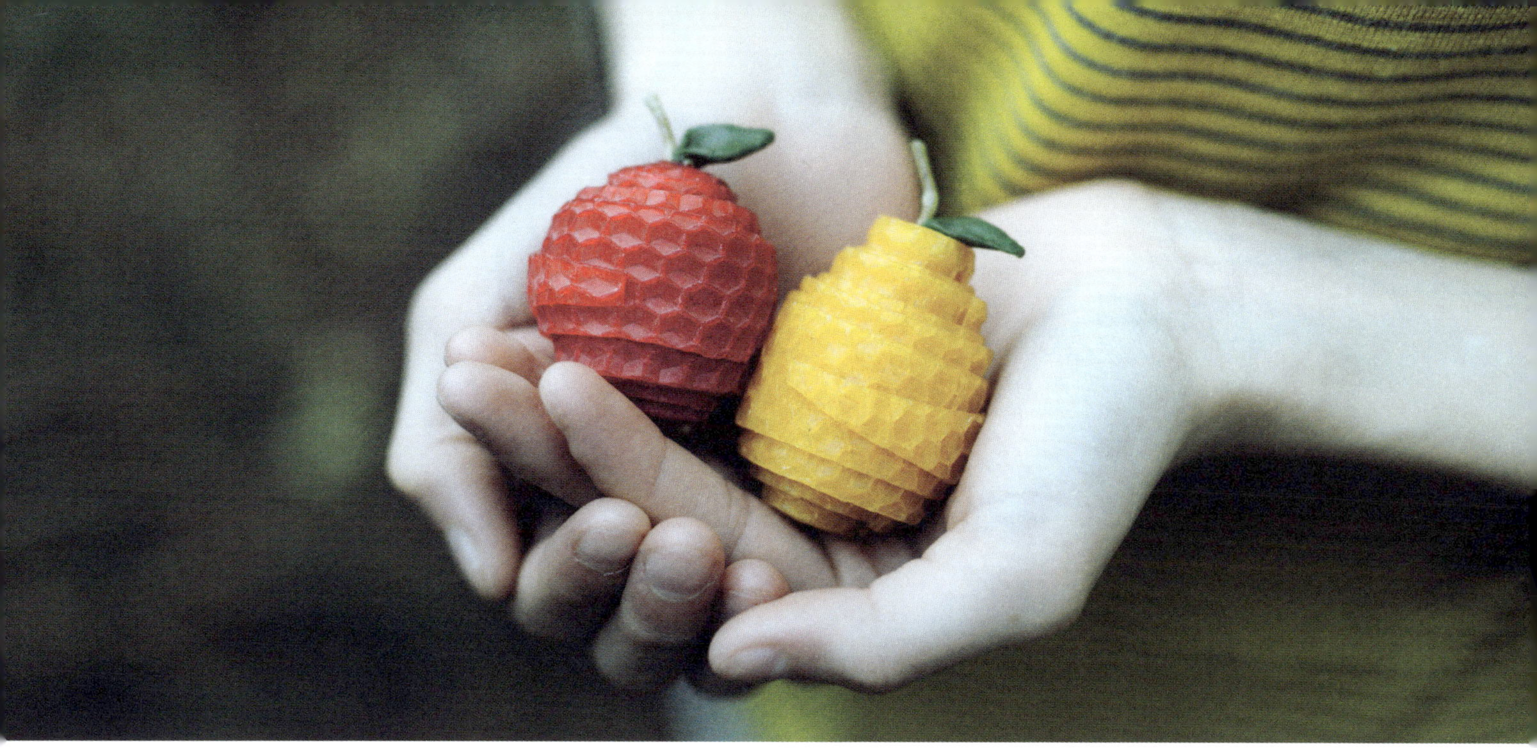

APFEL- & BIRNCHENKERZCHEN

Material

1 rote, bzw. gelbe Bienenwachsplatte
je 1 Hanfdocht
kleine Menge Wachsfolie grün

Streifen für Äpfelchen, je 1-mal

4 x 15 cm
3 x 12 cm
2 x 10 cm
2 x 8 cm (mit Schere oder Cutter das Ende spitz zulaufend zuschneiden)

Streifen für Birnchen, je 1-mal

5 x 20 cm
4 x 20 cm
3 x 20 cm
2 x 20 cm
1 x 12 cm (mit Schere oder Cutter das Ende spitz zulaufend zuschneiden)

Die Vorgehensweise entspricht in etwa der des Bienenkorbs, wobei beim Apfel die Streifen (immer beginnend mit dem breitesten) jeweils mittig übereinandergewickelt werden, sodass sich eine Kugel bildet.

Für die Birne werden die Streifen dagegen so gewickelt, dass sich die typische Birnenform bildet – hierfür die ersten 3 Streifen jeweils etwas weiter nach unten setzen, sodass sich oben größere Treppchen bilden als im unteren Bereich. Die beiden letzten Streifen werden wiederum mittig über die vorherigen gelegt.

Beim Äpfelchen wie Birnchen aus grüner Wachsfolie ein Blättchen formen und neben dem Stängel fixieren.

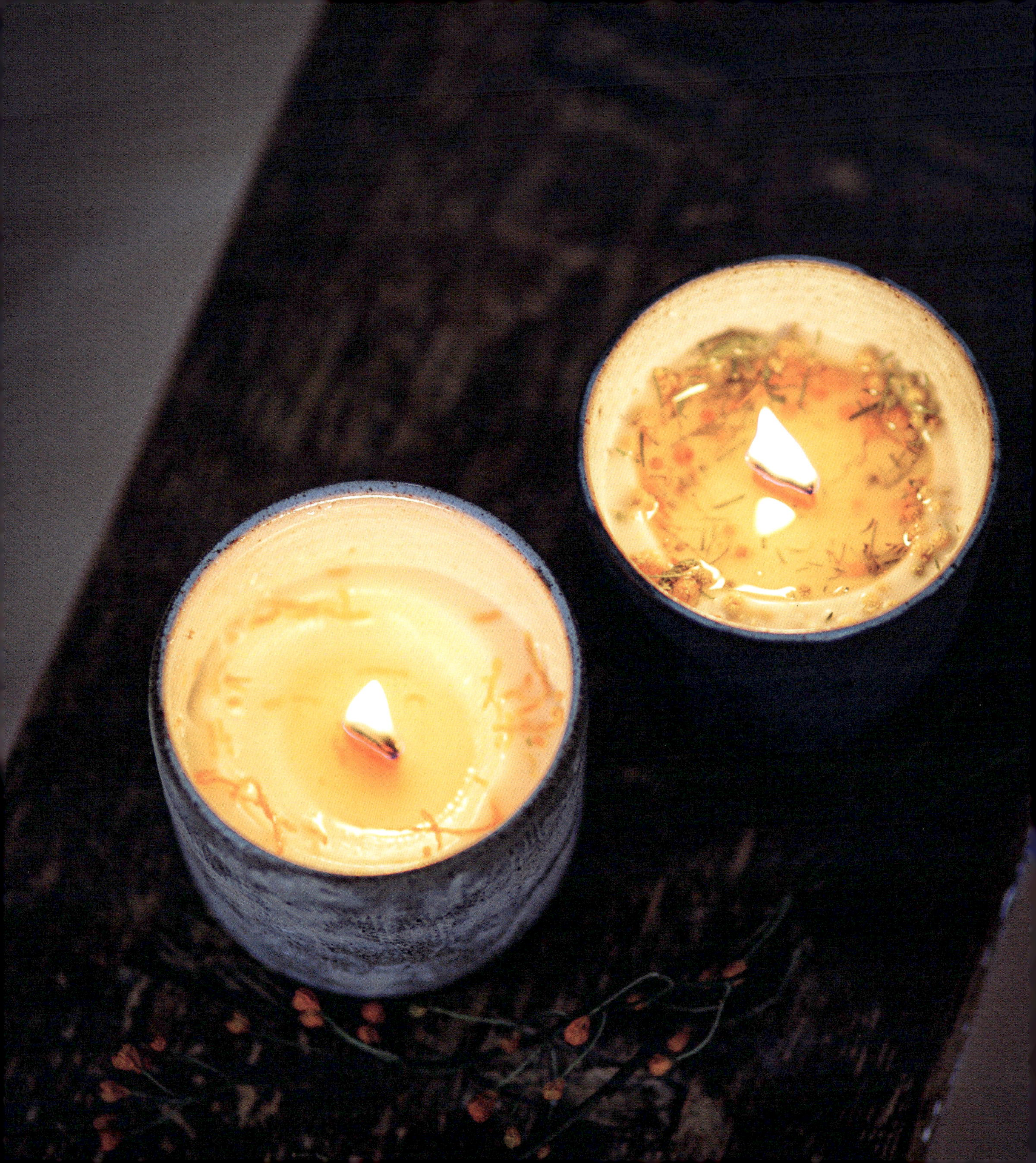

AROMAKERZEN

Düfte lassen einen Raum weiter, freundlicher, einladender und heimeliger wirken.
Im Handel lassen sich vielerlei Duft- und Aromakerzen finden, die meist aber leider aus weniger nachhaltigen Wachsen wie Paraffin bestehen und zudem oft künstliche Duftstoffe enthalten.
Aromakerzen entsprechend den eigenen Wünschen und Bedürfnissen selbst zu kreieren, macht nicht nur Freude, sondern hat auch den großen Vorteil, dass man alle Zutaten selbst auswählen kann – dazu möchten wir mit unseren Aromakerzen, die ausschließlich aus natürlichen Zutaten bestehen, inspirieren.

Zur Herstellung von Aromakerzen eignen sich folgende Wachse besonders gut:

- Rapswachs
- Sojawachs
- Sonnenblumen-Olivenwachs
- Bienenwachs (Eigengeruch)

Bei Sojawachs, Rapswachs und Sonnenblumen-Olivenwachs gibt es unterschiedliche Wachskonsistenzen. Es sollte eines sein, das sich für Aromakerzen eignet und duftneutral ist.

Passende ätherische Öle

Je nach Auswahl der ätherischen Öle kann sich der Bienenwachsduft in harmonischer Weise mit dem der ätherischen Öle verbinden oder diesen dämpfen. Vor allem balsamisch umhüllende ätherische Öle schmiegen sich in angenehmer Weise an den natürlichen Geruch des Bienenwachses. Leichte, erfrischende Düfte wie Zitrus usw. kommen dafür in duftneutralen Wachsen wie Raps- oder Sojawachs klarer zum Vorschein. Am besten man experimentiert und vertraut seinem Gespür und der eigenen Nase!

100 % naturreine ätherische Öle

In den Bezugsquellen haben wir eine Liste mit Herstellern aufgeführt, die 100 % naturreine ätherische Öle anbieten. Sie haben ein reichlich gefülltes Sortiment an Einzeldüften, aber auch an Duftmischungen. Bei weniger Erfahrung mit ätherischen Ölen empfehlen wir Duftmischungen. Wer Spaß an ätherischen Ölen hat, dem empfehlen wir unser Buch *Natürlich*. Dort gehen wir intensiv auf das Thema ätherische Öle, ihre Wirkung und Warnhinweise ein und bieten über die Aromakerzen hinaus noch eine große Bandbreite an Möglichkeiten, wo ätherische Öle eingesetzt werden können. Grundsätzlich immer die Packungsbeilage berücksichtigen.
Zum Thema Trauer gibt es hier im Buch ab S. 116 noch ein paar zusätzliche Anregungen.
Wir verwenden aus mehreren Gründen keine synthetischen Duftöle. Zum einen reagieren

inzwischen immer mehr Menschen mit Hautreizungen und Allergien auf die synthetischen Öle. Außerdem bauen sie sich in der Umwelt nur langsam ab und reichern sich immer mehr in der Luft an. Darüber hinaus können naturreine ätherische Öle die Selbstheilungskräfte mobilisieren und das Immunsystem stärken. Sie wirken sich positiv auf die Psyche des Menschen und sein Wohlbefinden aus. Und wieso sollten wir Synthetik verwenden, wenn die Natur die besseren Produkte und Qualitäten liefert?

Wahl des Dochts

Klassische Baumwoll-Kerzendochte sowie die noch weniger bekannten Holzdochte können für die Aromakerzen verwendet werden. In der Regel wird in der Produktbeschreibung angegeben, welche Dochte und Stärken für das verwendete Wachs und den entsprechenden Kerzendurchmesser benötigt wird.
Mehr Infos zum Thema Dochte ab S. 14.

Material

Wachs (je nach Wachsart als Flocken, Pastillen oder Wachsblock erhältlich)
passender Docht mit Standfuß
Füllglas (Glastiegel, kleines Weckglas, altes Teetässchen vom Flohmarkt, kleine Tongefäße o.Ä., bestenfalls mit Deckel zum Schutz der ätherischen Öle)
Topf für das Wasserbad
hitzebeständiges Becherglas, Einmachglas, leere Konservendose o.Ä. zum Schmelzen des Wachses (alternativ kleiner Topf)
ein zweites Gefäß zum Mischen des Wachses
ätherische Öle nach Wunsch (ca. 30 bis 40 Tropfen pro 100 ml Wachs)
evtl. Holzstäbchen zum Verrühren der ätherischen Öle
Schere mit scharfer Spitze für den Docht
Wäscheklammer o.Ä. zum Fixieren des Baumwolldochts während des Einfüllens und Erkaltens des Wachses
getrocknete Kräuter und/oder Blüten nach Wunsch

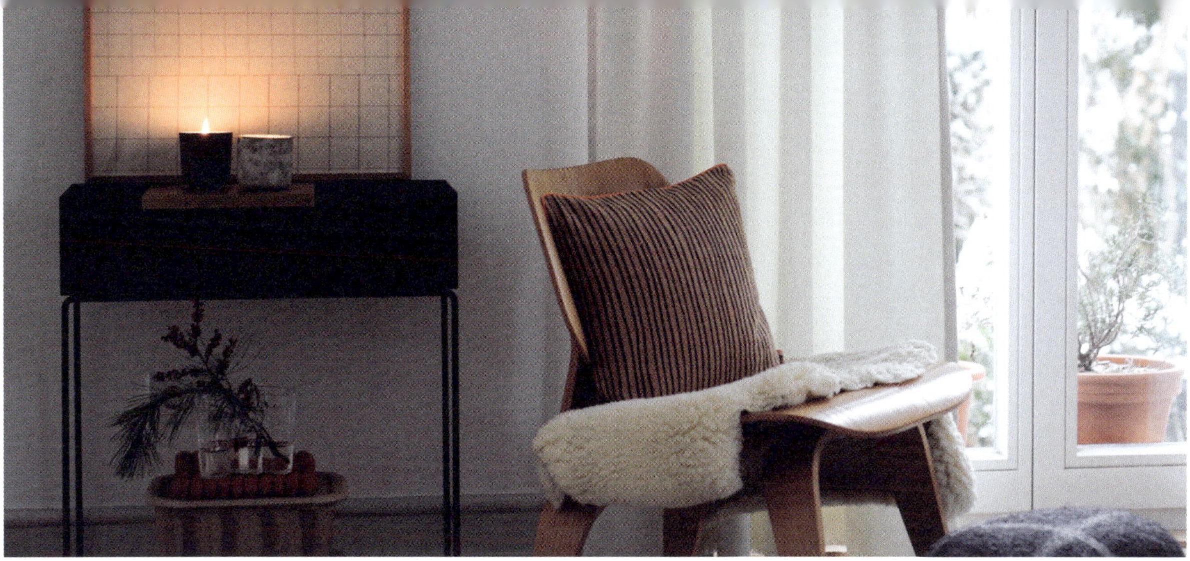

Anleitung

1. Falls statt Wachspastillen oder -flocken ein fester Wachsblock verwendet wird, diesen zerkleinern (am besten in einer stabilen Tüte, damit keine Wachsstückchen umherfliegen).
2. Die gewünschte Wachsmenge entsprechend der Anzahl und des Fassungsvermögens der Kerzenbehälter ins Schmelzgefäß geben und im Wasserbad schmelzen. Bitte stets am Herd bleiben – heißes Wachs kann sich entzünden!
3. Wird ein Holzdocht verwendet, diesen mittig im Kerzengefäß platzieren. Mit einem Tropfen flüssigen Wachs kann das Metallfüßchen am Boden fixiert werden. Dasselbe gilt auch bei einem Baumwoll- oder Hanfdocht mit Metallfüßchen. Damit sich die ätherischen Öle optimal mit dem Wachs verbinden und dadurch eine ideale Duftabgabe gewährleistet ist, gehen wir folgendermaßen vor:
4. Das Wachs auf den Schmelzpunkt schmelzen. Idealerweise mit einem Thermometer überprüfen.
5. Einen Teil der ätherischen Öle ins flüssige Wachs beimischen und dabei sowohl im Uhrzeigersinn als auch dagegen mithilfe eines Holzstäbchens rühren, um das Wachs optimal einzuarbeiten.
6. Wir empfehlen, dann das Wachs in ein zweites Gefäß zu gießen und die restlichen ätherischen Öle auf die gleiche Art und Weise einzurühren. Dadurch entsteht eine optimale Duftkomposition.
7. Nun das flüssige Wachs vorsichtig ins Gefäß gießen.
8. Zum Schluss überprüfen, ob der Docht aufrecht und mittig im Gefäß steht. Spezielle Dochthalter oder Wäscheklammern sind dabei sehr hilfreich, damit der Docht nicht verrutschen kann.
9. Das Wachs völlig erkalten lassen.
10. Den Docht erst kürzen, wenn das Wachs völlig ausgehärtet ist.

Tipps

- Die Wachsoberfläche kann sparsam mit getrockneten Kräutern, Blütenblättern, Orangenschalen o.Ä. verziert werden. Das Wachs sollte hierfür allerdings bereits eine zarte Haut gebildet haben, damit Kleinteile nicht versinken.
- Die getrockneten Kräuter und dergleichen können auch direkt zum bereits geschmolzenen Wachs ins Schmelzgefäß gegeben werden, es kann jedoch passieren, dass sich die Pflanzenteile im unteren Bereich des flüssigen Wachses absetzen. Der Anteil dieser Zugabe sollte möglichst gering gehalten werden, um das saubere Abbrennen des Wachses möglichst wenig zu behindern.
- Die Aromakerzen werden zu einem besonderen Hingucker, wenn die Tiegel am Ende liebevoll verziert werden (z.B. entsprechend der Jahreszeit).
- Auch kleine keramische Gefäße, Porzellantässchen, hübsche Marmeladengläschen und andere hitzebeständige Behältnisse eignen sich zum Kerzengießen.

BEIM ABBRENNEN VON KERZEN IM GLAS SOLLTE FOLGENDES BEACHTET WERDEN

- Bitte die Kerze im Glas mindestens eine Stunde am Stück brennen lassen. Es ist wichtig, dass der Wachspool den Rand des Glases erreicht. Dadurch wird verhindert, dass sich das Wachs zu einem Trichter formt. Die Kerze brennt dann gleichmäßiger und hält länger.
- Bitte die Kerze im Glas nicht länger als drei Stunden am Stück brennen lassen.
- Die Kerzen sollten auf einer hitzebeständigen Oberfläche stehen.
- Von brennbaren Materialien und Luftzug fernhalten.
- Sicherstellen, dass brennende Kerzen außerhalb der Reichweite von Kindern und Haustieren sind.
- Bitte bedenken, dass das Glas beim Anzünden der Kerze heiß wird.
- Den Docht immer auf 1 bis 1,5 cm abschneiden, bevor die Kerze angezündet wird.

Variante

Handgetöpferte Gefäße verleihen den Aromakerzen eine zusätzliche erlesene Note. Besonders wenn das Kerzenlicht entzündet ist, leuchtet dadurch das Töpfergut in Verbindung mit dem Wachs auf eine atmosphärische Art und Weise.

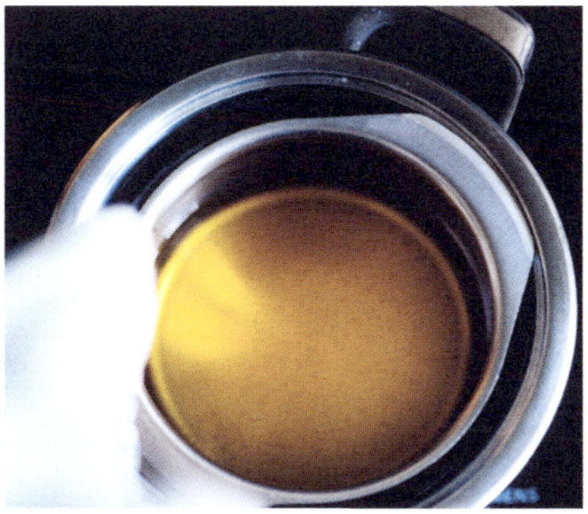
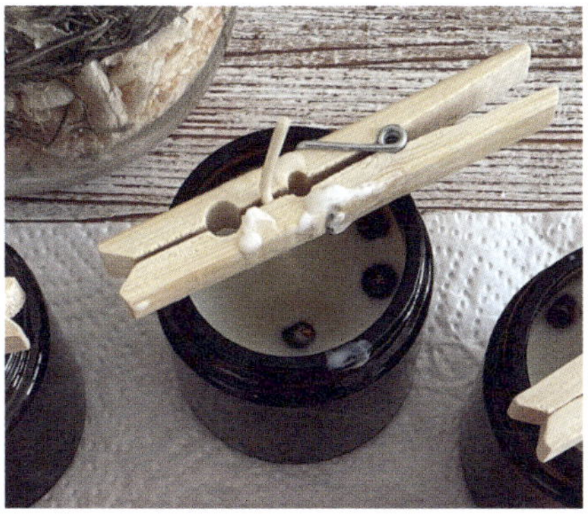
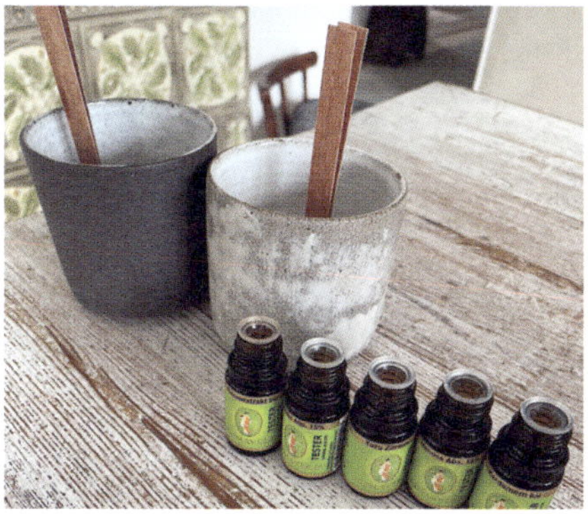
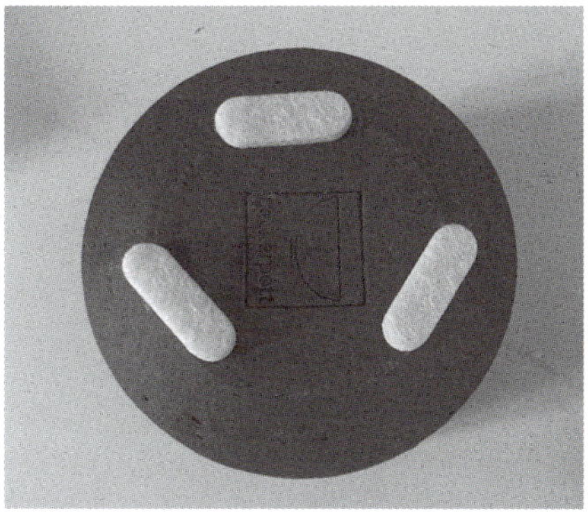
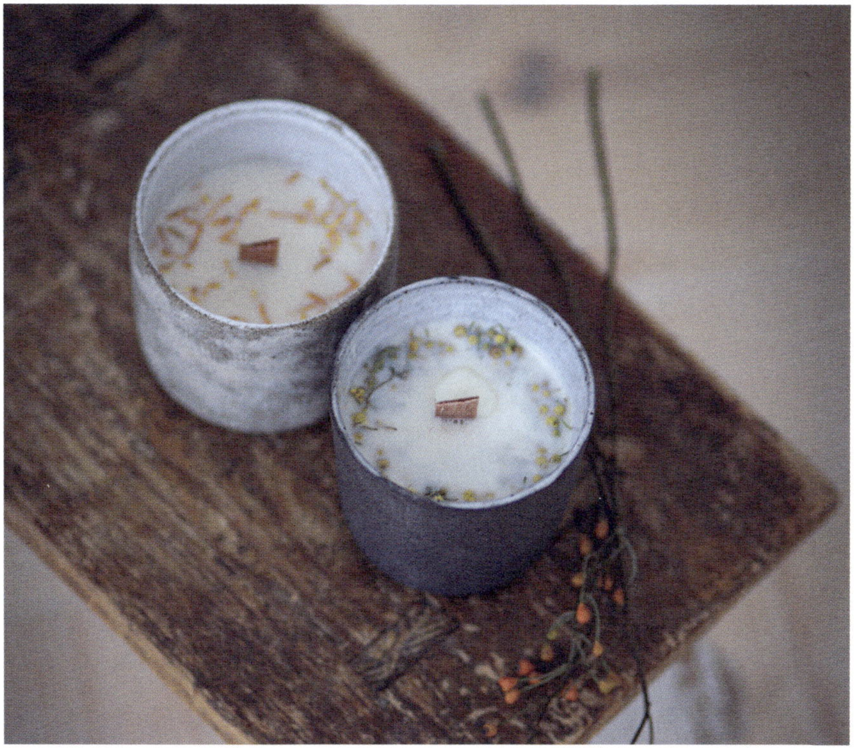
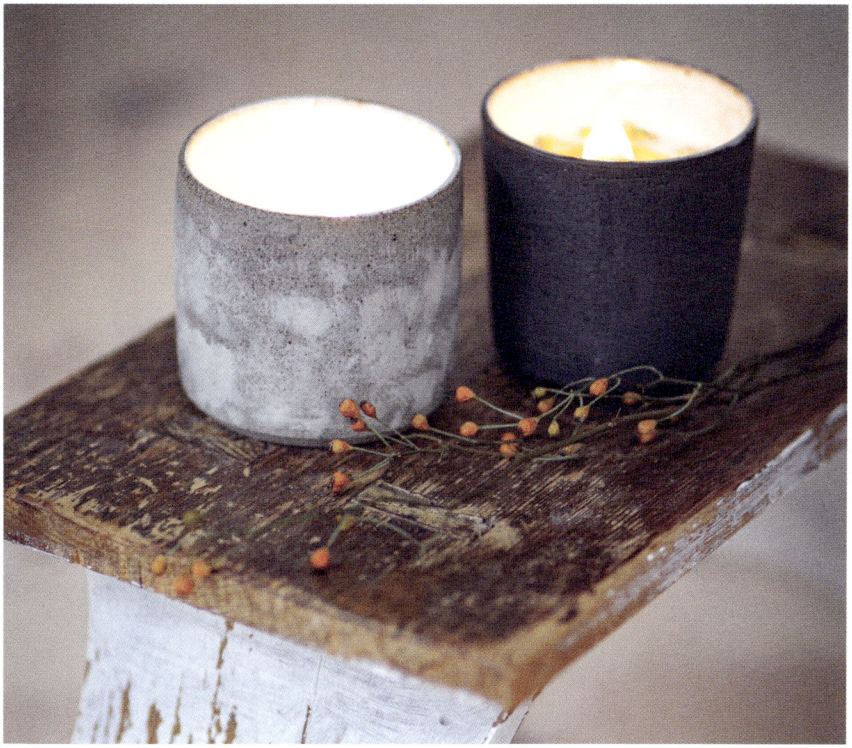

DUFTWACHS

Duftwachs besteht aus kleinen Wachsstücken, die anstelle von Wasser in die Duftschale einer Duftlampe gelegt werden. Diese Wachsstücke wurden zusätzlich mit ätherischen Ölen angereichert. Das Duftwachs wird auch gern Duftmelt oder Aromawachs genannt.

Der Vorteil von Wachs ist, dass es nicht wie Wasser verdunstet und es so nicht zu unschönen Verbrennungen in der Schale kommen kann. Bei der Wasservariante passiert das gern, wenn das Wasser vollständig verdunstet ist und das Teelicht trotzdem weiterbrennt.

Das Wachs hingegen reduziert sich nur sehr gering, lediglich der Duft verfliegt nach einer Weile. Zudem haben wir die Erfahrung gemacht, dass die Duftabgabe der ätherischen Öle in Kombination mit Wachs länger anhält und somit auch ergiebiger ist. So kann das Wachs 2- bis 3-mal geschmolzen werden, in der Regel hält ein Wachsstück von ca. 12 g rund sechs Stunden. Um das Wachs nach dem Gebrauch gut aus der Schale lösen zu können, die Schale für kurze Zeit in den Kühlschrank oder die Gefriertruhe legen. Dadurch zieht sich das Wachs zusammen und kann mithilfe eines spitzen Gegenstandes gut aus der Schale gelöst werden. Wer mag, kann das Wachs im Anschluss zwischen Wäsche oder ins Schuhregal legen, um den restlichen Duft zu nutzen.

Duftwachs hat noch einen Vorteil im Vergleich zu Aromakerzen. Das Wachs wird nicht ganz so heiß wie bei Aromakerzen und ist somit aus aromatherapeutischer Sicht wertvoller. Wenn naturreine ätherische Öle zu stark erhitzt werden, können sie unter Umständen krebserregende Dämpfe abgeben.

Welches Wachs eignet sich für Duftwachs?

Unseren Duftwachs stellen wir aus nachwachsenden Wachsen, z.B. aus Soja-, Raps-, Sonnenblumen- und Olivenwachs, her. Idealerweise sollte ein Wachs verwendet werden, das für Aromakerzen und Duftwachs empfohlen wird. Diese Information ist in der Regel bei den verschiedenen Wachsen aufgeführt. Sie haben den Vorteil, den Duft der ätherischen Öle besonders gut abzugeben.

Bienenwachs eignet sich nicht, da es erst bei über 60 °C schmilzt. Zudem ist Bienenwachs ein recht hartes Wachs und meist nur schwer aus der Duftschale zu lösen. Darüber hinaus hat Bienenwachs einen starken Eigengeruch, der bei manchen ätherischen Ölen störend sein kann. Paraffinwachs würden wir nicht verwenden, da beim Abbrennen eine Reihe bedenklicher Stoffe wie Benzol und Toluol entstehen können.

Auch bei Duftwachs arbeiten wir, wie bei den Aromakerzen, ausschließlich mit naturreinen ätherischen Ölen. Mehr dazu siehe ab S. 116.

Anleitung

Das Duftwachs wird auf die gleiche Art und Weise hergestellt wie Aromakerzen, s. S. 146.

Tipp

Beim Herstellen von Aromakerzen bleibt gern einmal etwas Wachs übrig. Dann ist es sehr praktisch, ein paar Duftwachsförmchen parat zu haben, um diese Reste dort hineinzufüllen.

Form

Es gibt inzwischen eine Vielzahl an speziellen Formen mit verschiedenen Motiven für Duftwachs. Ein Duftwachs sollte eine Größe von ca. 4 bis 6 cm haben. Die meisten Formen sind aus Silikon, um das Wachs einfach aus der Form zu lösen.

Verzieren

Das Duftwachs kann großzügig verziert werden, da – anders als bei Aromakerzen – das Wachs nicht mit einem brennenden Docht in Berührung kommt. Getrocknete Kräuter können den Duft zusätzlich intensivieren und sehen zudem hübsch aus.

Aufbewahrung

Idealerweise die Duftwachse in einem geschlossenen Behälter oder in einer Dose aufbewahren, damit sich der Duft nicht verflüchtigt.

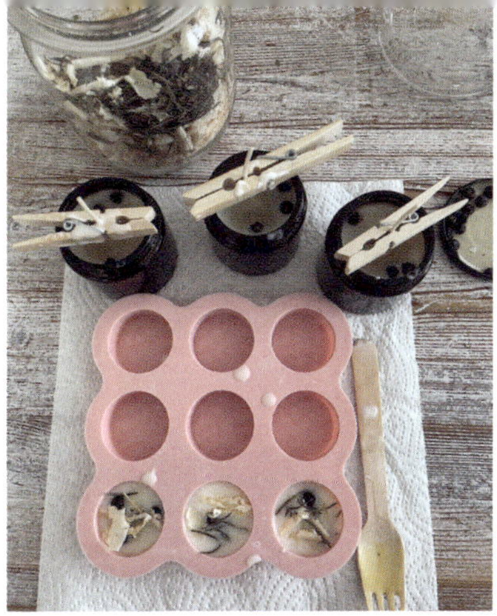
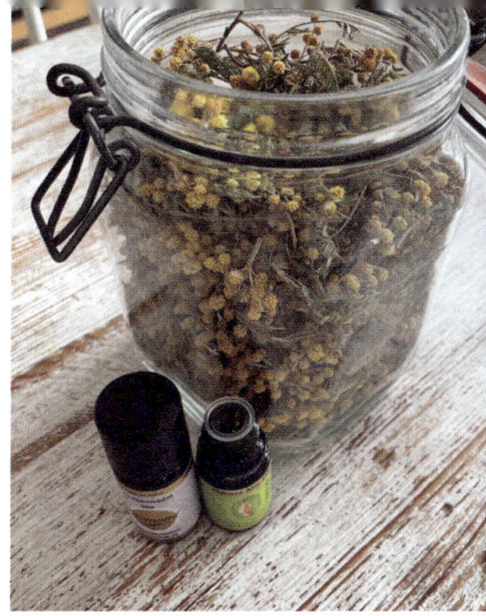
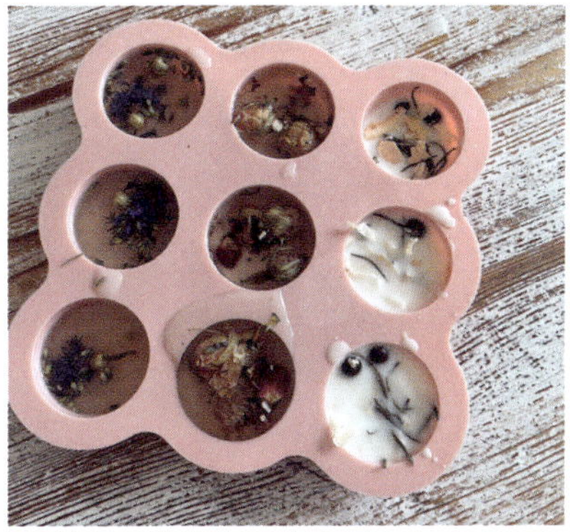
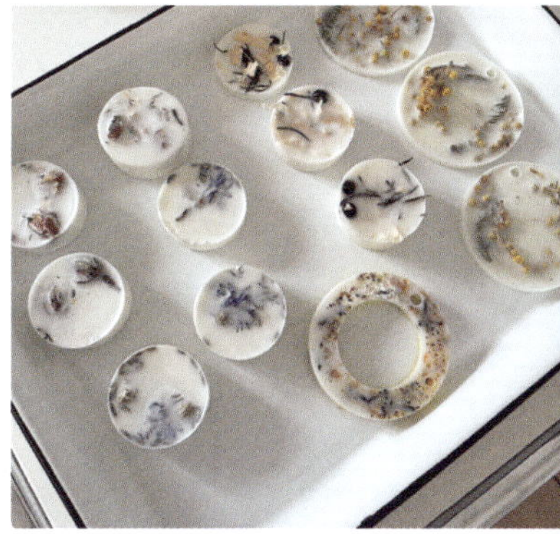
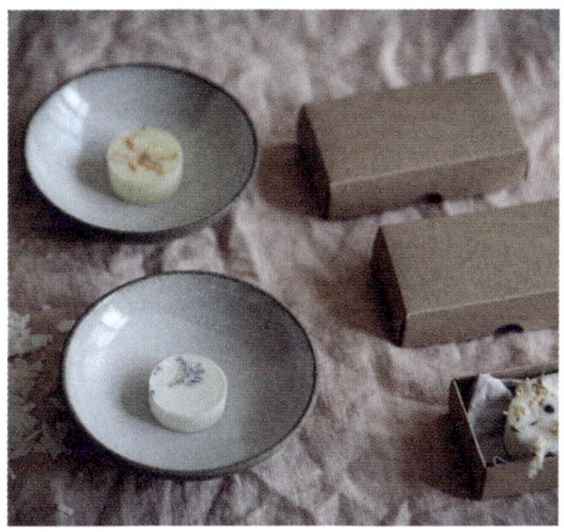
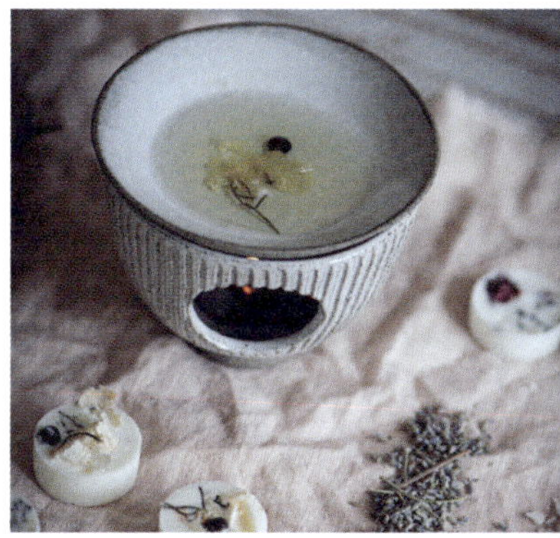
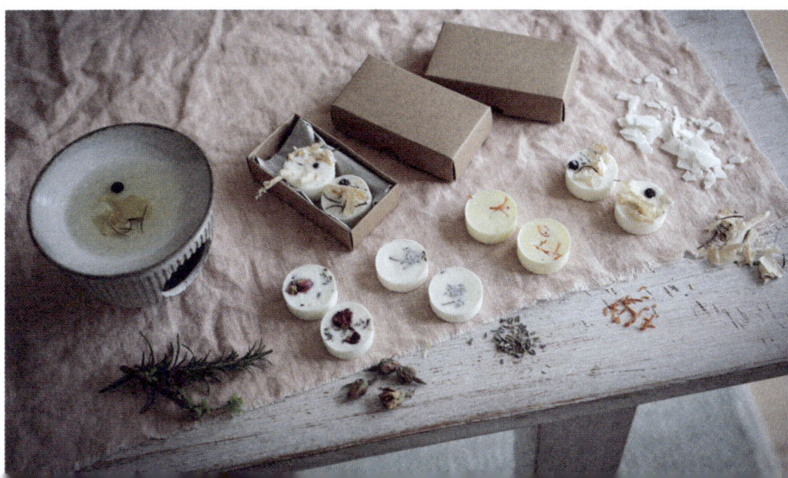

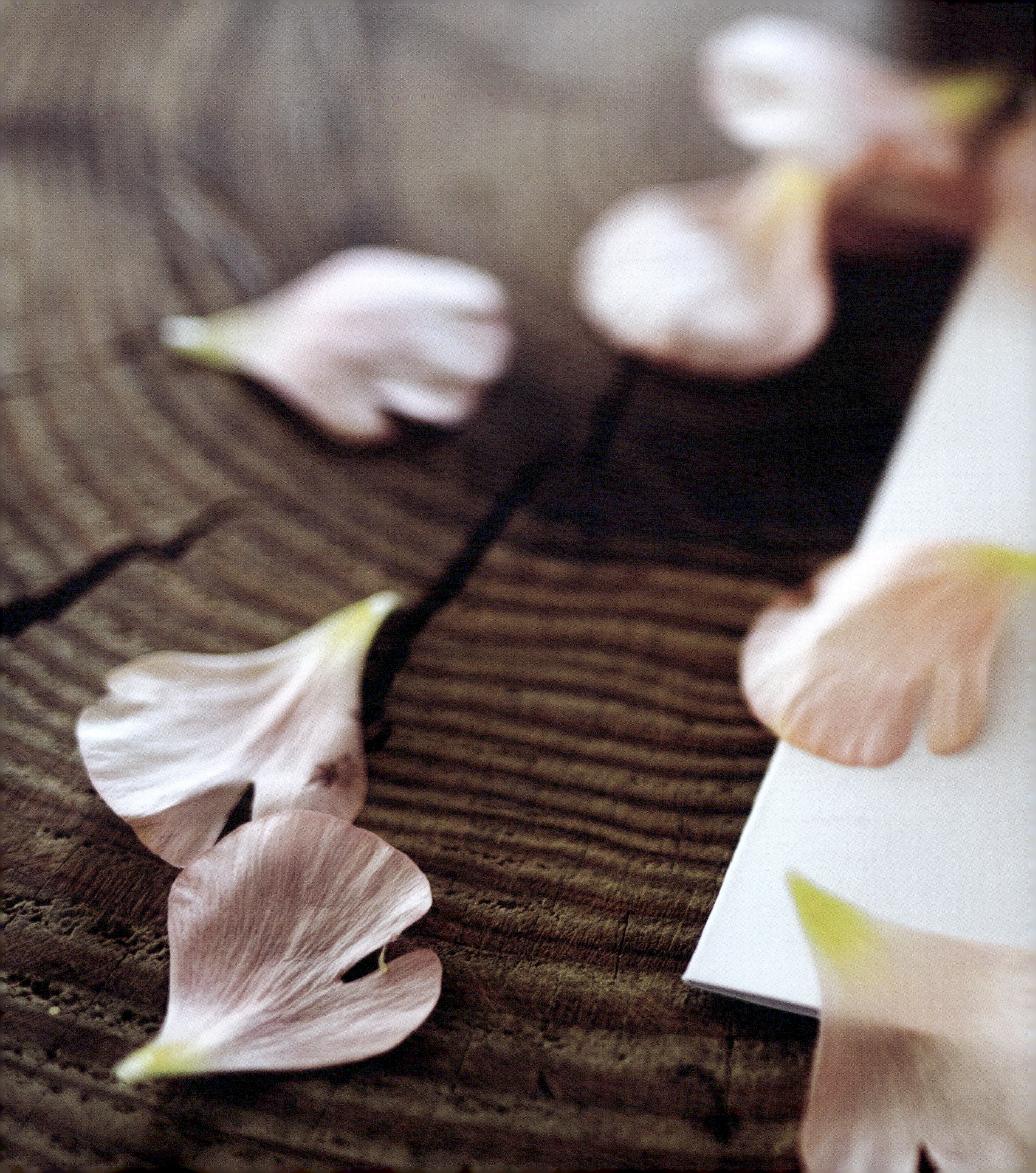

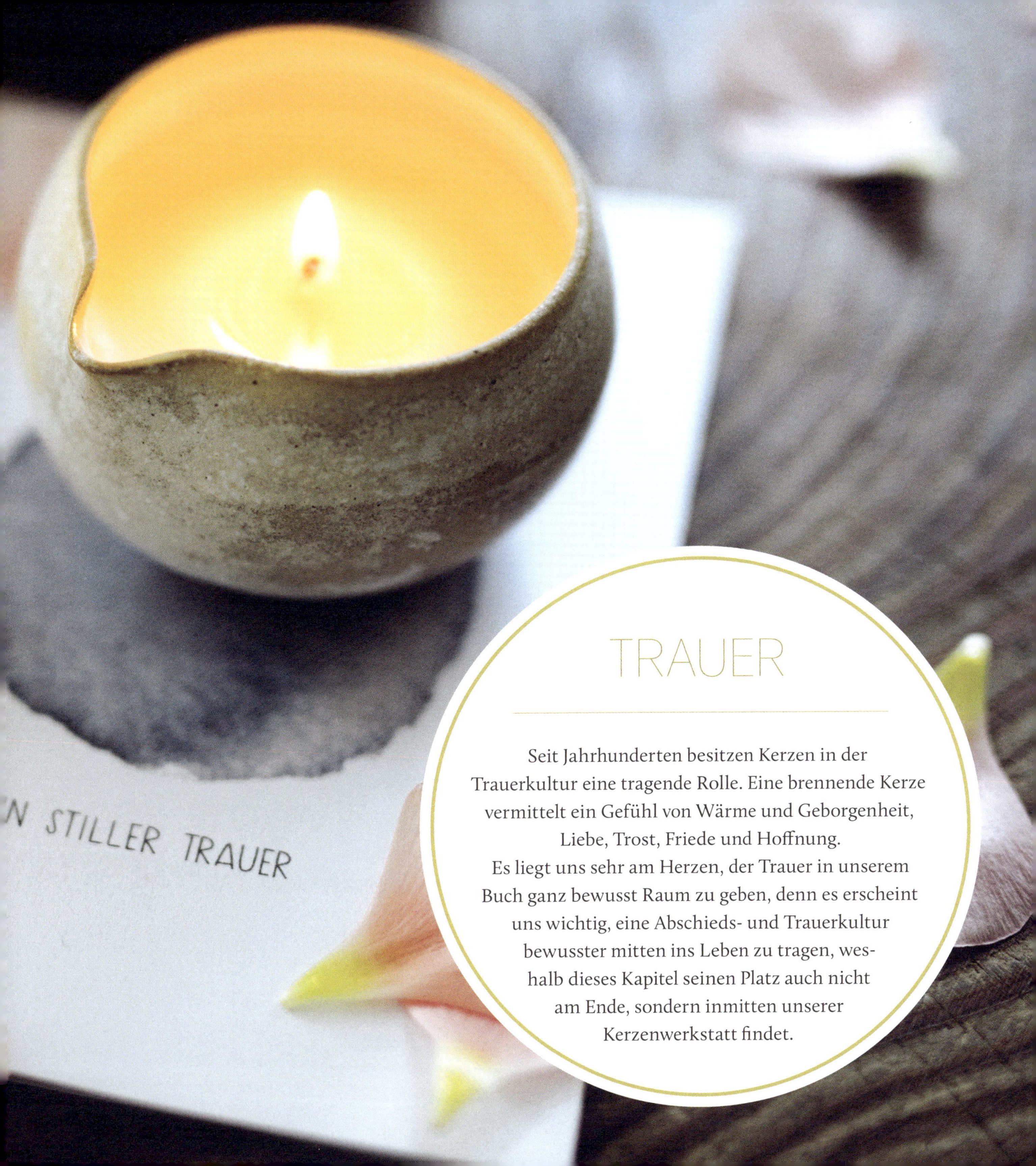

TRAUER

Seit Jahrhunderten besitzen Kerzen in der Trauerkultur eine tragende Rolle. Eine brennende Kerze vermittelt ein Gefühl von Wärme und Geborgenheit, Liebe, Trost, Friede und Hoffnung.
Es liegt uns sehr am Herzen, der Trauer in unserem Buch ganz bewusst Raum zu geben, denn es erscheint uns wichtig, eine Abschieds- und Trauerkultur bewusster mitten ins Leben zu tragen, weshalb dieses Kapitel seinen Platz auch nicht am Ende, sondern inmitten unserer Kerzenwerkstatt findet.

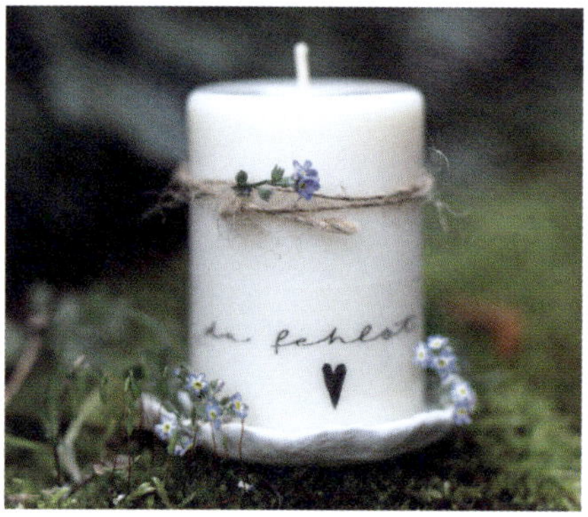

Tipp

Eine etwas einfachere Trauerkerze lässt sich auch nur mit einem Schriftzug gestalten. Wir haben hierfür mit einer Zylinderform eine einfache Rapswachskerze gegossen (siehe S. 42) und den Schriftzug «du fehlst» mit einem Herzchen auf Kerzenfolie (siehe S. 83) gedruckt.

Material

Bienenwachskerze,
Größe ca. 4 x 12 cm oder größer
Kerzenfolie (Decal Papier)
Laserdrucker
gepresste Vergissmeinnicht-Blüten

Wenn jemand in der Familie, im Freundes- oder Bekanntenkreis, in der Nachbarschaft oder im Kollegium einen geliebten Menschen verliert, macht uns das zumeist erst einmal sprachlos. Wir können einen trauernden Menschen jedoch auch ohne große Worte, dafür mit kleinen Gesten, die von Herzen kommen, unsere Anteilnahme spüren lassen und ihn damit in stiller und zugleich lichtvoller Weise durch dunkle, von Trauer gefüllte Täler begleiten.
Wir wünschen uns, dass die Kerzengeschenke, die wir besonders achtsam für die Trauerbegleitung erdacht und gemacht haben, Herz und Seele umhüllen und denjenigen Trost spenden, die jemanden verloren haben, der ihnen sehr lieb war – vielleicht auch einen sehr, sehr kleinen Menschen, den sie noch gar nicht richtig kennenlernen durften: ein Sternenkind.
Seelenstreichler sollen unsere Trauerkerzen sein – beim Abschiednehmen und auch in der Zeit danach ...

TRAUERKERZE MIT BLÜTEN UND ZITAT

Aus einer weißen Bienenwachskerze haben wir eine schlichte und doch sehr anmutige Trauerkerze mit gepressten Vergissmeinnicht-Blüten und einem Zitat aus dem *Kleinen Prinzen* von Antoine de Saint-Exupéry gestaltet.
Für diese Trauerkerze haben wir die beiden Gestaltungstechniken «Kerzenfolie bedrucken» und «Kerzen mit gepressten Blüten verzieren» angewandt.
Ein Zitat nach der Grundanleitung auf S. 83 auf die Folie drucken und auf der Kerze anbringen; die Blümchen nach Grundanleitung auf S. 79 über dem Text verteilen.

Wenn Du bei Nacht in den Himmel schaust,
wird es Dir sein, als leuchten alle Sterne,
weil ich auf einem von ihnen wohne,
weil ich auf einem von ihnen lache.
Du allein wirst Sterne haben,
die lachen können.
Und wenn Du Dich getröstet hast,
wirst Du froh sein, mich gekannt zu haben.

Antoine de Saint-Exupéry

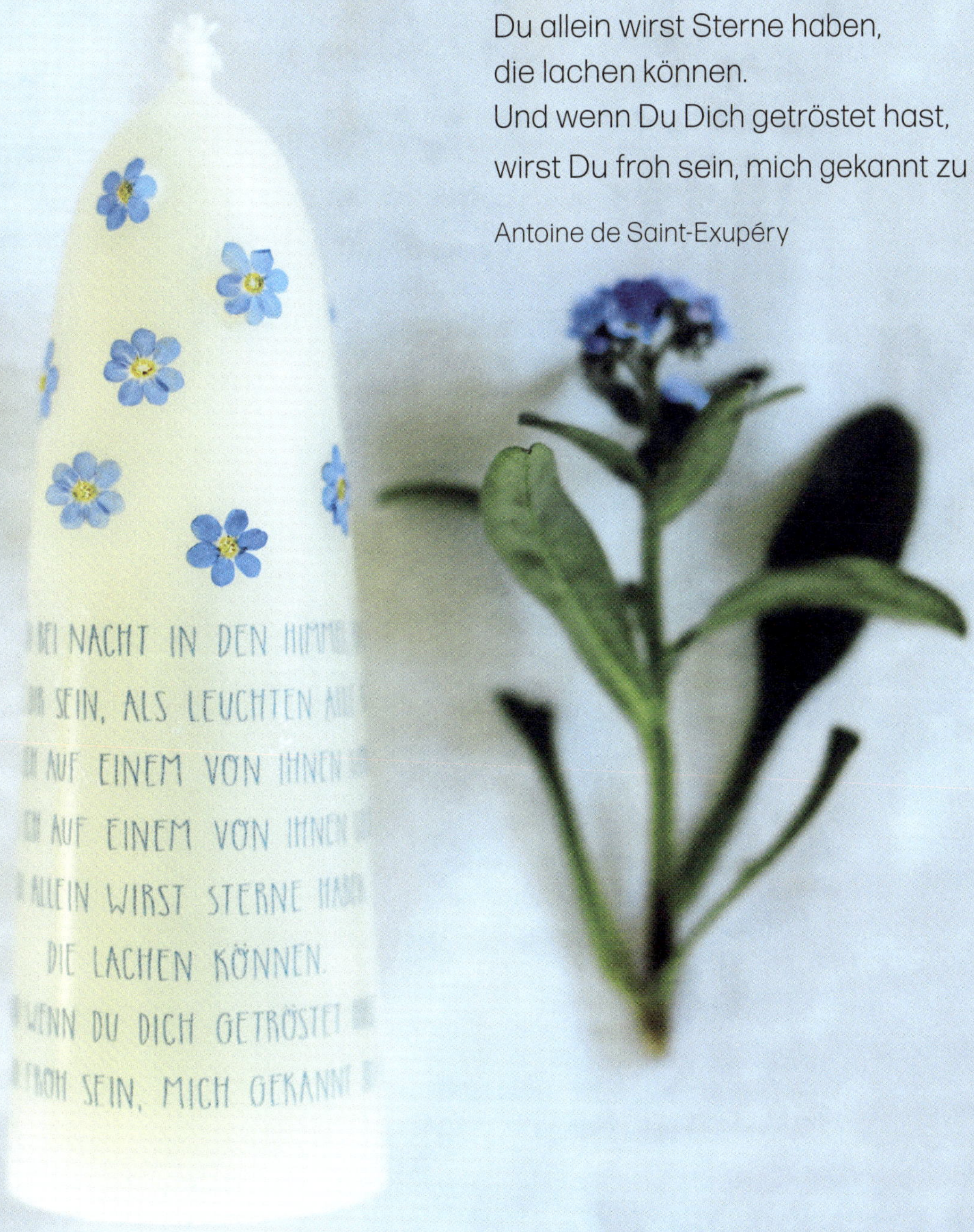

STERNENKIND-DENKANDICH

Kinder, die kurz vor oder nach der Geburt sterben, werden Sternenkinder genannt. Früher wurde der frühe Verlust dieser kleinen Menschen meist tabuisiert und die Eltern in ihrer Trauer oftmals völlig allein gelassen. Für das Umfeld war das verstorbene Kind oft noch nicht sicht- und greifbar, für die betroffenen Eltern ist so ein tragischer Verlust jedoch umso schmerzvoller, wenn ihrer Trauer kein Raum gegeben wird. Wir möchten mit unserem Denkandich einen kleinen Beitrag dazu leisten, dass auch dieser schmerzliche Verlust wahrgenommen wird und einen Platz in der Trauerarbeit findet.
Das Set beinhaltet ein Seidentuch, eine Baumscheibe (s. Anleitung auf S. 130), eine Spandose mit Kerzchen, ein Gläschen mit Pusteblumenschirmen, einen Kerzenteller, einen Monden-Stecker, eine Streichholzschachtel und eine Trauerkarte.

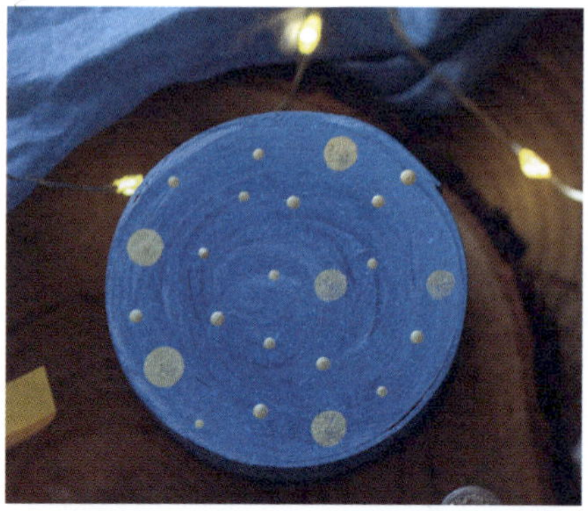

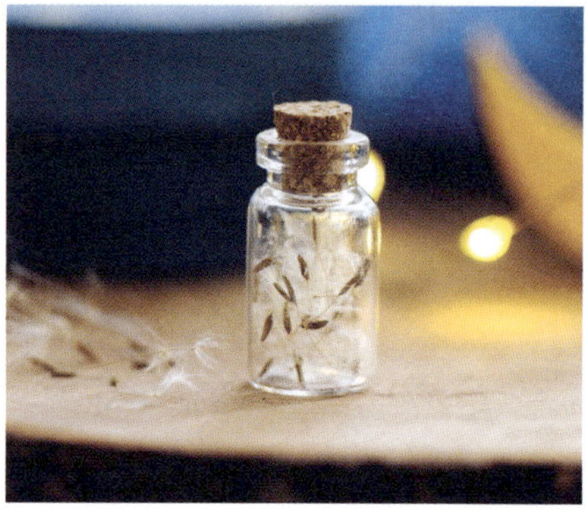

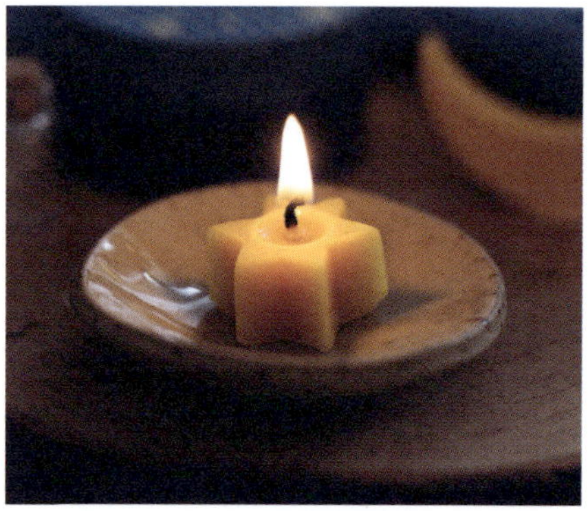

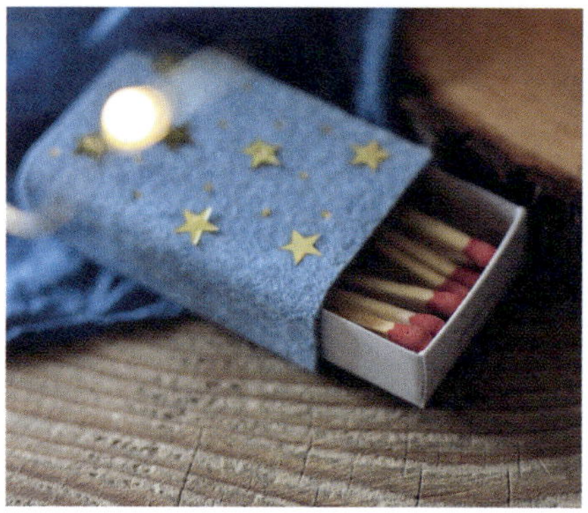

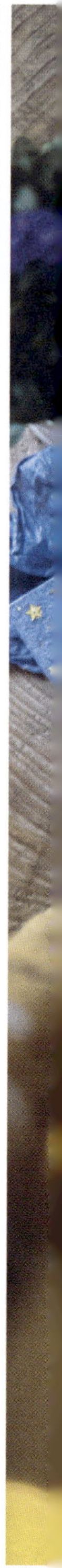

SPANDOSE

Material

kleine Spandose, rund oder oval (Bastelbedarf)
Aquarellfarbe in Blau (von *Stockmar*)
Deckweiß
Becher mit Wasser
Bastelfarbe in Gold
Pinsel
Holzspieß
Wattestäbchen

Anleitung

1. Die Spandose mit verdünnter Aquarellfarbe bemalen, hier und da etwas Deckweiß auftupfen und mit dem Blauton verwischen.
2. Mit einem Wattestäbchen und der Spitze eines Holzspießes größere und kleinere Pünktchen mit goldener Bastelfarbe auftupfen (alternativ Sternchenaufkleber).

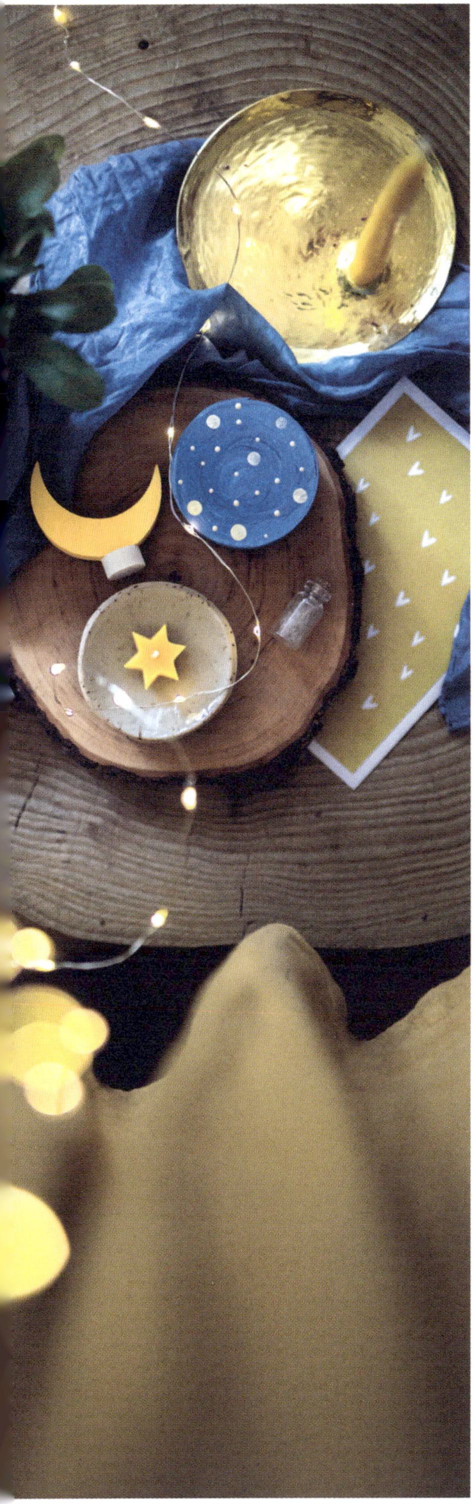

STERNENKERZCHEN

Material

Flexible Kerzengießform Ministernchen
ca. 100 g Bienenwachs
Teelichtdochte für Bienenwachs
Topf für Wasserbad
kleines Schmelzgefäß

Die Kerzchen nach der Grundanleitung auf S. 42 gießen.

STREICHHOLZSCHACHTEL

Material

Streichholzschachtel
Bastelkleber
Wollfilz in Blau
Schere
Bastelfarbe in Gold
Wattestäbchen
Maßband oder Lineal

Anleitung

1. Aus dem Wollfilz ein Rechteck entsprechend den Maßen der Streichholzschachtel zuschneiden, sodass das Filzstück an drei Seiten die Schachtel umschließt, eine der Reibeflächen bleibt dabei jedoch ausgespart.
2. Filzstück aufkleben, anpressen und trocknen lassen.
3. Mit einem Wattestäbchen und/oder der Spitze eines Holzspießes goldene Pünktchen auf den Filz tupfen, Bastelfarbe trocknen lassen. Alternativ Sternchenaufkleber verwenden.

WEITERE IDEEN ZUM BEILEGEN

- winziges Gläschen mit Korkdeckel (Bastelbedarf), gefüllt mit Pusteblumenschirmchen
- Trauerkarte mit Herzen, Sternchen, Pusteblumenschirmchen o.Ä.

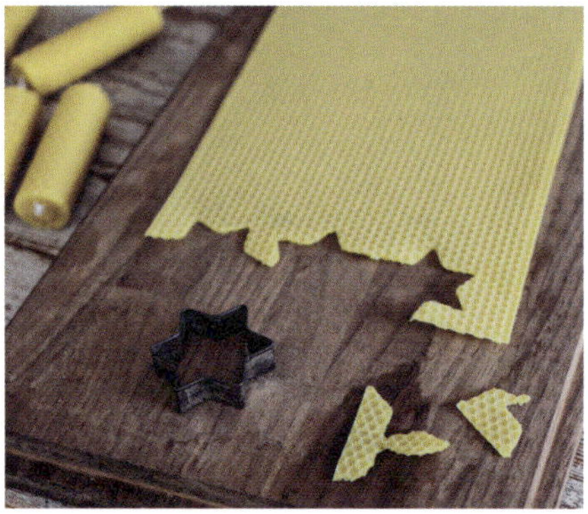

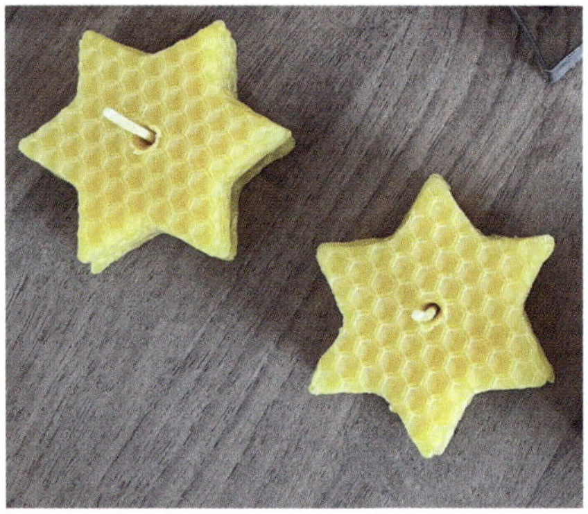

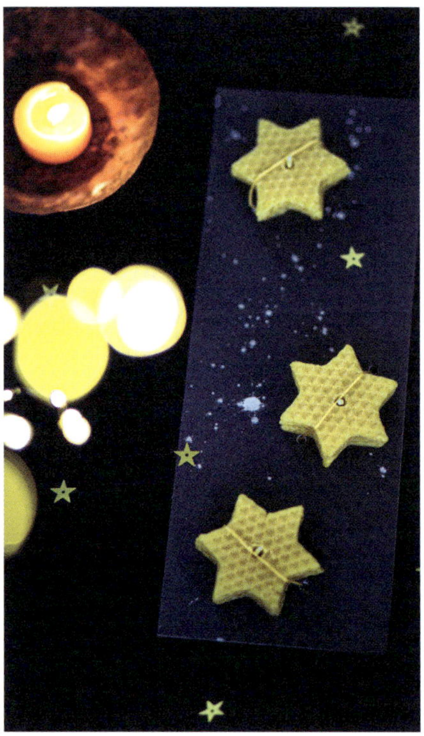

STERNEN-TRAUERKARTE

Oft entsteht beim gemeinsamen Basteln die Möglichkeit, ungezwungen über Themen zu sprechen, die man sonst vermeidet – so auch über den Tod und das Abschiednehmen. In diesem Beispiel können die Sterne eine Anregung sein, um über den Verstorbenen zu sprechen und sich an ihn oder sie zu erinnern. Gerade diese selbstgestalteten Gaben sind dankbare Trostspender für Trauernde – und Sterne haben etwas Tröstendes in der Dunkelheit der Trauer.

Material

Bienenwachsplatten
Ausstechform Stern
Teelichtdocht für Bienenwachsteelichter
Papierkarton in Dunkelblau oder Schwarz
Acrylfarbe in Beige oder Weiß
Faden zum Befestigen der Sterne
Lochzange o.Ä. zum Ausstanzen der Löcher
entsprechende Unterlage bei empfindlicher Arbeitsplatte

Anleitung

Nach der Grundanleitung «Bienenwachsplatten Motiv-Teelichter» (siehe S. 91) die Sternenkerzen herstellen.
Bei der Karte haben wir einen farbigen Karton verwendet, der mit Farbklecksen beträufelt wurde, ähnlich der Grundanleitung «Kerzen färben – Spritztechnik» auf S. 34. Nur in diesem Fall mit Acrylfarbe oder einer anderen deckenden Farbe passend für den farbigen Papierkarton.
Links und rechts in den Papierkarton Löcher stanzen, um die Sternmotiv-Teelichter mithilfe eines feinen Fadens zu befestigen.

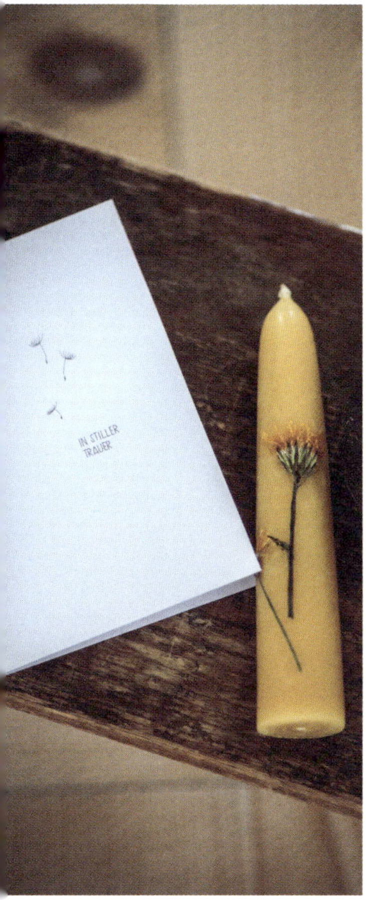

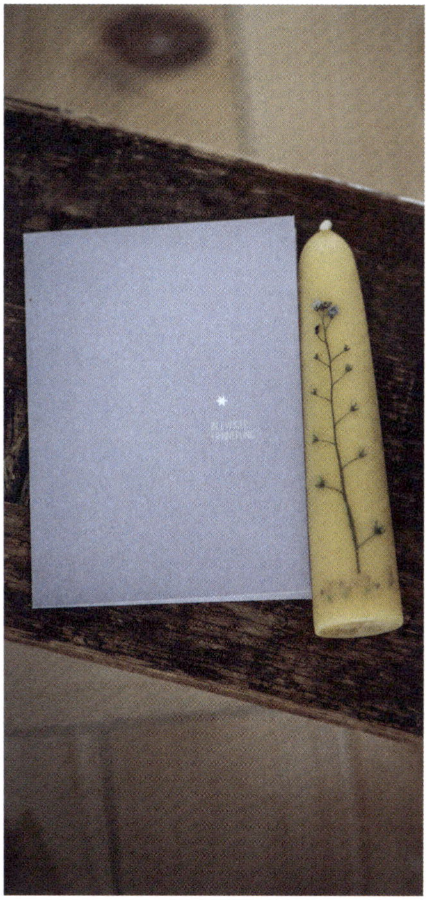

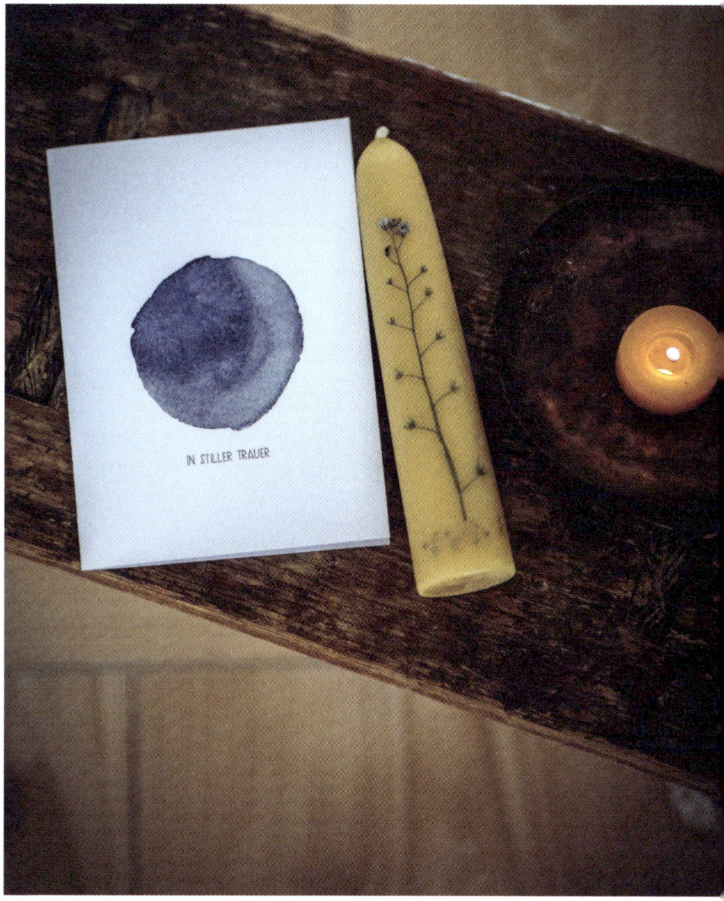

BLÜTENKERZE BEI TRAUER

Auch Blütenkerzen haben in der Trauer etwas sehr Tröstendes. Dazu eignet sich besonders gut das Vergissmeinnicht, eine Pusteblume oder eine ihr ähnliche Blüte.
Eine passende Anleitung für das Herstellen der Blütenkerzen findet sich auf S. 79 unter der Grundanleitung «Kerzen mit Blüten verzieren».

Für unsere Aromakerzen, die Massagekerze «Seelenbalsam» und unseren Duftwachs verwenden wir 100 % naturreine ätherische Öle. Diese fügen wir dem Wachs zu und können dadurch auf eine wohltuende Weise die ätherischen Öle wahrnehmen. Besonders abgestimmte ätherische Öl-Mischungen können als Wegbegleiter bei Abschied, Trost und Trauer unterstützende und stärkende Begleiter sein.

Was ist Aromatherapie?

Düfte begleiten uns durch unser ganzes Leben. Oft verbinden wir mit ihnen besondere Erlebnisse, Jahreszeiten oder Ereignisse.

Darüber hinaus können wir durch 100 % naturreine ätherische Öle unseren Geist, Körper und unsere Seele positiv beeinflussen, beispielsweise unsere Selbstheilungskräfte mobilisieren, unser Immunsystem stärken oder unsere Psyche in Balance bringen. Dieses Verständis von Duftwirkung und dem gezielten Einsatz einzelner Duftkomponenten bildet die Basis der Aromatherapie und wird inzwischen in ganz unterschiedlichen Lebenssituationen genutzt. Die Aromatherapie ist Teil der Phytotherapie (Pflanzenheilkunde) und ist integrierter Bestandteil der Naturheilkunde.

Tipps für das Herstellen von Mischungen

Inzwischen bieten alle namhaften Firmen 100 % naturreine ätherische Öle in entsprechenden Mischungen für besondere Lebenssituationen an, so auch für die Trauer (siehe Liste «Duftmischung in der Trauer» auf S. 118). Wer aber Freude am Mischen von ätherischen Ölen hat, findet hier zudem ein paar Anregungen.

Schöne Dufterlebnisse können schon mit drei Düften erzielt werden. Ähnlich wie beim Mischen von Farben entstehen dabei neue Nuancen, die uns mehr Leuchtkraft schenken können. Darüber hinaus erhöht dies die Möglichkeit, durch die größere Auswahl das richtige Kraut, den passenden Duft für die eigene seelische Stimmung zu finden.

Auswahl an ätherischen Ölen in der Trauer

In der Trauer ist es wichtig, dass die Öle nicht zu schwer sind. Es sollten auf jeden Fall Herznoten und auch Düfte dabei sein, die stimmungserhellend wirken (z.B. Zitrusdüfte).

Gerade in der Trauer sind es oft die kostbaren Öle, die sehr wohltuend wirken und in besonderer Weise auf psychischer Ebene berühren, wie zum Beispiel Römische Kamille, Rose, Iris, Melisse und Neroli. Sie können aber gut mit Zitrusdüften, Lavendel oder anderen, nicht so kostspieligen Düften gemischt werden.

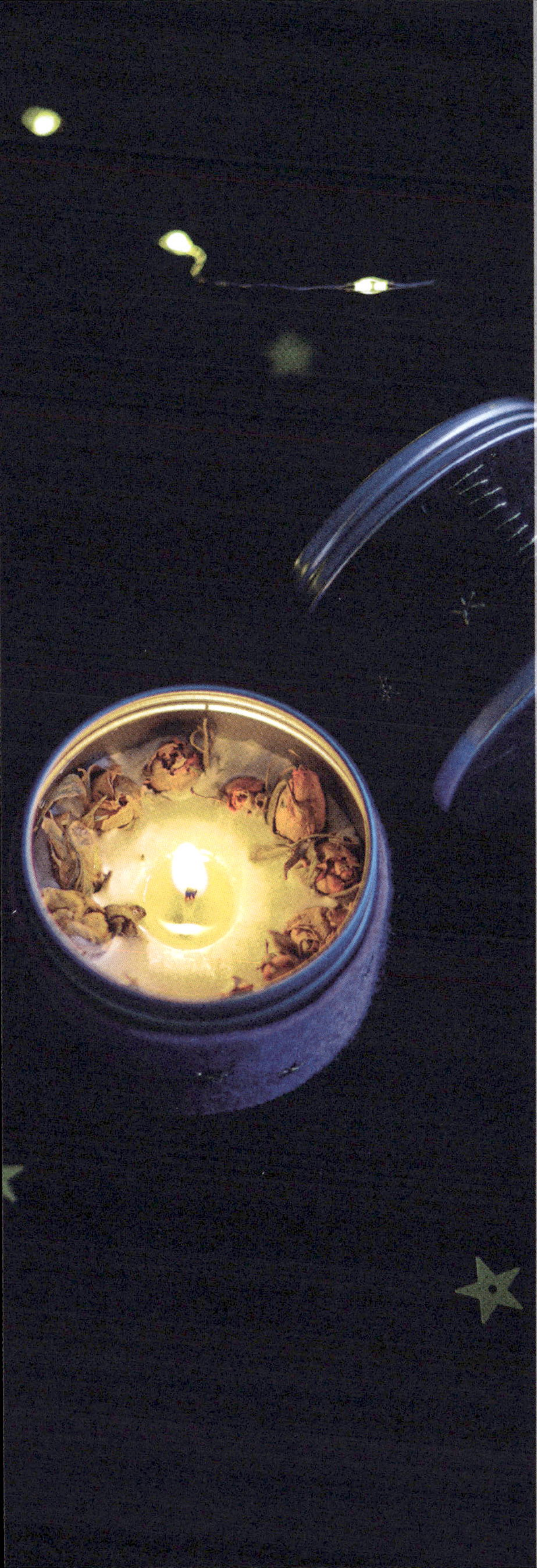

Eigenschaften

Römische Kamille
wirkt liebevoll aufs Herz und befreit von zerstörerischem Denken. Es wirkt beruhigend auf Verlust- und Isolationsängste.

Rose
öffnet das Herz und umhüllt die Seele. So können Emotionen besser verarbeitet werden. Auch im ersten Moment bei Schock, traumatischen Erlebnissen und Gefühlen der Verzweiflung kann die Rose tröstend sein.

Iris
hilft den Weg über die Regenbogenbrücke zu gehen. Sie stabilisiert die Seele, um loslassen zu können.
Das Irisöl wird auch als Übergangsöl bezeichnet und stellt die Verbindung zwischen Himmel und Erde dar. Dabei wird im Akutfall 1 Tropfen unverdünnt auf das Kinn aufgetragen.

Melisse
hat etwas Schützendes und Tröstendes bei Ängsten aller Art. Es vertreibt dunkle Gedanken und schenkt Ruhe bei Nervosität oder Schlafstörungen.

Neroli
hilft bei Schockzuständen. Neroli hat einen starken Einfluss auf Seele und Geist. Es wirkt angstlösend und beruhigend auf seelisches Trauma.

Schocköl
Die Mischung im Bereich von Herz und Solarplexus auftragen.
Zutaten: 4 Tropfen Rose oder Neroli auf 10 ml Jojobaöl.
Diese Öle können gut mit erheiternden, aufrichtenden und harmonisierenden Ölen gemischt werden. Erheiternd bei Trauer sind vor allem die Zitrusdüfte, besonders Bergamotte und Grapefruit.

Bergamotte
ist ein Lichtbringer für die Seele und hilft bei emotionalen Schwankungen sowie Überlastung.

Grapefruit
ist eines unserer persönlichen Lieblingsöle. Ähnlich wie der Lavendel: ein Alleskönner und trotzdem preislich eher ein günstiges ätherisches Öl. Auch außerhalb der Trauer ein tolles Öl bzw. ein guter Wegbegleiter. Grapefruit hat eine aufbauende Wirkung auf den Geist, löst Stauungen in der Seele und hat eine stressreduzierende Wirkung. Alternativ können aber auch Orange, Mandarine oder ähnliche ätherische Öle verwendet werden.

Eine sogenannte «Herznote» im Duft vermittelt Geborgenheit und Wärme. Dazu eignen sich die folgenden ätherischen Öle:

Tonkabohne, Vanille, Sandelholz, Weihrauch und Benzoe Siam.
Ein besonders heller Herzduft ist das ätherische Öl der Ho-Blätter, auch Ho-Holz genannt. Die verwendeten Blätter stammen vom Kampferbaum, Chemotyp Linalool ab. Das Duftprofil ist erdig und die Duftwirkung harmonisierend. Dies ist ein aufbauender Duft bei Erschöpfung, seelischem Stress und zudem hilft er, besser schlafen zu können.

Lavendel
Auch der Alleskönner Lavendel wird gern bei Trauer eingesetzt. Idealerweise im Typ Lavendel fein. Er hilft Ängste zu lindern, inneren Stress abzubauen und wirkt ausgleichend. Die Seele kann entspannen und die Gedanken können klarer gefasst werden.

Hinweis

Gezielte Aromatherapie sollte grundsätzlich mit einem Aromatherapeuten oder einer -therapeutin besprochen werden.
Da ätherische Öle sehr kostspielig sind, ist es gut, wenn sie vielseitig eingesetzt werden. In unserem Buch *Natürlich* bieten wir viele Möglichkeiten an, um ätherische Öle einzusetzen.

Anmerkung zu den Aroma- und Massagekerzen

Die ganz hochwertigen Öle sollten bei Aromakerzen nur sehr sparsam verwendet werden, damit sich die hitzeempfindlichen ätherischen Öle nicht zu sehr verflüchtigen. An dieser Stelle lieber auf Lavendel, Zitrusdüfte, Sandelholz, Tonkabohne, Ho-Blätter, Ho-Holz oder Weihrauch zurückgreifen.
Auch die im Folgenden aufgeführten Duftmischungen in der Trauer können gut für Aromakerzen verwendet werden.
Duftwachse (s. S. 106) und Massagekerzen werden nicht so hoch erhitzt, daher können dort auch hochwertigere ätherische Öle eingesetzt werden.

Duftmischungen bei Trauer

Wer bei den vielen ätherischen Ölen überfordert ist, kann auch gut auf eine ätherische Ölmischung für die Herstellung seiner Aromakerze, Massagekerze oder seines Duftwachses/Duftmelts zurückgreifen. Die meisten namhaften Firmen, die naturreine ätherische Öle anbieten, haben solche Mischungen (Stand 2023):

Von der Firma Primavera:
Wegbegleitungsöl
Duftmischung «Herzwärme»

Von der Firma Neumond:
«Licht-Liebe-Energie»
«Engelslicht für Schutz und Stärke»
«Duft zur sanften Begleitung»
«Rose Blütenduft»

Von TAOASIS:
Schlaf gut® intensiv – für Erwachsene

Dosierung für «LICHT, LIEBE und TROST»

bei Aromakerzen und Duftwachs pro 100 g Wachs ca. 30 bis 40 Tropfen verwenden.
10 Tropfen Ho-Blätter/Ho-Holz
10 Tropfen Lavendel fein
10 Tropfen Bergamotte oder alternativ Grapefruit
8 Tropfen Rosengeranium
2 Tropfen echte Rose (ist kein Muss)

Duftmischung selbst herstellen

Anhand der zuvor genannten ätherischen Öle können auch selbst Mischungen hergestellt werden. Anbei eine schöne Aromamischung, die wir «LICHT, LIEBE und TROST» nennen und die einen weichen, hellen Duft der Geborgenheit schenkt.

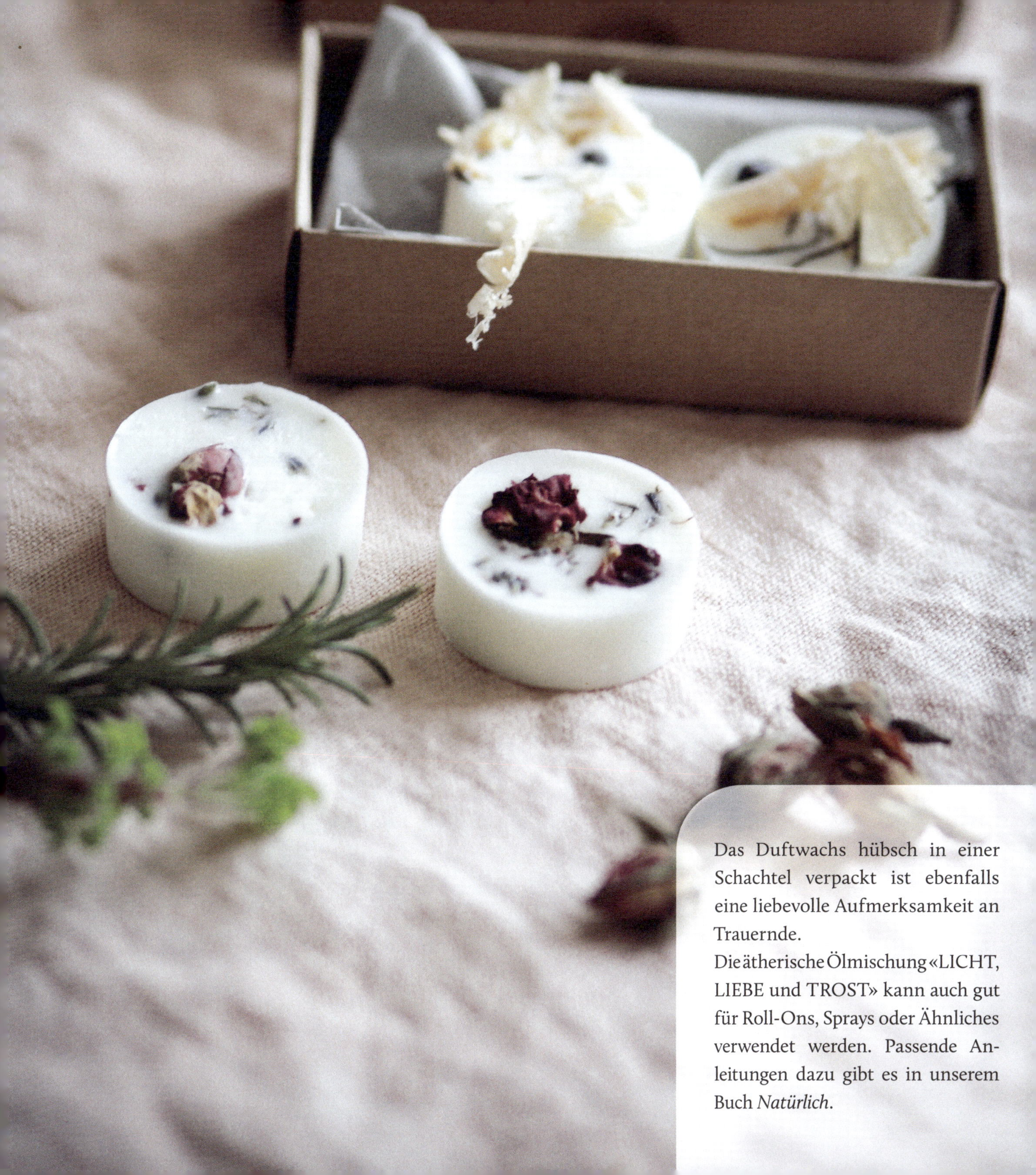

Das Duftwachs hübsch in einer Schachtel verpackt ist ebenfalls eine liebevolle Aufmerksamkeit an Trauernde.
Die ätherische Ölmischung «LICHT, LIEBE und TROST» kann auch gut für Roll-Ons, Sprays oder Ähnliches verwendet werden. Passende Anleitungen dazu gibt es in unserem Buch *Natürlich*.

TRAUER-MASSAGEKERZE «SEELENBALSAM»

Berührende Gesten wie Zuneigung, Geborgenheit, Liebe, Licht und Wärme sind in der Trauer- oder Sterbebegleitung besonders wohltuend. Dies möchten wir mit unserem «Seelenbalsam», in Form einer Massagekerze, in behutsamer Weise wie mit einer liebevollen Umarmung zum Ausdruck bringen.
Wenn der trauernde Mensch uns besonders nahesteht und nicht nur emotionale, sondern auch körperliche Nähe möglich und vor allem gewünscht ist und angenommen werden möchte, können wir neben dieser besonderen Kerze auch die sanfte Berührung mit unseren eigenen Händen anbieten (ansonsten findet sich gewiss jemand im näheren Umfeld, der diese Zuwendung übernehmen darf).
Unser «Seelenbalsam» enthält neben hautpflegenden Zutaten wie Mandelöl, Kakaobutter und Sheabutter auch Trost spendende ätherische Öle, die in seelischen Ausnahmesituationen wie im Sterbeprozess oder auch beim Abschiednehmen und Loslassen eines geliebten Menschen unterstützend auf Körper, Geist und Seele einwirken können. Entspannende und/oder tröstliche Wirkungen von ausgewählten ätherischen Ölen werden durch liebevolle und sanfte Berührungen in Verbindung mit dem erwärmten Wachs begleitet.
Uns war wichtig, auch die Ästhetik bei diesem sehr besonderen Trauer-Geschenk nicht außer Acht zu lassen. Eine Keramikerin hat in liebevoller Handarbeit ein winziges Schälchen mit Ausgießer gestaltet, das immer wieder mit den angegebenen Zutaten für eine neue Massagekerze befüllt werden kann. Das Schälchen lässt sich zu gegebener Zeit auch für andere Zwecke verwenden (beispielsweise als Kännchen zum Nachgießen von Wasser in eine Aromaleuchte oder als kleine Blumenvase).

Hinweis

Da das «Seelenbalsam» auf die Haut aufgetragen wird, empfehlen wir, ausschließlich solche ätherischen Öle auszuwählen, die sich auch für körperliche Anwendungen eignen. Das ätherische Rosenöl möchten wir Ihnen hierfür ganz besonders ans Herz legen. Auch echte Melisse, Römische Kamille, Neroli, Lavendel fein und Ho-Blätter harmonisieren für sich allein oder als Komposition mit einem «Seelenbalsam».

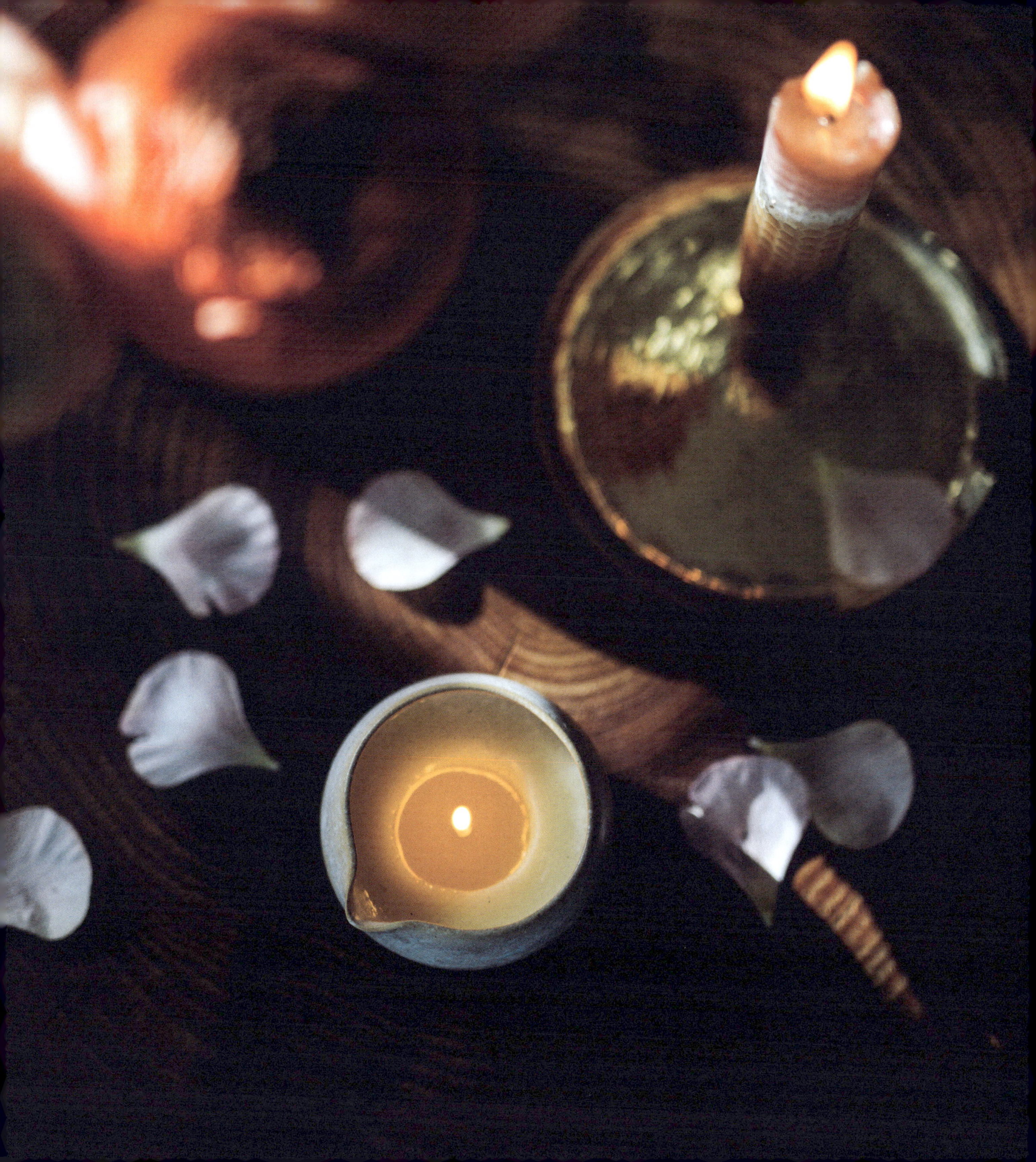

Material

Topf für das Wasserbad
ggf. Schale mit kaltem Wasser zum Abkühlen der Öle
kleines Schmelzgefäß
kleine Keramikschale o.Ä., gerne mit Ausgießer (ca. 50 ml, Durchmesser ca. 5 cm)
Holzspieß zum Umrühren
Docht für Naturwachse mit Füßchen (passend zum Gefäßdurchmesser)
Dochthalter
20 g Kakaobutter*
15 g Sheabutter*
15 g Mandelöl oder Jojobaöl
ca. 5 bis 10 Tropfen ätherische Ölmischung* pro 50 ml Basisöl
evtl. etwas Knetbienenwachs für die Befestigung des Dochts
Pappe, Korkdeckel oder kleines Bienenwachstuch
Schere
Küchen-/Backthermometer

* Shea- und Kakaobutter sind pflegend und zugleich Konsistenzgeber und schmelzen bereits bei 32, bzw. 35 °C. Kakaobutter sollte im Wasserbad mithilfe eines Thermometers unter ständigem Rühren auf 34 bis 35 °C erwärmt werden (zu hoch erhitzte Kakaobutter schmilzt später bereis bei Zimmertemperatur). Die für die Massage benötigte Ölmenge verflüssigt sich im Vergleich zu klassischen Kerzenwachsen recht bald nach dem Anzünden und wird daher nur kurz und sanft erwärmt.

Anleitung

1. Den Docht in der Mitte des Schälchens fixieren (ggf. mit etwas Knetbienenwachs).
2. Aus der Pappe einen Kreis mit einem etwas größeren Durchmesser als dem des Schälchens ausschneiden und in die Kreismitte ein Loch (für den Docht) stanzen oder schneiden.
3. Zunächst das Mandelöl in das Schmelzgefäß geben, leicht im Wasserbad erwärmen, Sheabutter und Kakaobutter hinzugeben und bei geringer Hitze unter ständigem Rühren (am besten mit dem Thermometer) schonend zum Schmelzen bringen.
4. Sobald alles geschmolzen ist, das Schmelzgefäß aus dem Wasserbad nehmen, weiter ordentlich rühren und dabei die Mischung leicht abkühlen lassen (sie sollte jedoch noch nicht anziehen).
5. Die ätherischen Öle hinzugeben, das Gefäß mehrmals schwenken und die Mischung in das vorbereitete Schälchen gießen.
6. Um zu verhindern, dass sich die ätherischen Öle vorzeitig verflüchtigen, das Schälchen mit dem vorbereiteten Pappkreis abdecken (hierfür den Docht durch das Loch führen und die Pappe auf dem Schälchen ablegen). Alternativ kann die Schale mit einem Bienenwachstuch abgedeckt werden (über dem Docht etwas Platz lassen).
7. Die Massagekerze bei Raumtemperatur vollständig abkühlen, den Docht auf 1 cm kürzen und das Ganze für mindestens 4 bis 5 Tage ruhen lassen.

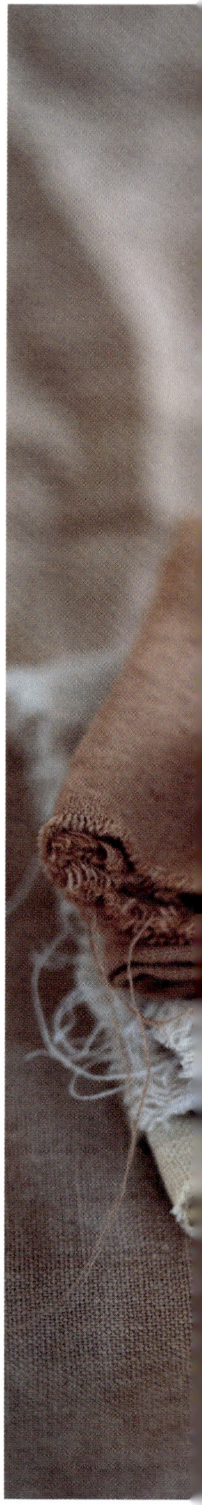

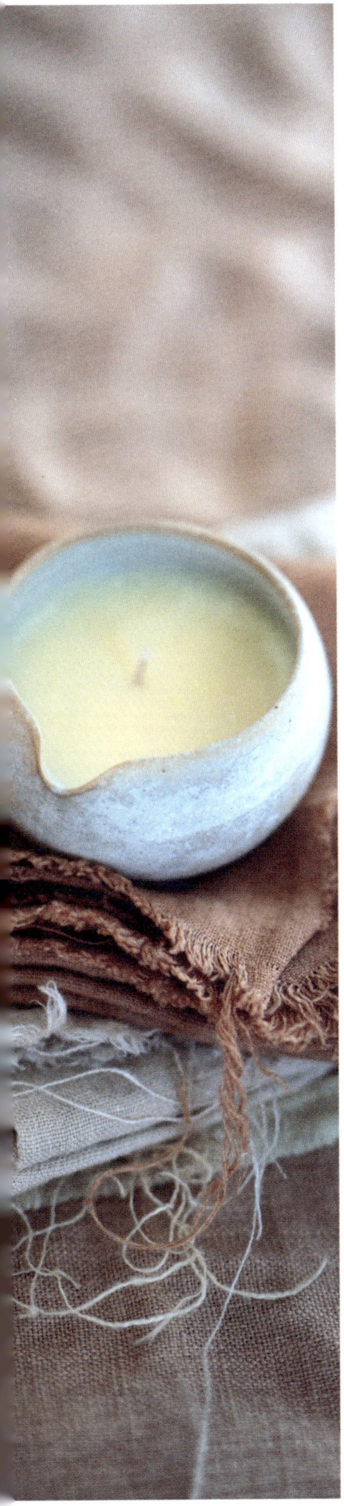

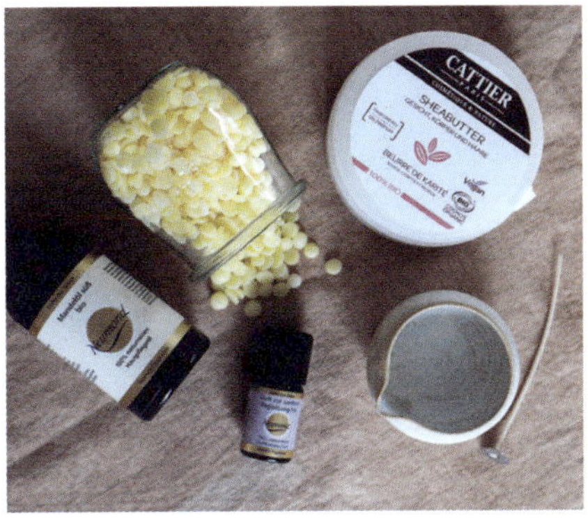

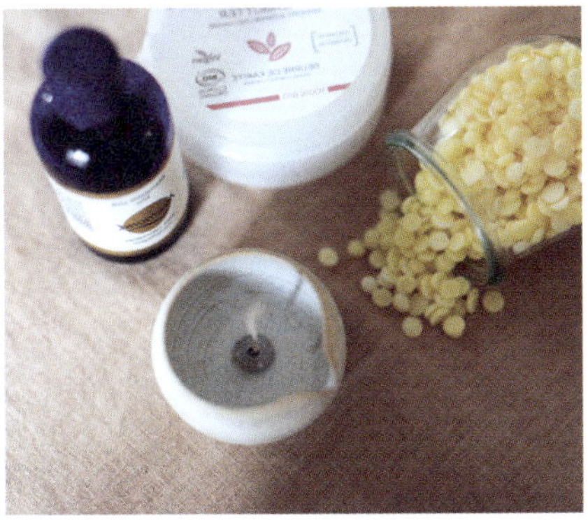

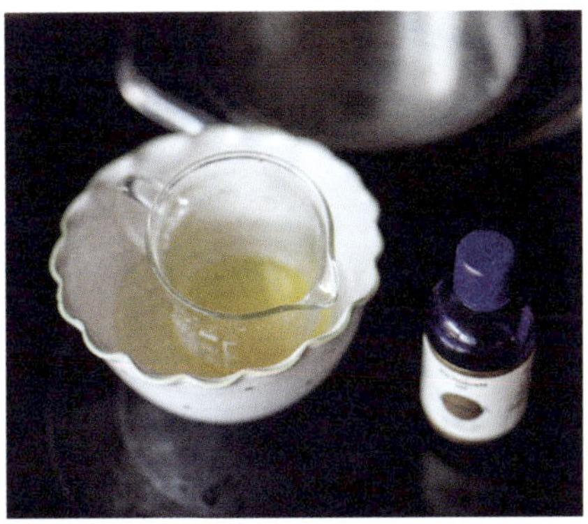

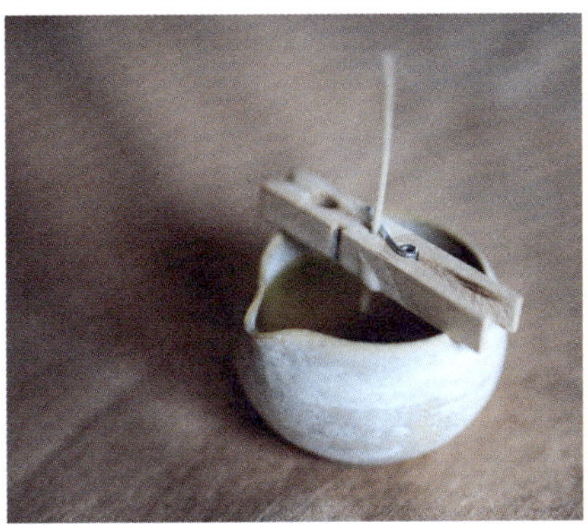

Anwendung

1. Die Massagekerze anzünden und ohne Zugluft brennen lassen, bis die benötigte Ölmenge geschmolzen ist (ca. 1 TL). Das Öl ggf. etwas abkühlen lassen und die Flamme sogleich löschen (Die Öltemperatur vorsichtshalber mit einem Finger prüfen).
2. Das angenehm warme Öl in eine Hand gießen, mit der anderen in beiden Handflächen verteilen, anschließend das warme Öl mit sanften Berührungen auf den gewünschten Körperstellen verteilen und einreiben.

Hinweise

- Das Schälchen sollte vor und nach Gebrauch abgedeckt bleiben, damit sich die ätherischen Öle nicht verflüchtigen. Mit etwas Glück findet man vielleicht einen passenden Korken fürs Schälchen, ansonsten ist ein Bienenwachstuch eine hübsche Alternative.
- Es ist schön, wenn während der Einreibung auch die Umgebung eine wohlige und sanfte Stimmung annimmt, wenn sich der Trauernde beispielsweise in einem von Kerzenschein erfüllten Raum fallen lassen darf. Vielleicht erklingt leise Musik im Hintergrund … Vielleicht ist es aber auch ganz still im Raum …
- Bei wärmeren Temperaturen wie im Sommer sollte die Massagekerze abgedeckt in einem kühlen Raum, bzw. im Kühlschrank aufbewahrt werden.
- Statt einer Massagekerze kann auch ein Balsam gerührt werden (eine Anleitung dazu findet sich in unserem Buch *Natürlich*).

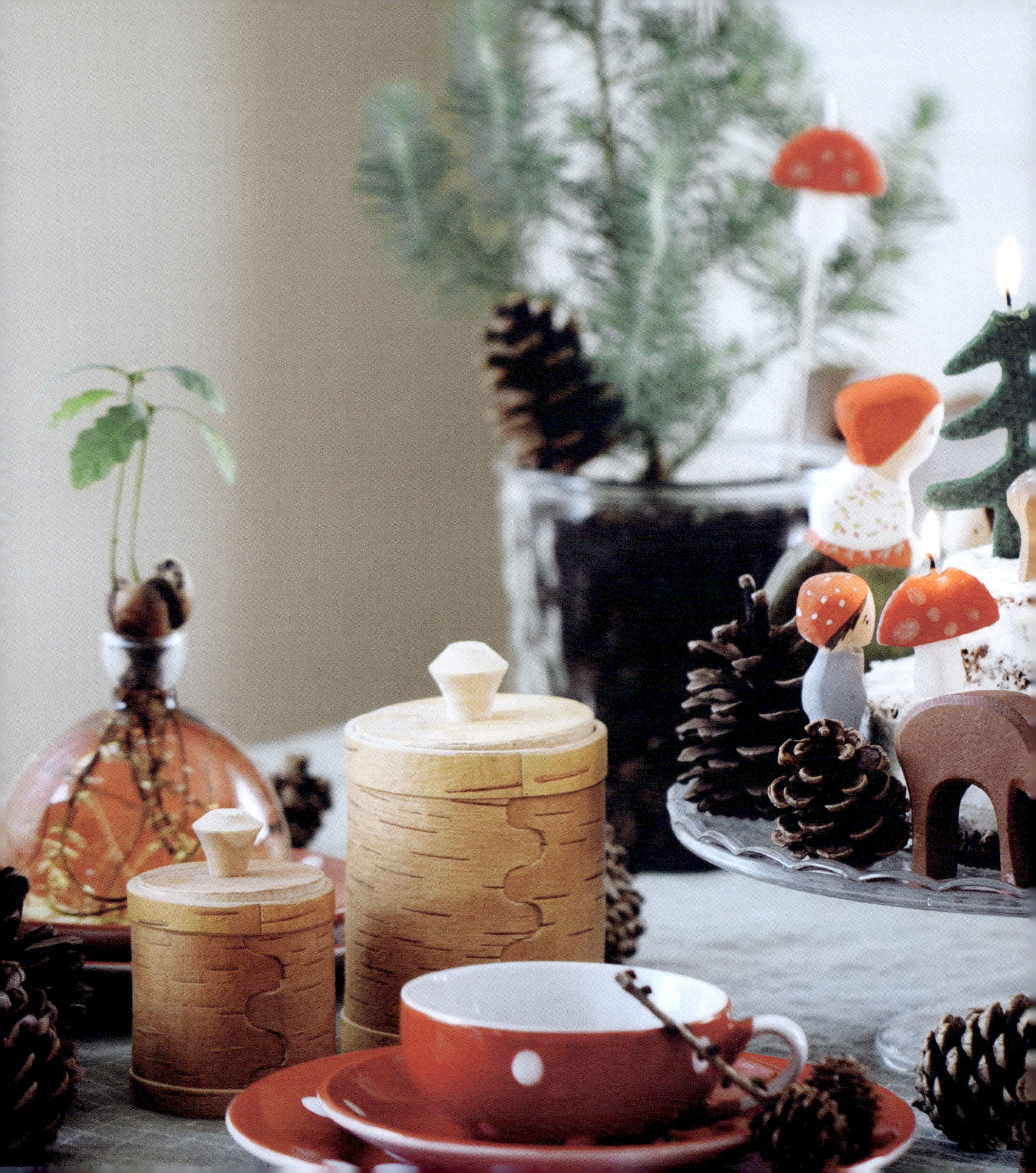

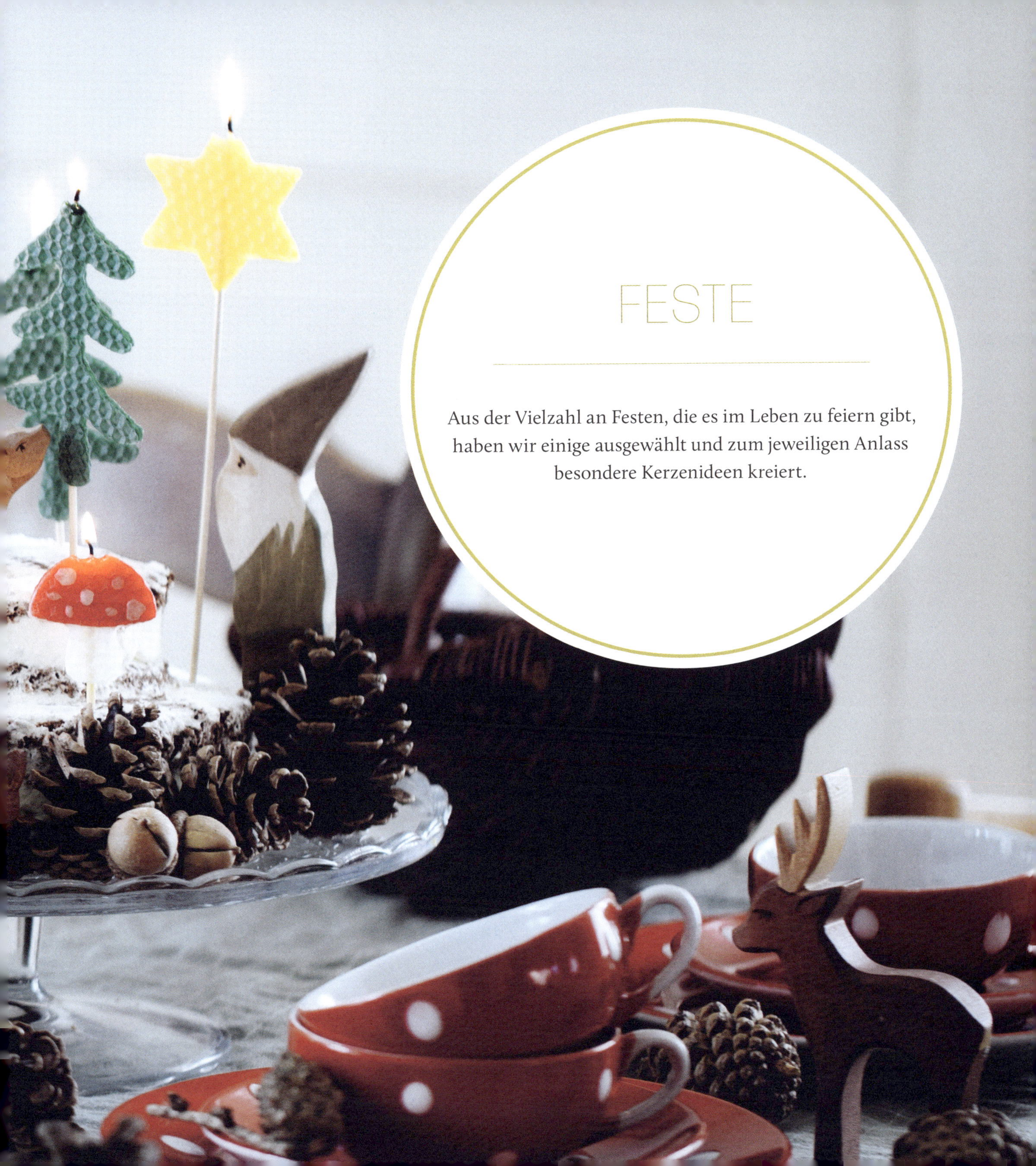

FESTE

Aus der Vielzahl an Festen, die es im Leben zu feiern gibt, haben wir einige ausgewählt und zum jeweiligen Anlass besondere Kerzenideen kreiert.

ZUR GEBURT

KERZE MIT BABY IN DER WALNUSSWIEGE

Ist diese niedliche Kerze nicht ein wunderschönes Willkommensgeschenk für ein neugeborenes Menschenkind? Wir haben sie zusammen mit einem naturfarbenen und pflanzengefärbten Mulltuch (aus unserem Buch *Natürlich*), einem Holztierchen, einem geschnitzten Breilöffelchen, frischen Blümchen und anderen Kleinigkeiten in eine Holzschale gelegt. So kann die Kerze hübsch verpackt den frischgebackenen Eltern mit herzlichen Glückwünschen überreicht werden.

Material

dicke Bienenwachsstumpenkerze (unsere Kerze hat einen Durchmesser von 6 cm und ist 16 cm hoch, für ausreichend Gestaltungsspielraum sollte die Kerze möglichst nicht kleiner sein)
gepresstes Schneeglöckchen (oder andere Blüte, möglichst mit hängendem Köpfchen, wie z.B. Märzenbecher, Akelei, Nieswurz)
Wachsfolie in Rosé, Hellblau, Weiß, Hellbraun, Dunkelbraun und Grün, bzw. für einen individuellen Grünton zusätzlich etwas Gelb
Cutter oder Messer
Schneideunterlage
ggf. grün gefärbtes Bienenwachs
Topf mit Wasserbad
Kerze und Teelöffel (zum Anbringen der Blüte)
ggf. Walnuss

Anleitung

1. Den unteren Teil der Kerze 2- bis 3-mal in unterschiedlichen Höhen in grün gefärbtes Bienenwachs tauchen (siehe Grundanleitung «Ombré-Technik» auf S. 34).
2. Je nach Hautfarbe aus roséfarbener oder brauner Wachsfolie ein Köpfchen, aus der weißen ein Häubchen, aus der blauen eine Decke, aus der hellbraunen eine Wiege und aus der dunkelbraunen zwei Räder formen (natürlich kann man auch andere Farben wählen). Um der Wiege eine lebendige Struktur zu verleihen, eine Walnuss in die braune Wachsfolie drücken, dann erst die Wiegenform ausschneiden.
3. Zuerst das Köpfchen auf die gewünschte Stelle der Kerze legen, darüber das Häubchen, die Decke und zum Schluss die Räder unter die Wiege platzieren (für einen besseren Halt vorab alle Formen etwas in der Hand anwärmen, die Kerze bei Bedarf kurz mit einem Föhn anwärmen).
4. Das gepresste Schneeglöckchen (oder eine andere passende Blüte) nach der Grundanleitung auf S. 79 anbringen.

5. Aus grüner Wachsfolie ein längliches Blatt für das Blümchen formen und hinter der Blüte anbringen.
6. Ebenfalls aus grüner Wachsfolie mehrere dünne Schnürchen rollen, mit diesen den Namen des Kindes und bei Wunsch auch das Geburtsdatum zunächst auf einer Unterlage formen und anschließend auf die Kerze übertragen.

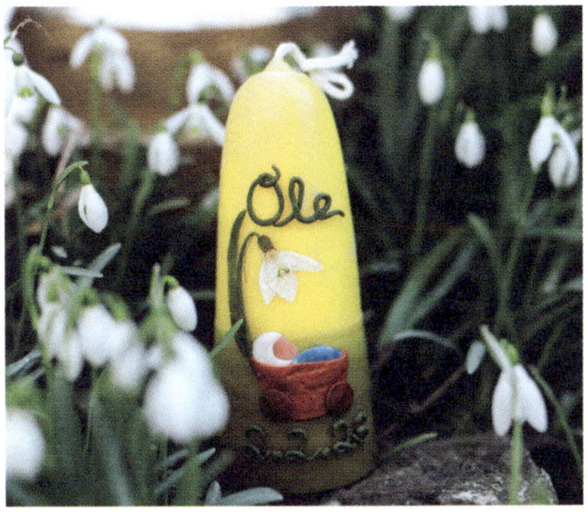

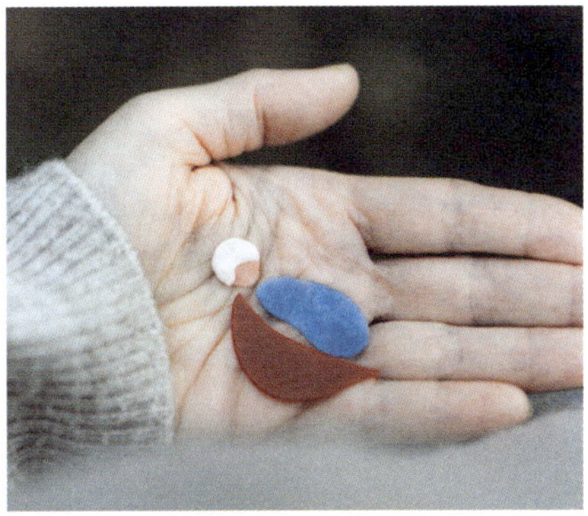
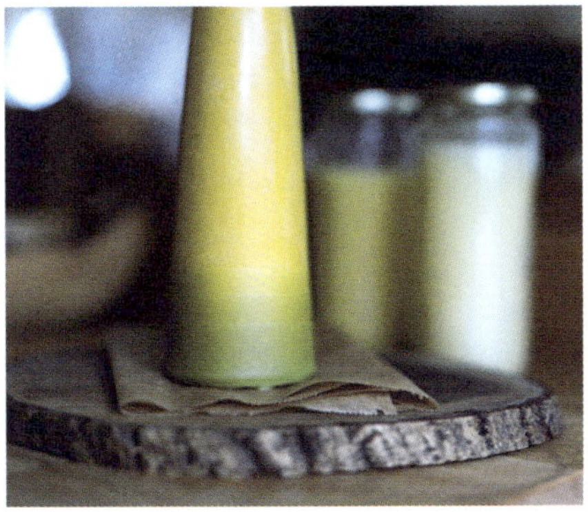
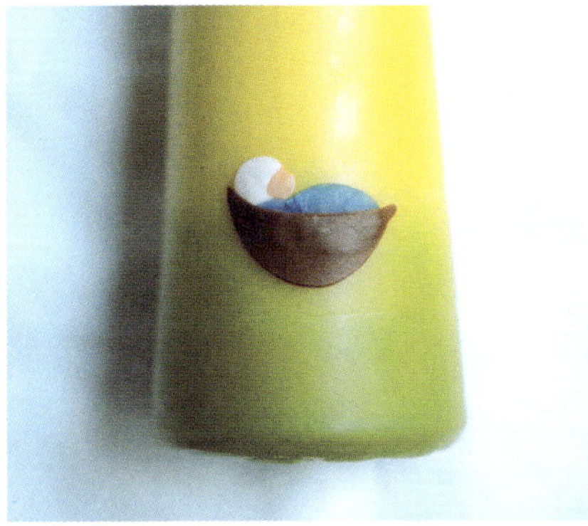
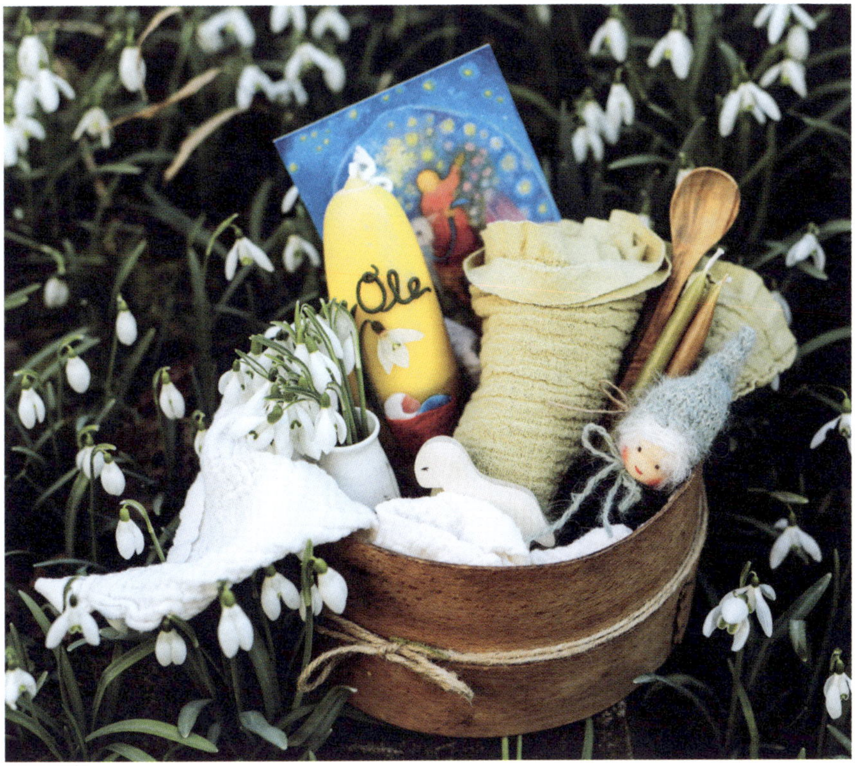

Tipps

Name und Datum können auch mit bedruckter Kerzenfolie angebracht werden, siehe Anleitung auf S. 83. Wer einen anderen Grünton als die im Sortiment enthaltenen möchte, kann sich diesen aus verschiedenen Wachsfolienfarben individuell mischen. Hierfür kleine Stückchen von den vorhandenen Grüntönen, etwas Gelb und Braun abzupfen und durch handwarmes Kneten miteinander vermischen, bis ein homogener neuer Farbton entsteht.

ZUR TAUFE

KERZE MIT FRIEDENSTAUBE

Die (weiße) Taube steht im christlichen Glauben als klassisches Zeichen für den Heiligen Geist und wird deshalb traditionell gerne auch als Symbol für Taufkerzen verwendet.
Die weiße Taube steht jedoch auch ganz allgemein für Frieden, Liebe und Verbundenheit, gilt als wegweisend und beschützend und eignet sich daher auch für eine freie Taufzeremonie und natürlich für viele weitere Anlässe (z.B. in schlichterer Ausführung für eine Pfingstkerze).
Für unsere liebevoll gestaltete Taufkerze haben wir einen dicken Bienenwachsstumpen im Naturton mit vier unterschiedlichen Techniken verziert, weshalb etwas Zeit, Geduld und auch Fingerspitzengefühl nötig sind. Wir finden, dass sich der Aufwand für diese besondere Kerze für das Taufkind lohnt.
Wir hoffen, unsere fantasievoll zusammengestellte Schale, in die wir neben der Taufkerze allerlei andere Lieblichkeiten gelegt haben, inspiriert zu eigenen Ideen.

Material

dicke Bienenwachsstumpenkerze (unsere Kerze hat einen Durchmesser von 6 cm und ist 16 cm hoch, für genug Gestaltungsspielraum sollte die Kerze möglichst nicht kleiner sein)
Taubenausstechform (siehe Bezugsquellen), Größe passend zur Kerze auswählen
sehr kleine gepresste (feine) Zweige mit Blättchen, ggf. gepresstes Hirtentäschelblättchen, die eine hübsche Herzform haben
Wachsfolie in Weiß und Grün, bzw. für einen individuellen Grünton zusätzlich in Braun und Gelb
schwarzer Filzmarker
Kerzenfolie für den Namen (nach Wunsch zusätzlich Datum)
Laserdrucker
ggf. grün gefärbtes Bienenwachs
Topf mit Wasserbad
brennende Kerze und Löffel (zum Anbringen der Blättchen)

Anleitung

1. Name, nach Wunsch auch das Taufdatum, nach der Grundanleitung mit einem Laserdrucker auf die Kerzenfolie übertragen (siehe Grundanleitung «Kerzenfolie» auf S. 83).
2. Die Taube mit der Ausstechform aus der weißen Wachsfolie stanzen (alternativ die Taube frei ausschneiden, siehe Tipps) und in etwa mittig auf der Kerze platzieren (siehe Grundanleitung ab S. 73).
3. Mit schwarzem Filzmarker ein sehr kleines Auge aufmalen.
4. Einen winzigen gepressten Zweig am Schnabel der Taube

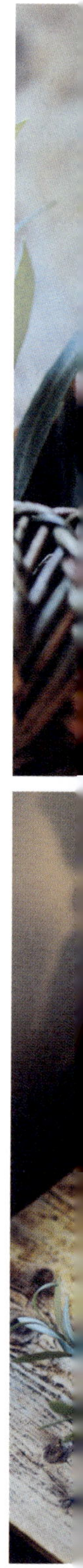

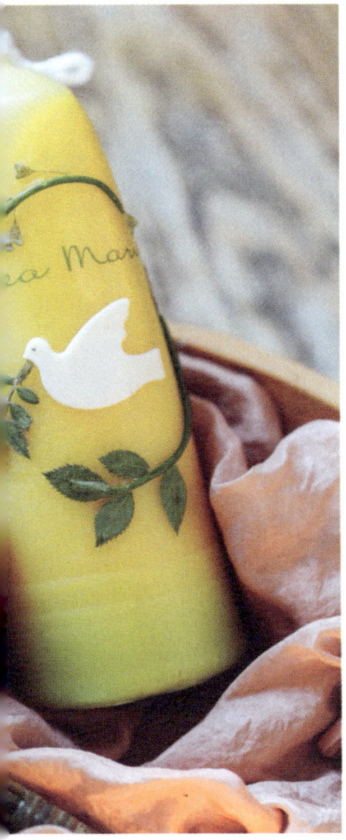

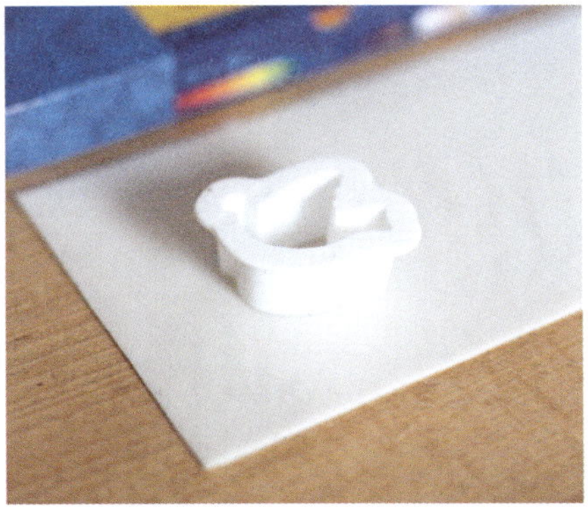

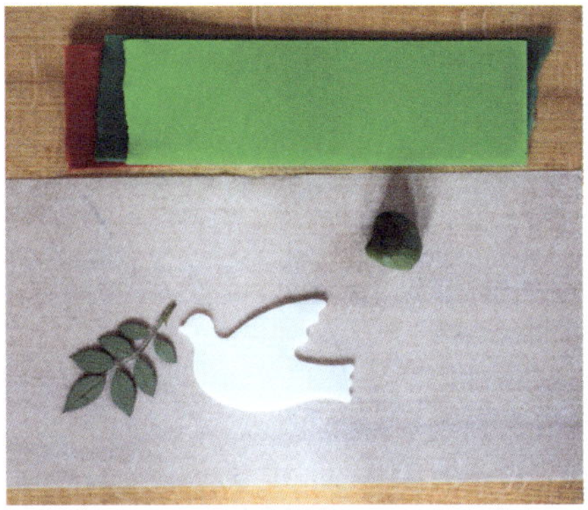

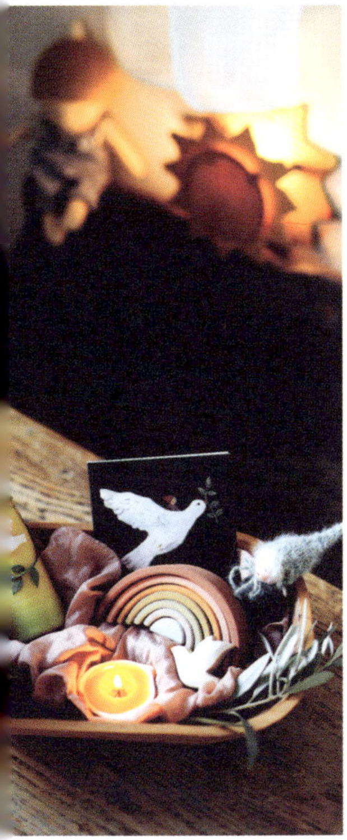

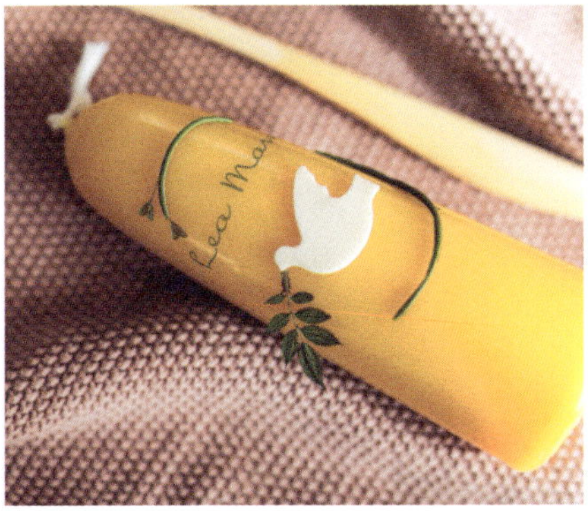

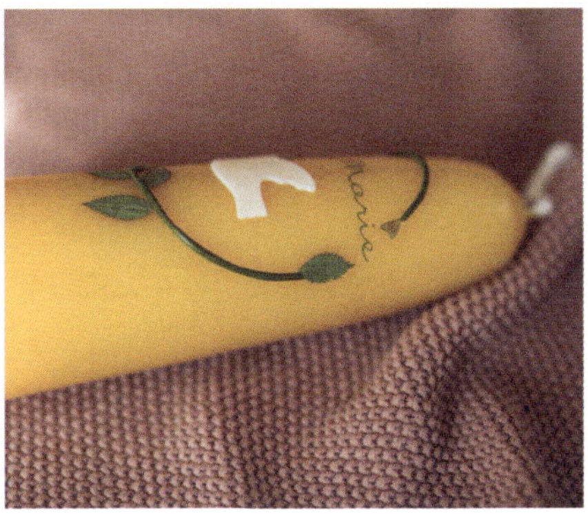

anbringen (siehe Grundanleitung «Kerzen mit Blüten verzieren» auf S. 79).

5. Die Folie mit dem Namen nach Grundanleitung «Kerzenfolie» auf S. 83 mittig über der Taube anbringen.
6. Aus der grünen Wachsfolie zwei sehr dünne Schnürchen rollen und diese, wie auf dem Foto zu sehen, über und unter der Taube auf der Kerze anbringen.
7. Den so entstandenen offenen Rahmen jeweils an den Enden mit kleinen gepressten Blättchen (nach Wunsch mit Hirtentäschelherzchen) schmücken (siehe Grundanleitung «Kerzen mit Blüten verzieren» auf S. 79).
8. Den unteren Teil der Kerze 2- bis 3-mal in unterschiedlichen Höhen in grün gefärbtes Bienenwachs tauchen (siehe Grundanleitung «Ombré-Technik» auf S. 34).

Tipps

Wer den Aufwand etwas scheut, kann den farbigen Sockel weglassen.
Statt die Taube mit einer Form auszustechen, kann diese alternativ auch auf Papier vorgezeichnet, auf die Wachsfolie durchgepaust (z.B. mit einer Nadel) und mit einem Cutter ausgeschnitten werden.
Wer den Namen nicht mittels Kerzenfolie auf die Kerze bringen möchte, kann diesen stattdessen auch aus Wachsfolie gestalten (siehe Beispiel «Geburtskerze Ole» auf S. 126).
Für einen individuellen Grünton grüne, gelbe und braune Wachsstückchen miteinander verbinden, bis ein neuer homogener Farbton entsteht.

ZUM GEBURTSTAG

BAUMSCHEIBEN-TABLEAU

Aus einer Baumscheibe mit Rinde haben wir ein hübsches Tableau gefertigt, das sich im Jahreslauf immer wieder neu gestalten lässt und in unserem Buch an einigen Stellen mit unterschiedlichen Kerzen und Gestaltungsideen zu finden ist. Als handliches Pendant zum Jahreszeitentisch findet es – je nach Größe der Baumscheibe – Platz auf einem Fenstersims, dem Nachttisch, einer Kommode oder mitten auf dem Esstisch. Nicht nur den Jahreszeiten entsprechend, auch zu Geburtstagen, fürs Goldtröpfchen zu Hause oder im Kindergarten sowie zu anderen besonderen Anlässen lässt es sich hübsch gestalten und hält dabei immer auch ein Plätzchen für eine besondere Kerze bereit.

Die Tableaus in unserem Buch haben jeweils eine Stärke von rund 2 cm und einen Durchmesser von etwa 18 bis 30 cm.
Das Tableau lässt sich je nach Gestaltungswunsch entweder für einen oder mehrere Messingeinsätze (bzw. Holzstecker) und mit oder ohne zusätzliche Bohrungen für Zweige ausstatten, die als Girlandenhalter dienen.

Material

Baumscheibe mit Rinde in gewünschtem Durchmesser
Standbohrer, alternativ Bohrmaschine
Forstnerbohrer 18 mm
Holzbohrer 5 mm
Schleifpapier, mind. 180er Körnung
Leinöl, Möbelwachs o.Ä.
dünne Zweige nach Wunsch
Wimpel aus Stoffresten, Papier o.Ä. nach Wunsch
Hanfschnur
Messingeinsätze für Kerzen (z.B. von GRIMM'S) oder Dekostecker
Bleistift

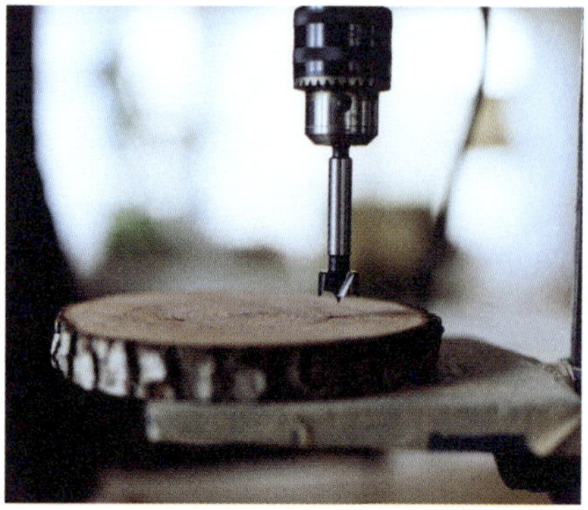
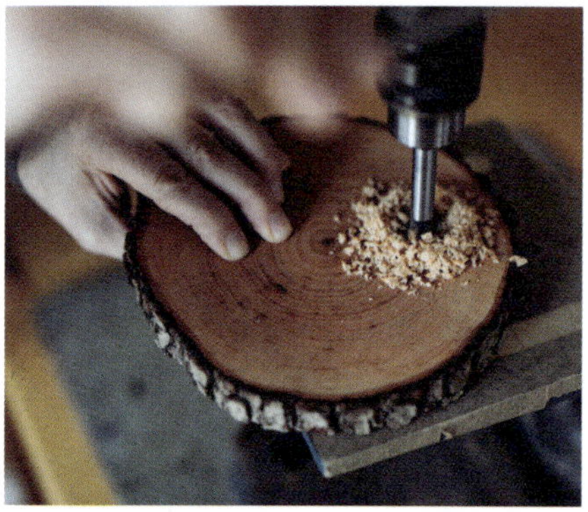
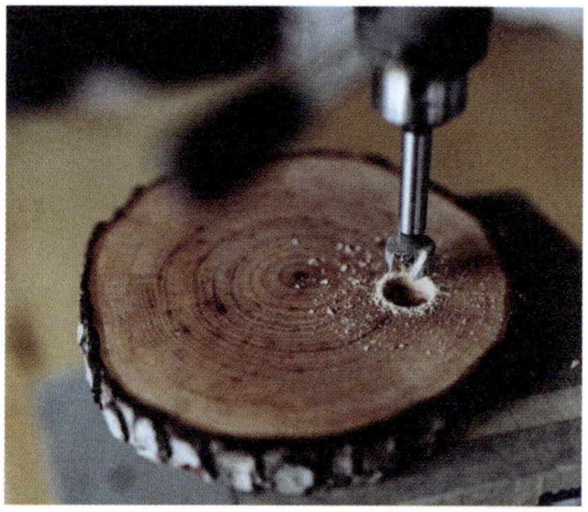
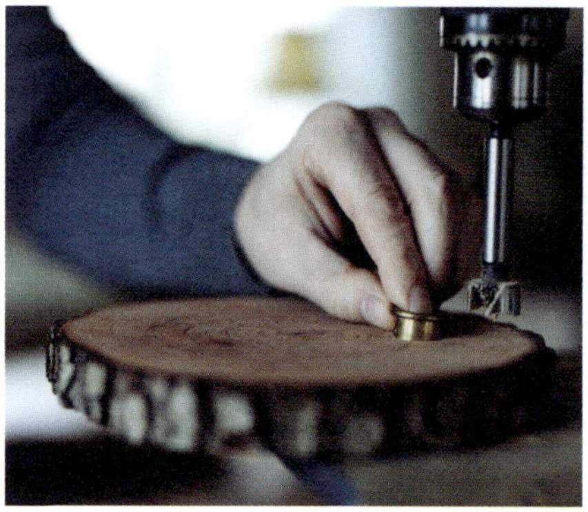
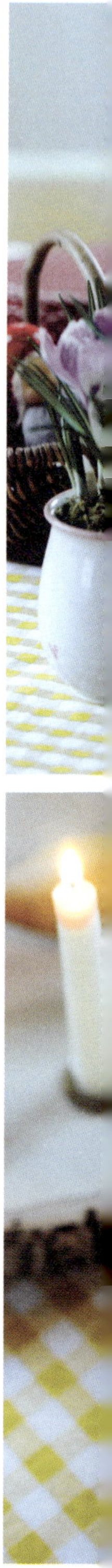

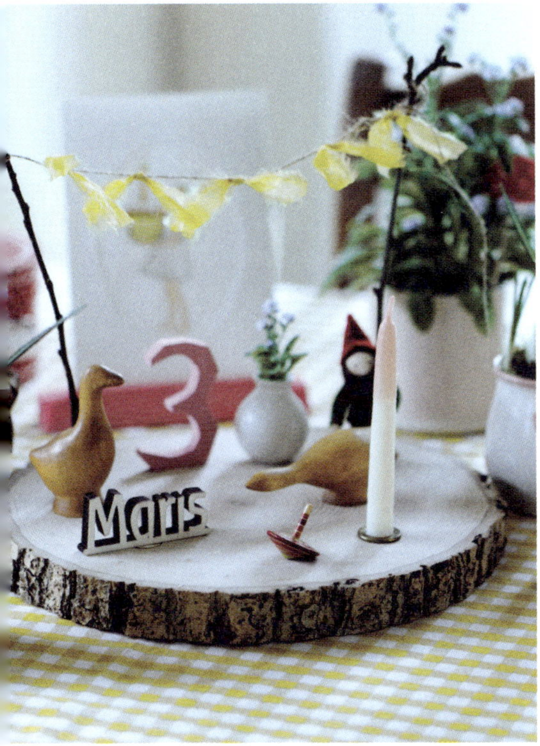

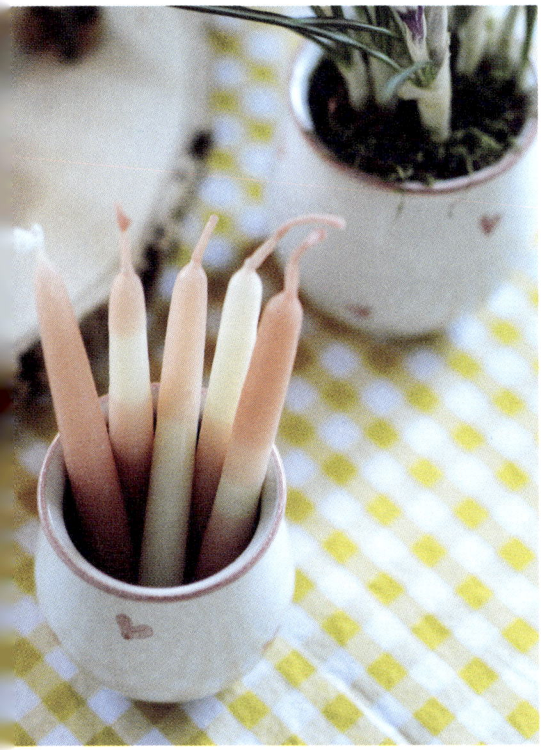

Grundanleitung

1. Zunächst die gewünschten Stellen markieren, an denen die Messingeinsätze oder Dekostecker und ggf. die beiden Zweige für die Wimpelkette eingesetzt werden sollen.
2. Die Löcher für die Messingeinsätze oder Dekostecker und ggf. Zweige mit dem jeweiligen Bohrer ca. 10 mm tief bohren. Ein Standbohrer ist von Vorteil, man kann jedoch auch eine normale Bohrmaschine nutzen, was etwas mehr Übung erfordert.
3. Die Holzoberfläche feinschleifen, den Staub entfernen und das Tableau mit Leinöl oder Möbelwachs bestreichen.
4. Die Messingeinsätze und/oder Dekostecker in die Löcher setzen.
5. Nach Bedarf dünne Zweige in die beiden kleineren Löcher stecken, die Hanfschnur dazwischen festknoten und die aus Stoffresten oder Papier ausgeschnittenen Wimpel an die Schnur knoten oder kleben (Papier).

GEBURTSTAGS-TABLEAU MIT BUNT GETAUCHTEN BIENENWACHSKERZEN

Zum Geburtstagsfest haben wir unser Baumscheiben-Tableau mit bunt gefärbten Bienenwachskerzen und anderen Lieblichkeiten geschmückt.

Material

Baumscheiben-Tableau
bunt getauchte Bienenwachskerzen (farblich passend zum jeweiligen Zahlenstecker), siehe Anleitung «Dip-Dye» auf S. 32
Dekomaterial wie Zahlenstecker, Blumenvase, Girlande, Holztierchen usw.

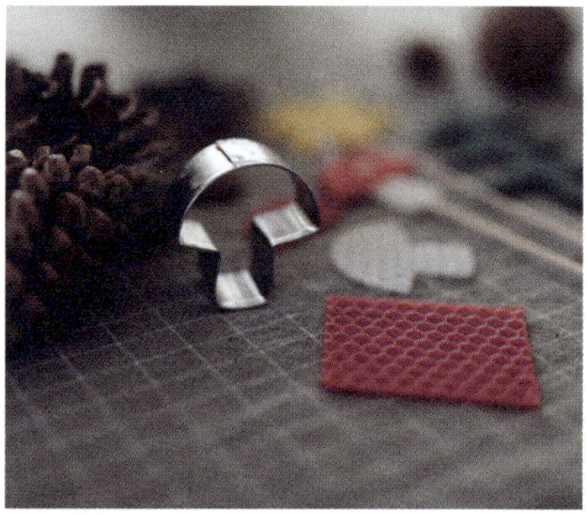

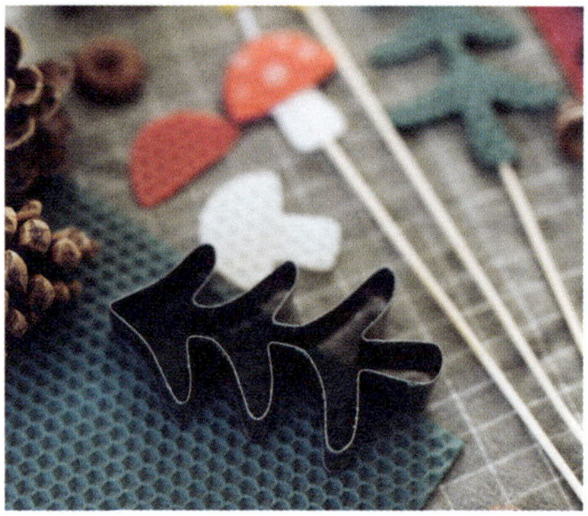

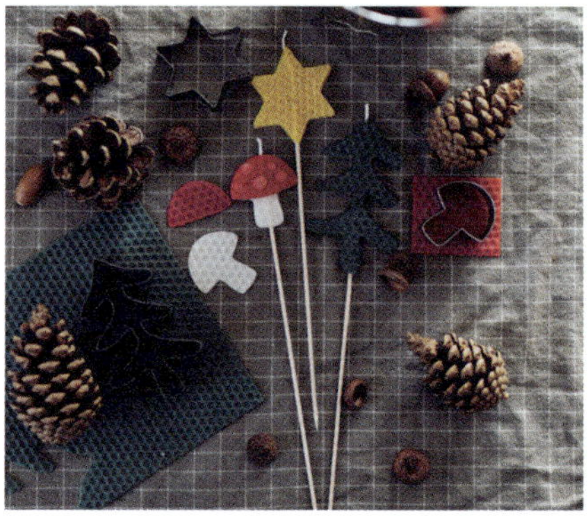

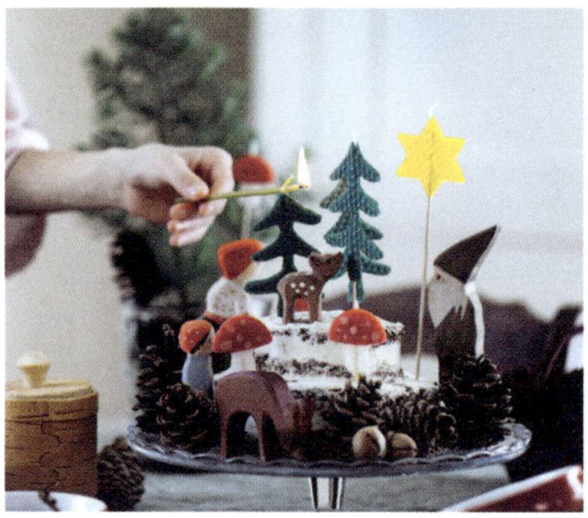

WUNDER(LICHT)KERZEN

Unsere Wunder(LICHT)kerzen aus Bienenwachsplatten (siehe auch Kapitelbeginn S. 124) versprühen zwar keine Funken wie andere Wunderkerzen, dafür aber ihren ganz eigenen Zauber. Die Wunder(LICHT)kerze kann in der Hand gehalten oder als i-Tüpfelchen auf den Geburtstagskuchen, mitten in einen kleinen Muffin, in einen Blumentopf o.Ä. gesteckt werden.
Es gibt unterschiedliche Möglichkeiten, diese Stecker zu gestalten. Wir stellen hier die Variante mit Ausstechförmchen vor; auf S. 96 sind zudem gerollte Wunder(LICHT)kerzen zu finden.

Material

Bienenwachsplatten in Gelb oder in einer Farbe nach Wahl
Holzspieße
Runddocht Größe 0 oder 1 für Bienenwachs (ggf. vorgewachst)
diverse Ausstechformen nach Belieben ab ca. 5 cm Länge (z.B. Glückspilz, Stern, Tannenbaum)
Schere; Messer; Brett
Föhn
Küchenrolle oder Backpapier

Anleitung

1. Für jede Wunder(LICHT)kerze jeweils zwei identische Motive mit einem Ausstecher aus einer farblich zum Motiv passenden Bienenwachsplatte ausstanzen. Für die Glückspilzchen jeweils 2 Pilze aus einer weißen Bienenwachsplatte ausstanzen und zusätzlich 2 rote Pilzköpfchen (die Ausstechform entsprechend auf der Wabenplatte ansetzen).
2. Den Holzspieß mittig auf den unteren Bereich bis etwa zur halben Motivhöhe auflegen und sachte ins Wachs drücken.
3. Ein Stückchen Docht abschneiden, ebenfalls mittig und mit etwas Abstand zum Holzspieß an den oberen Bereich legen und leicht andrücken (zwischen Holzspieß und Docht sollte eine kleine Lücke sein, damit die Flamme später vor dem Holzspieß erlischt).

4. Die zweite Ausstechform passgenau auflegen (Spieß und Docht dazwischen). Zunächst vorsichtig auf und um den Holzspieß und Docht herum andrücken, dann ringsherum bis zu den Rändern. Bei den Pilzchen zunächst die weißen Teile aufeinanderlegen, dann beidseitig die roten Köpfe aufsetzen. Aus Resten der weißen Platten kleine Kügelchen formen, etwas plattdrücken und handwarm auf die Pilzköpfchen kleben.
5. Den Docht auf 1 cm kürzen.

Tipps

Die Motive leicht mit dem Föhn erwärmen, so haften diese besser aneinander. Falls die Wunderkerze in der Hand gehalten wird, bitte Vorsicht – das Wachs kann tropfen, ggf. Tropfschutz über der haltenden Hand verwenden.

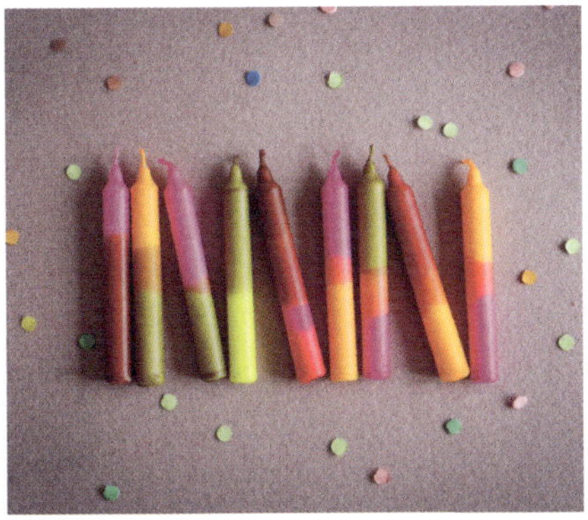

Bunte Dip-Dye-Geburtstagskerzen

Für einen Kindergeburtstag eignen sich die fröhlichen bunten Dip-Dye-Kerzen besonders gut. Sie machen die Geburtstagsdekorationen noch einzigartiger! Passende Anleitung auf S. 32.

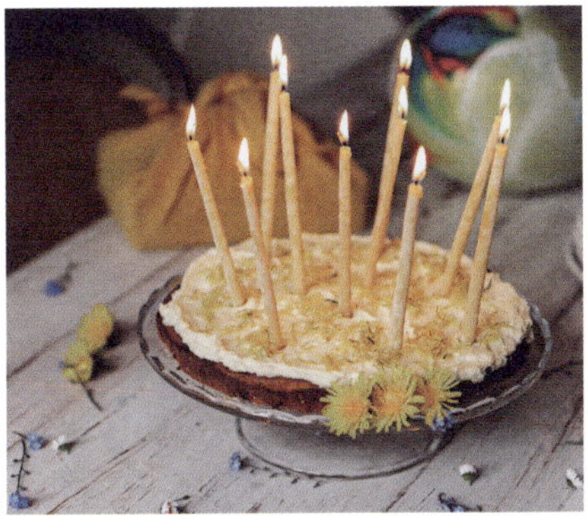

Lange Geburtstagskuchenkerzen

Gerade dünne Geburtstagskerzen für einen Kuchen lassen sich recht schnell selbst ziehen. Die passende Anleitung findet sich auf S. 56. Die Kerzen können einfach ohne Halterung in den Kuchen gesteckt werden – und dann fehlt nur noch das passende Geburtstagsständchen.

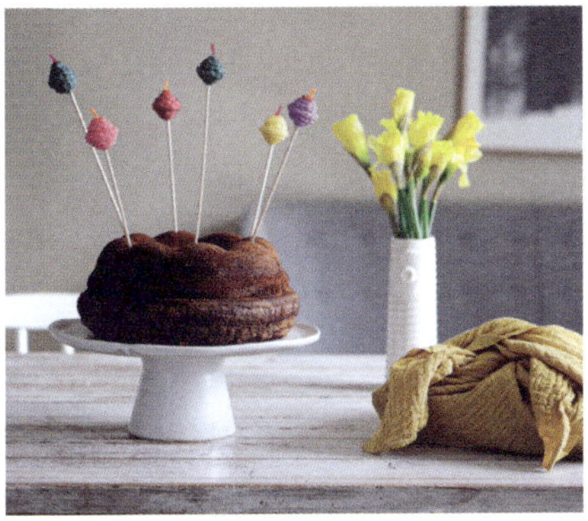

Bunte Geburtstagskugelkerzen

Auch die bunten Geburtstagskugelkerzen verleihen dem Geburtstagskuchen eine fröhliche wie festliche Optik. Die Kerzen brennen recht lange und so können auch mal zwei Lieder gesungen werden. Passende Anleitung auf S. 96.

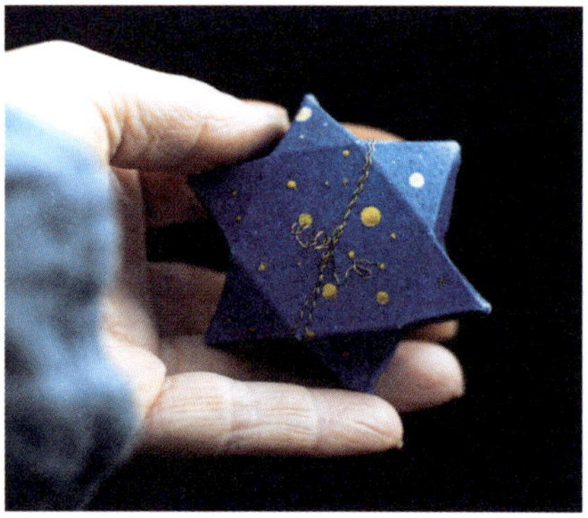

ORIGAMI-STERNSCHNUPPENSCHACHTELN MIT BIENENWACHS-STERNENKERZCHEN

Diese hübschen Sternschnuppenschachteln, in denen sich kleine Sternchenkerzen aus Bienenwachs verbergen, lassen sich gemeinsam mit Kindern gestalten, die schon ein bisschen im Falten geübt sind und Freude am Malen mit Aquarellfarben haben. So eine hübsche Aufmerksamkeit wird lieben Freundinnen, Nachbarn oder Kindergärtnern und Lehrerinnen sicher eine kleine Weihnachtsfreude bereiten.

Material

Hexagon-Schablone in Wunschgröße (hier beträgt die Seitenlänge ca. 3 bis 4 cm)
Aquarellpapier (300 g/qm)
Naturschwämmchen
Wasser
Pinsel
Aquarellfarbe (z.B. von Stockmar)
Bastelfarbe in Gold
Holzstäbchen oder Wattestäbchen zum Auftupfen der Pünktchen
Schere
Falzmesser
Lineal oder Geodreieck (alternativ wäre ein Falzbrett, bzw. eine Papierschneidemaschine mit Falzbein praktisch und dazu ziemlich bequem)
Bleistift
Klebstoff
feiner Golddraht
feste Unterlage (Zeitschrift, Brett o.Ä.)

Anleitung

1. Den Bogen Aquarellpapier mit dem Schwämmchen befeuchten (das Papier bleibt hierfür entweder im Aquarellblock eingespannt oder wird vor dem Anfeuchten ringsum mit Malerkrepp auf ein Malbrett geklebt).
2. Das Papier vollflächig in Nass-in-Nass-Technik bemalen und trocknen lassen.
3. Mit einem Holzspieß viele kleine Goldpünktchen über die Fläche verteilen. Die Goldpunkte können alternativ auch nach Fertigstellung der Schachtel aufgemalt werden.
4. Die Hexagon-Schablone in Wunschgröße ausschneiden* und auf die Rückseite des Aquarellpapiers legen. Die Umrisse mit einem Bleistift nachzeichnen und die Sechsecke ausschneiden (für jede Sternenschachtel werden zwei Sechsecke in denselben Maßen benötigt).
5. An jeder Seite des Hexagons mit einem Bleistift die Mitte markieren.

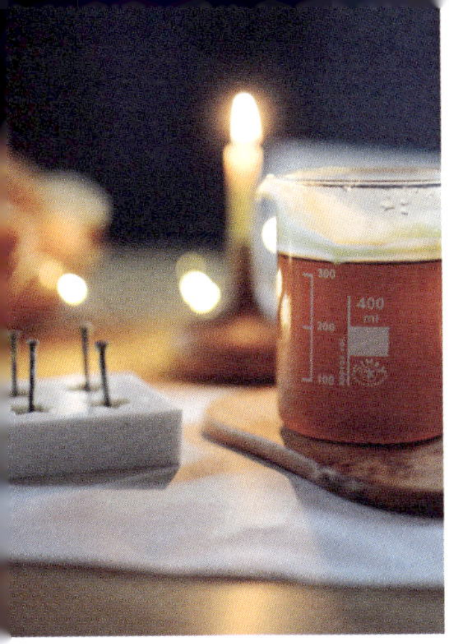

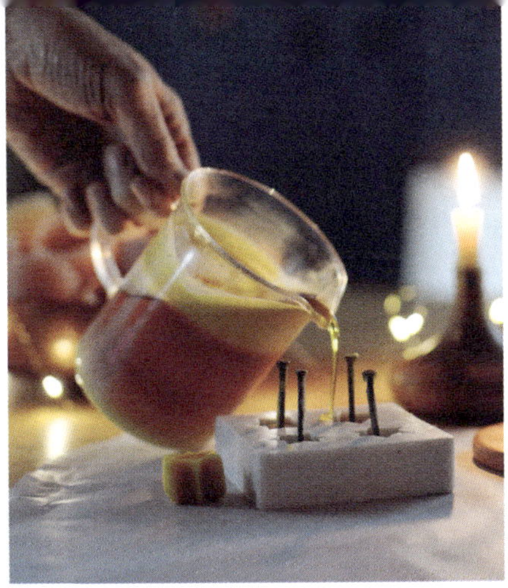

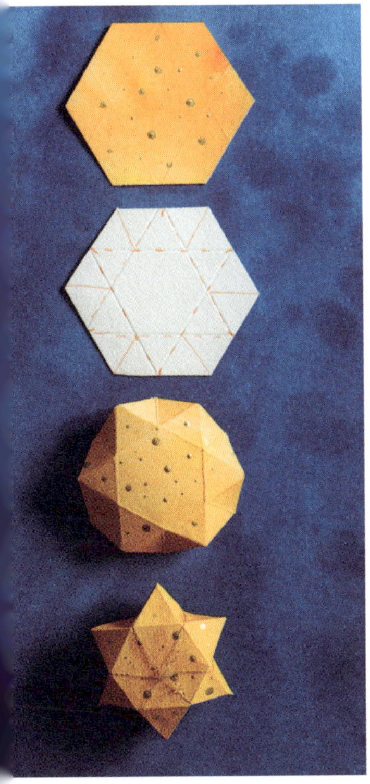

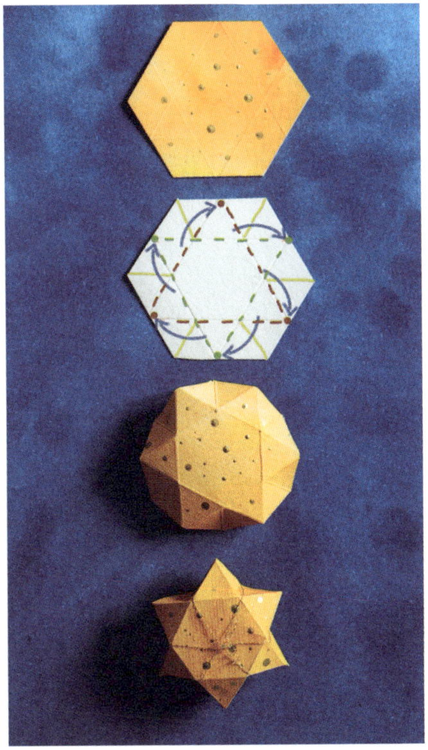

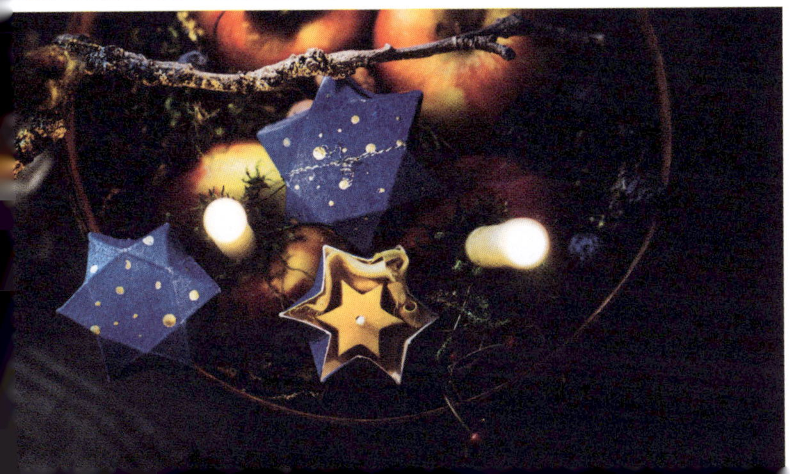

6. Mithilfe von Lineal und Falzbeil, bzw. Falzmesser eines Schneidegeräts, jeweils die Linien zwischen den braunen bzw. grünen Punkten (siehe Fotos) falzen. So entstehen zwei gleichseitige Dreiecke, die zusammen einen Stern ergeben (im Foto die braunen und grünen gestrichelten Linien). Beim Falzen darauf achten, dass diese Linien parallel zum Rand des Hexagons liegen.
7. Die kurzen Linien – ausgehend von den Ecken des Hexagons – bis zu den Kreuzungspunkten der grünen und braunen Linien hin falzen (im Foto die kurzen gelben Linien zwischen den Punkten).
8. Noch einmal alle Linien nachfalten und den Stern herausarbeiten. Bis auf die kurzen Falzlinien werden alle Falzstellen nach unten geknickt.
9. Für eine Sternenschachtel werden zwei Sterne übereinandergestülpt. 1 bis 2 Überlappungen können zusammengeklebt werden.
10. Ein Sternenkerzchen (siehe Anleitung ab S. 43) in die Schachtel legen (ggf. mit einem Flöckchen Märchenwolle o.Ä.) und mit Golddraht umwickeln. Die Enden des Golddrahts um den Holzspieß wickeln – das macht schöne «Löckchen».

* Vorlagen für ein Hexagon finden sich im Internet – einfach *Sechseck* oder *Hexagon* in die Suchmaske eingeben. Falls kein Drucker vorhanden ist, die Sechseckvorlage einfach in gewünschter Größe direkt am Bildschirm abpausen.

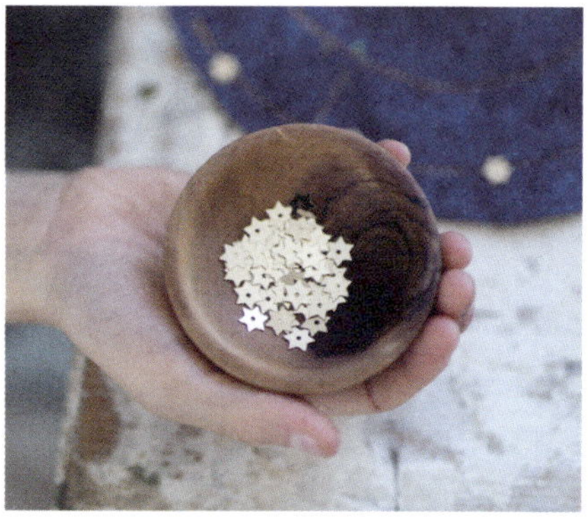
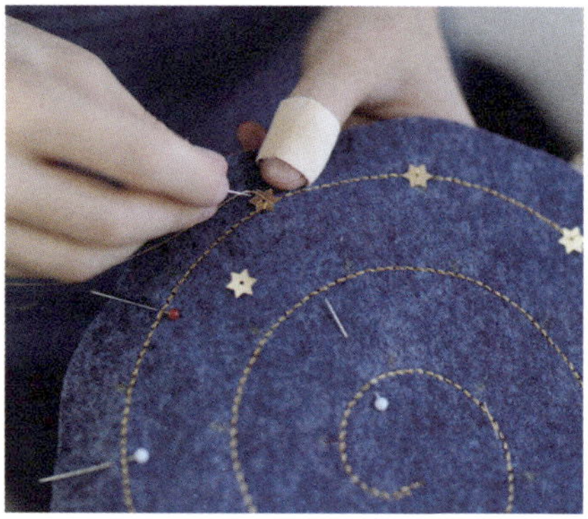
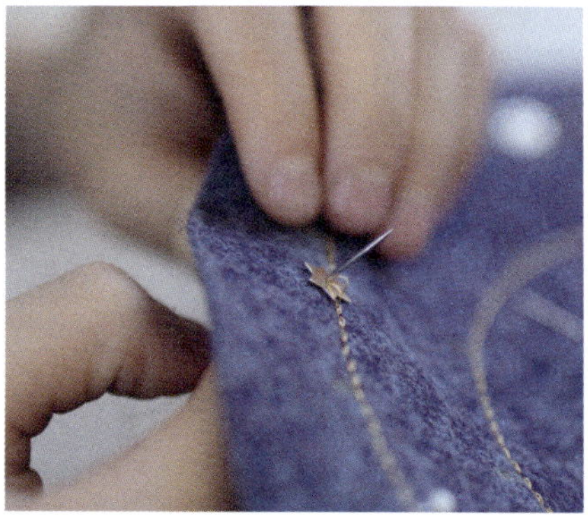
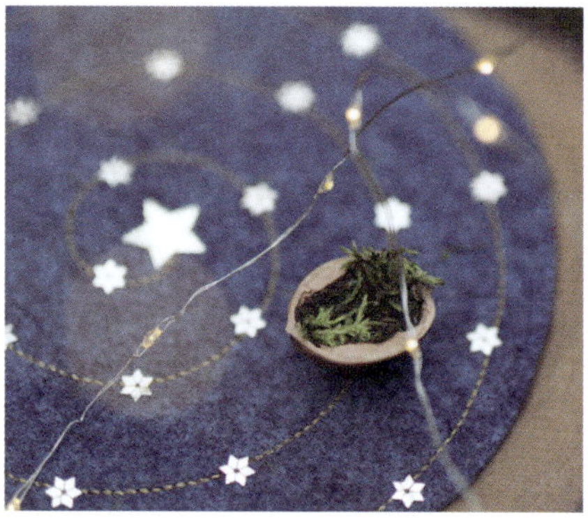
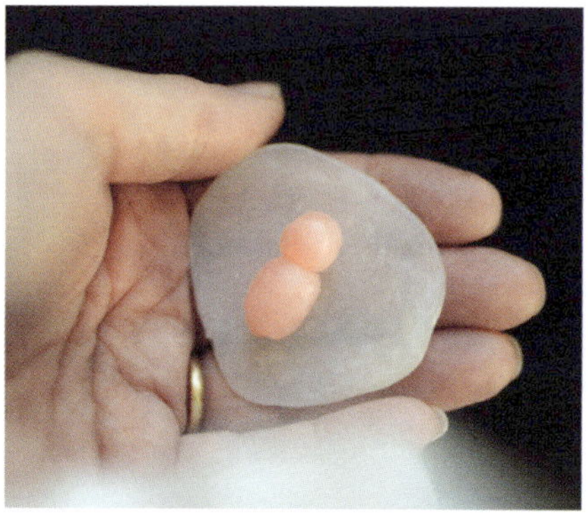
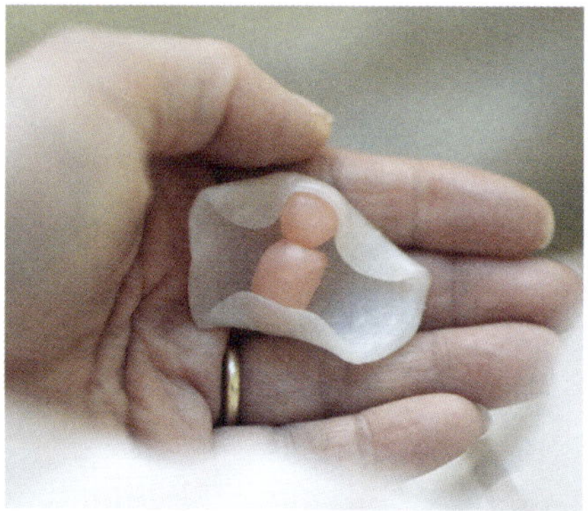
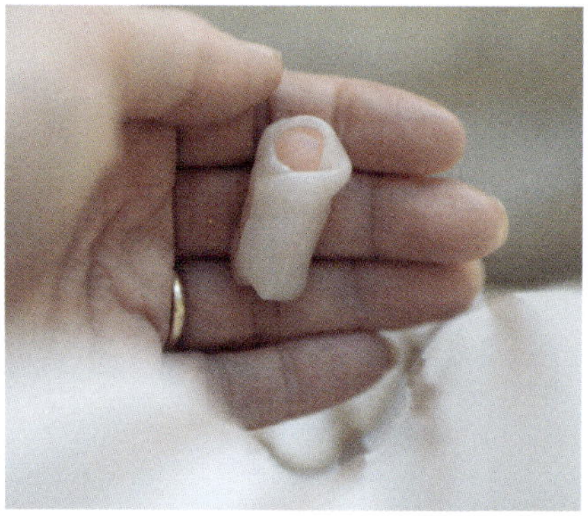
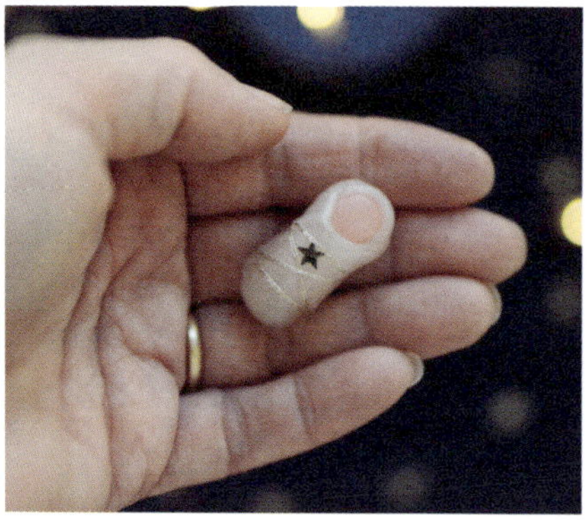
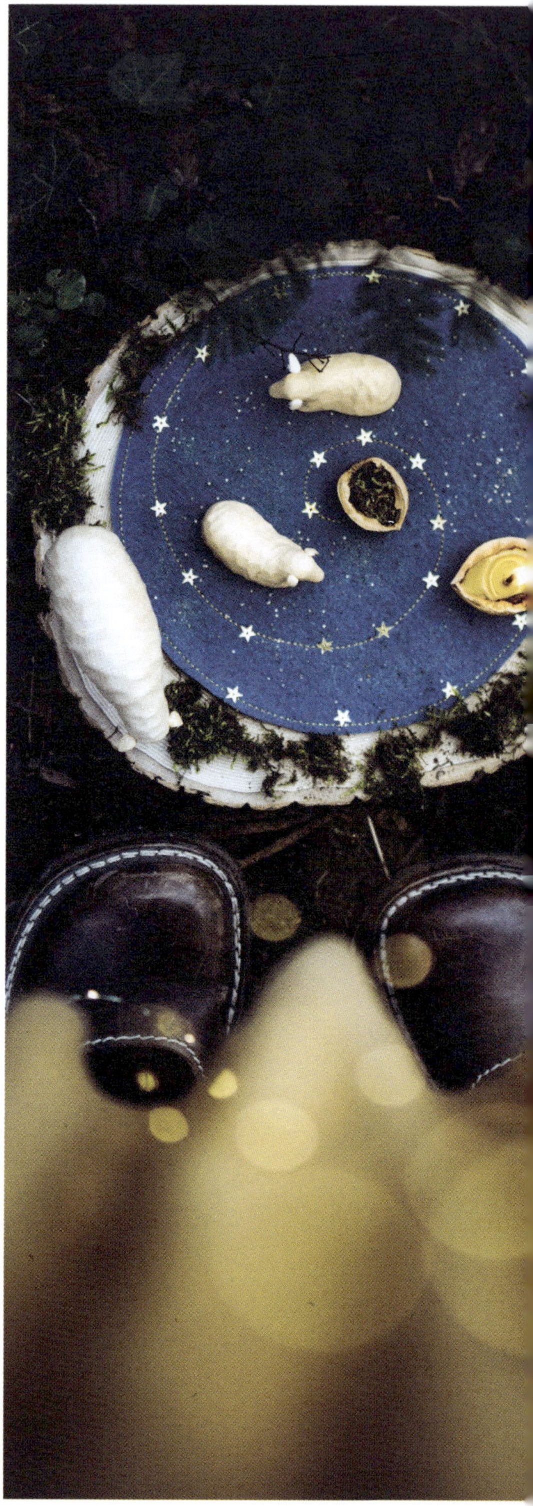

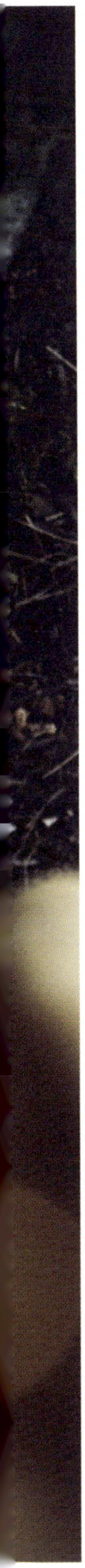

ADVENTSSPIRALE AUF DEM BAUMSCHEIBEN-TABLEAU

Diese hübsche Adventsspirale ist im Kindergarten oder zu Hause ein zauberhaft anschaulicher Adventskalender, denn ab dem 1. Dezember wandert das kleine Walnusslicht jeden Morgen (oder Abend) zu einer Geschichte oder einem Lied immer ein goldenes Sternchen der Spirale entlang weiter nach innen. Dort wartet die leere Wiege auf das Christkind, das am 24. Dezember endlich darin liegt.

Anleitung

1. Aus dem Filz einen Kreis mit ca. 20 cm Durchmesser ausschneiden.
2. Mit Schneiderkreide oder einem weißen Buntstift eine Spirale auf den Filzkreis vorzeichnen und von Hand oder mit der Nähmaschine mit goldenem Nähgarn nachnähen.
3. Die 24 Sternchen gleichmäßig verteilen und von Hand auf die Spirale nähen.
4. Ein kleines Jesuskind aus der Wachsfolie gestalten.
5. Etwas Moos oder Wolle in eine Walnusswiege legen.

Tipps

Am besten mehrere Walnusskerzchen zum Austauschen vorbereiten.
Statt der Walnusskerze kann auch die leere Wiege die Spirale entlang wandern, bis an Heiligabend das Jesuskind – in der Mitte der Spirale angekommen – darin liegt.
Der Filzkreis kann samt integrierter Spirale auch selbst gefilzt werden.
Falls das Walnusskerzchen schief steht, kann ein kleiner flacher Knopf an die Unterseite der Walnuss angeklebt werden.

Material

Baumscheiben-Tableau (Durchmesser ab ca. 22 cm), siehe Anleitung auf S. 130
Wollfilzzuschnitt in Blau, 20 x 30 cm
24 kleine goldene Sterne (gekauft oder selbst ausgestanzt)
Schere
Nadel
Nähgarn in Gold
Schneiderkreide oder Buntstift in Weiß
Walnussschalenhälfte
mehrere Walnusskerzchen (siehe Anleitung ab S. 52)
etwas Moos oder Schafwolle
Wachsfolie in Rosé und Weiß

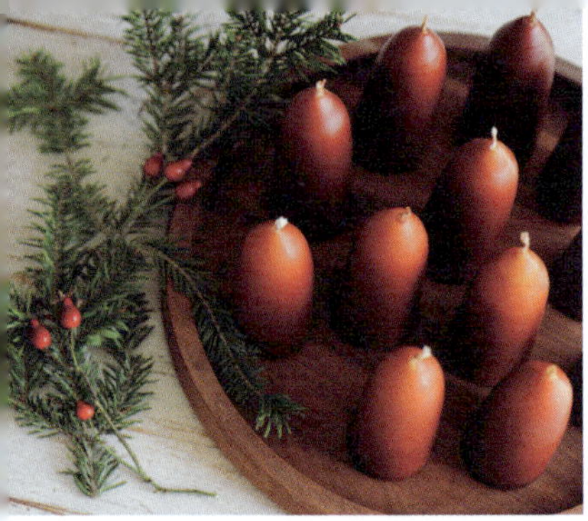

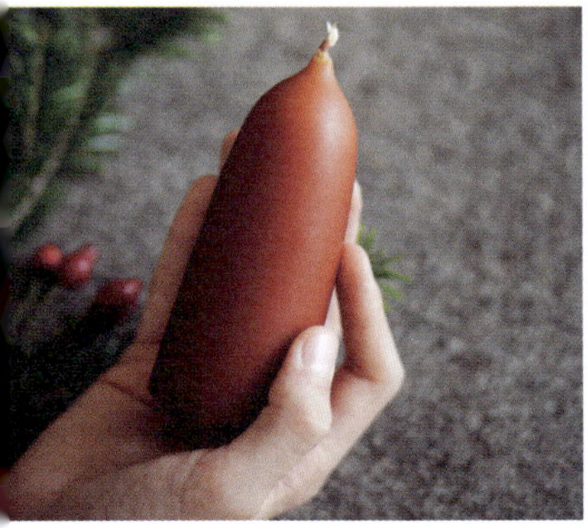

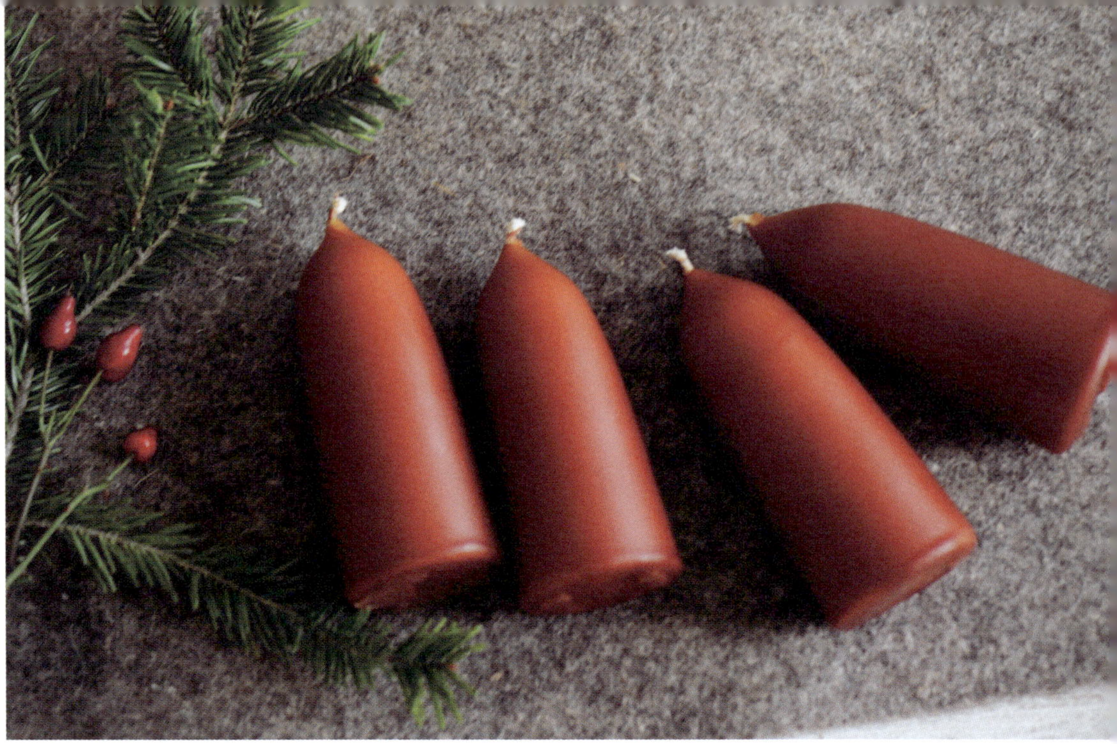

ROTE ADVENTSKERZEN

Material

4 Bienenwachskerzen in Natur
Wachsfärbebad, idealerweise aus weißem Bienenwachs
Farbpigmente in Braun (es sollte ein Rehbraun und nicht zu dunkel sein)

Tipp

Durch die gelbe Bienenwachskerze entsteht dieses Rotbraun. Falls weiße Kerzen verwendet werden, das Wachsfärbebad mittels orangefarbiger und brauner Farbpigmente herstellen.

Der Adventskranz ist ein christliches Symbol der Vorfreude auf Heiligabend. Mit jeder weiteren Kerze wird das Licht heller und symbolisiert damit die ansteigende Vorfreude auf die Geburt Jesus Christus. Die traditionelle Adventsfarbe der Kerzen ist rot und entstammt dem Brauchtum des christlichen Glaubens.
Inzwischen gibt es eine große Bandbreite an rotgefärbten Adventskerzen. Uns sind diese oft zu grell in der Farbgebung, daher haben wir mit der Farbe experimentiert, um ein gedeckteres Rotbraun zu erzeugen.

1. Wachsfärbebad nach Grundtechnik «Kerzen färben» (siehe S. 30) herstellen.
2. Die Kerze kurz ins flüssige Farbwachs eintauchen, herausziehen und 1 bis 2 Sekunden über dem Gefäß abtropfen lassen. Je öfter eine Kerze eingetaucht wird, umso dunkler wird das Rot. 1-mal eintauchen ergibt ein helles Rotbraun, 3-mal eintauchen ein dunkles, erdiges Rotbraun.

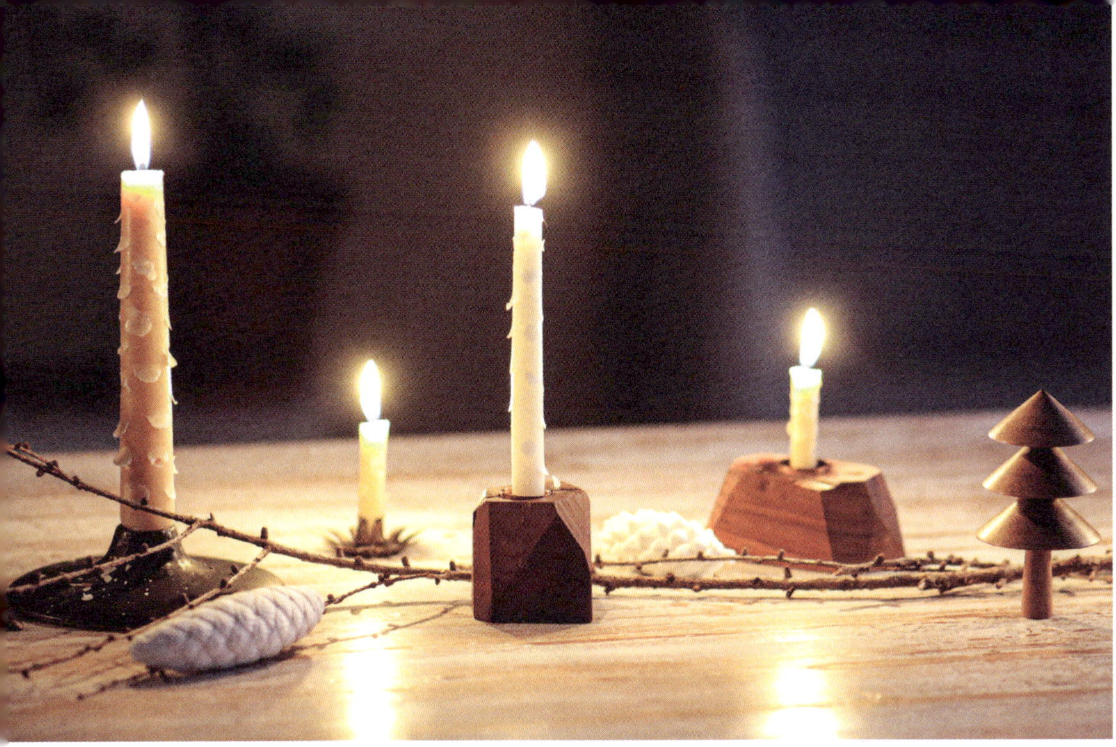

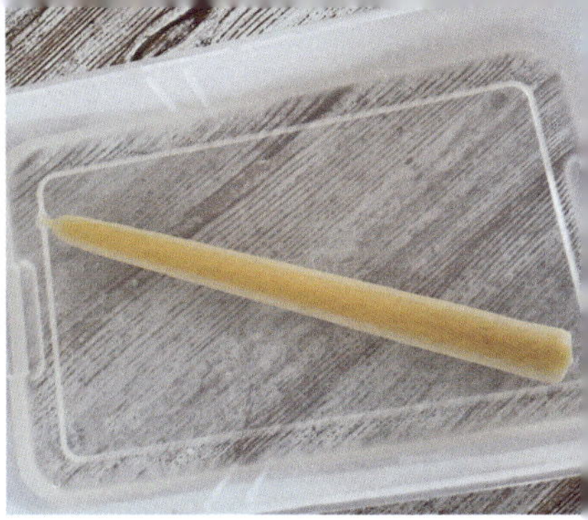

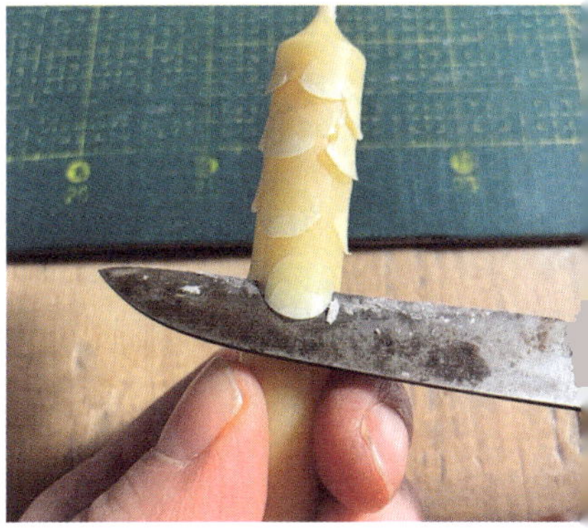

GESCHNITZTE TANNENBAUMKERZEN

Die Tannenbaumkerzen sehen sowohl an Stumpenkerzen sowie Geburtstagskerzen oder Tafelkerzen sehr hübsch aus.

1. Die Kerzen, je nach Dicke für ca. 5 bis 10 Minuten, in warmes Wasser legen, damit sie etwas geschmeidiger werden. Bitte kein heißes, sondern nur handwarmes Wasser verwenden.
2. Nun das Messer von unten ansetzen und vorsichtig Schritt für Schritt einschneiden. Das abstehende Wachs sieht aus wie Tannenzweige.
3. Wenn das Wachs zu dünn geschnitzt wird, kann es leicht brechen. Mit etwas Fingerdruck und der dabei entstehenden Wärme kann es jedoch wieder an der Kerze fixiert werden. Fertig sind die geschnitzten Tannenbaumkerzen.

Material

Tafel- oder Geburtstagskerzen (wir haben welche aus Bienenwachs verwendet)
scharfes Messer
warmes Wasserbad

RÄUCHERKERZEN FÜR DIE RAUNÄCHTE

Die Zeit zwischen Weihnachten und Heilige Drei Könige wird auch als «heilige Zeit» bezeichnet. Dabei handelt es sich um 12 Nächte, die auch Raunächte genannt werden.
Diese Zeit nutzen viele Menschen, um sowohl einen Rückblick aufs vergangene Jahr als auch einen Blick in die Zukunft zu werfen. Dies ist eine gute Möglichkeit, gestärkt ins neue Jahr zu starten und eventuell die Fehler oder offenen Fragen des vergangenen zu klären.
In dieser Zeit wird auch gern geräuchert, um Haus und Hof zu reinigen und um sich von der übers Jahr angestauten negativen Energie zu befreien.

Räuchern

Der Duft von Räucherwerk kann auf unterschiedliche Art und Weise verbreitet werden. Der Klassiker ist auf Räucherkohle. Dies kennen viele aus der Kirche. Ebenfalls weitverbreitet ist das Räucherstövchen mit Sieb oder Platte oder das Räucherbündel. Eine weitere Möglichkeit bieten Wachsplatten aus 100 % reinem Bienenwachs. Dafür das Räucherwerk auf die Bienenwachsplatten nach empfohlener Dosierung einarbeiten. Beim Abbrennen der Räucherkerze bildet sich ein bezaubernder Duft aus Räucherwerk und Bienenwachs.

Material

Bienenwachsplatten (im Beispiel haben wir ein Plattenformat von 35 x 10 cm verwendet)
passender Docht (unsere Räucherkerzen haben einen Durchmesser von 3 cm. Dafür eignet sich eine Dochtstärke von 3 – passend für Bienenwachsplatten)
Räucherwerk und ggf. ätherische Öle (Mischungen sind auf S. 118 angegeben)

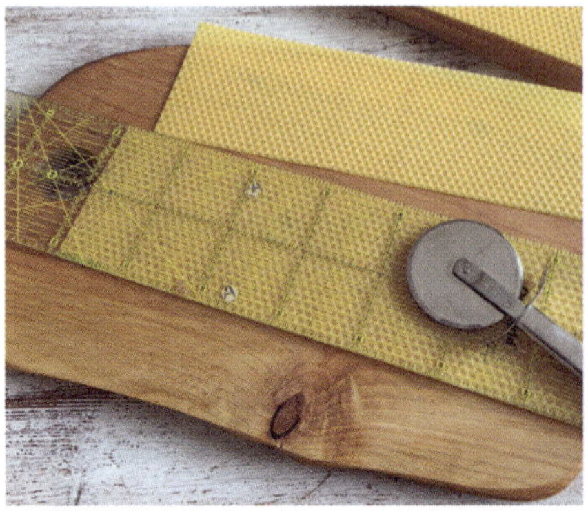

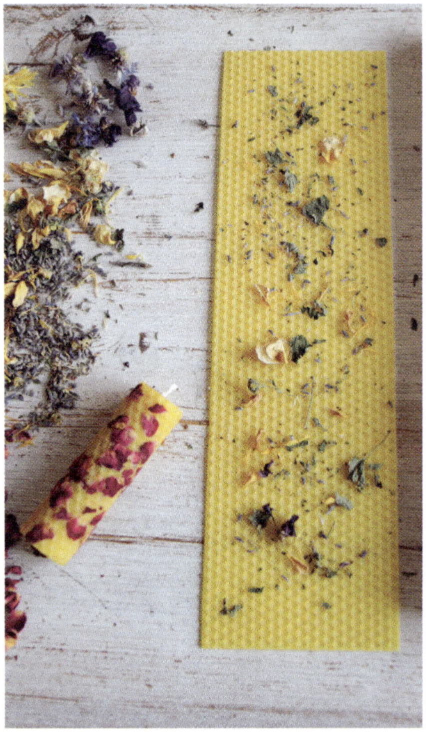

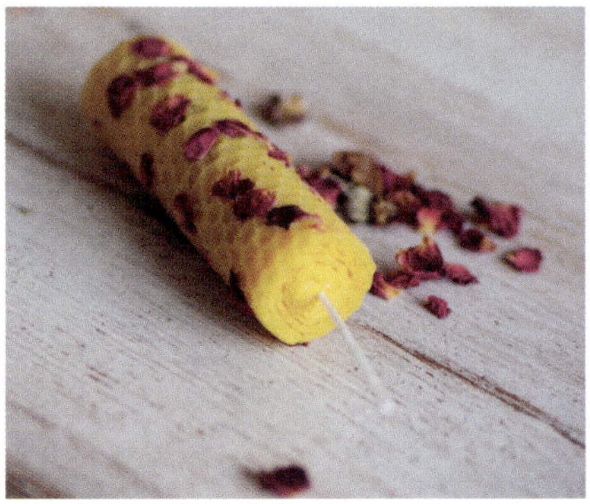

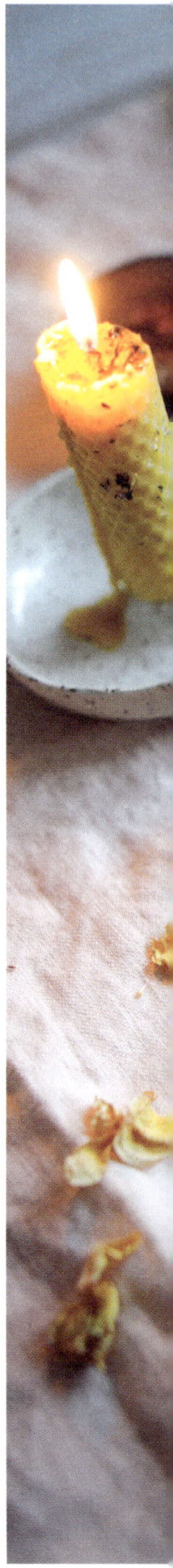

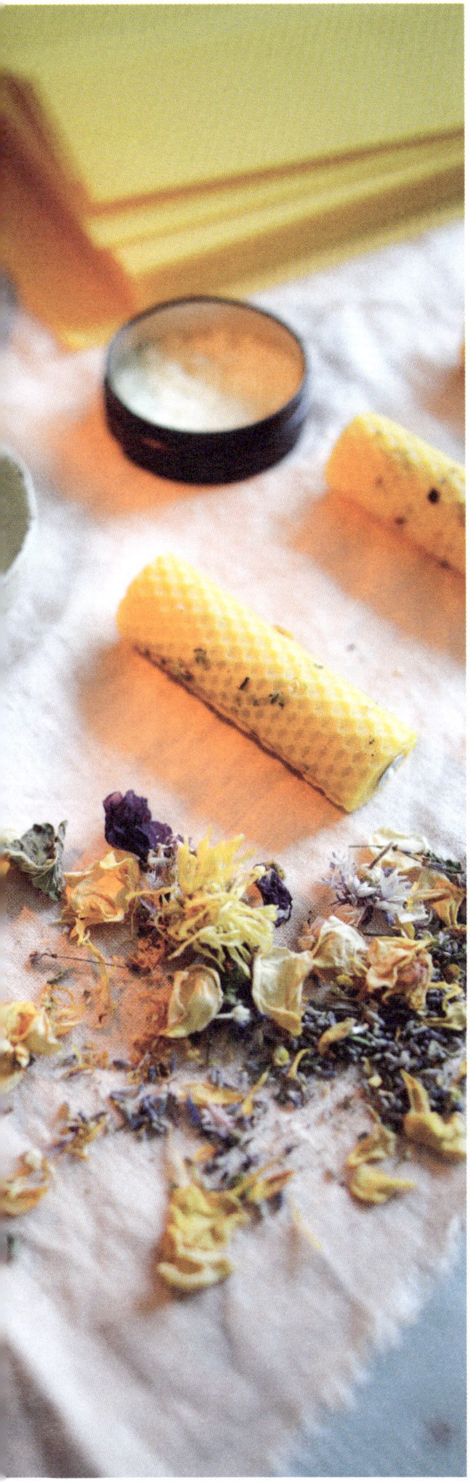

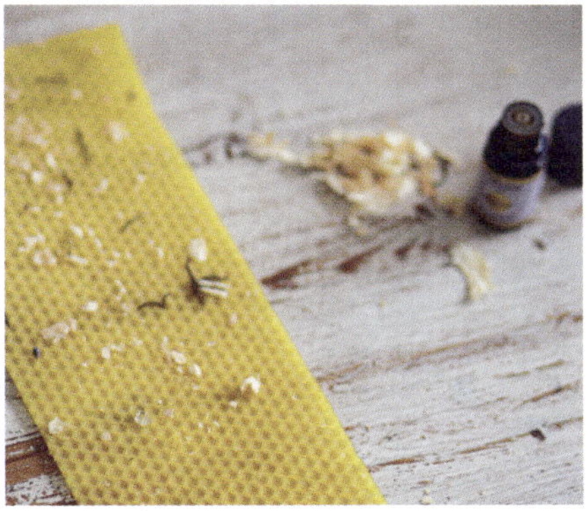

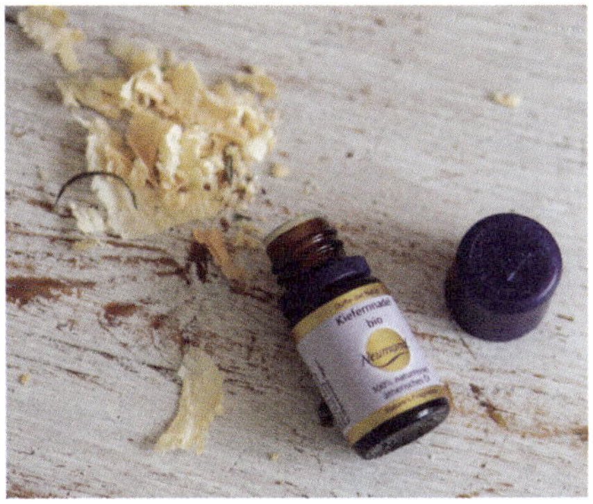

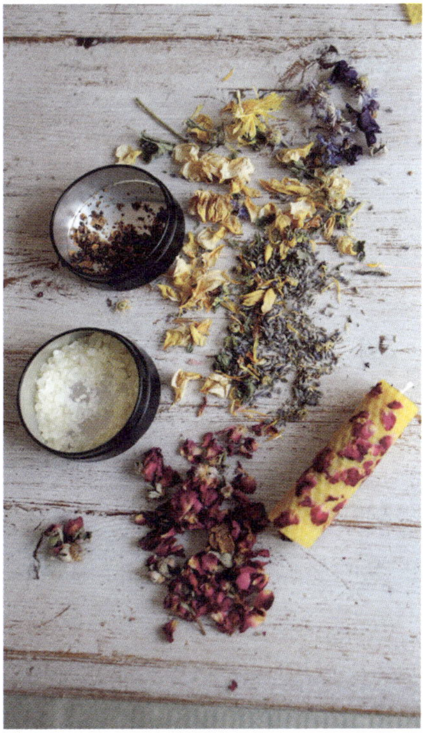

Hinweis zum Wickeln der Räucherkerzen

Die Dosierung des Räucherwerks ist das A und O bei einer Räucherkerze. Damit die Kerze zum einen gut abbrennt, aber auch zum anderen einen angenehmen Duft weitergibt. Wenn zu viel Räucherwerk eingearbeitet wird, kann die Kerze entflammen oder der Docht sich verstopfen.

Anleitung

Dosierung für eine 10 cm hohe und 3 cm breite Kerze:

1. Das erste Drittel der Bienenwachsplatte, in der der Docht liegt, sollte frei von Räucherwerk bleiben, damit der Docht schön abbrennen kann.
2. Danach ca. 1 TL Räucherwerk gleichmäßig verteilen.
3. Im Anschluss die komplette Bienenwachsplatte wickeln. Dabei darauf achten, dass die Bienenwachsplatte schön dicht zusammengewickelt wird.
4. Wer möchte, kann außen noch ein bisschen Räucherwerk aufstreuen.

Tipp

Wer mag, kann das Räucherwerk noch zusätzlich mit 100 % reinen ätherischen Ölen verfeinern. Idealerweise 1 bis 3 Tropfen pro Kerze beimengen.

Räucherkerze für die Raunächte
Energetisierend – Neutralisierend – Erdend

Räucherzutaten
Rosmarin, Salbei, Zedernholz, Heiligenkraut und Wacholder
Als zusätzliches ätherisches Öl eignet sich Fichtennadel.

Weitere allgemeine Mischungen für Räucherkerzen

Herzwärmer
Gelassenheit – Hoffnung – Frieden

Räucherzutaten
Rosenblüten, kleingeraspelte Tonkabohnen
Als zusätzliche ätherische Öle eignen sich Rosengeranium, Rose, Tonka Absolut, Kakaoextrakt.

Winterzauber
Freude – Glück – Kindheitserinnerung

Räucherzutaten
Orangenschale, Nelken oder/und Zimt
Als zusätzliche ätherische Öle eignen sich Orange, Zimtrinde, Tonka Absolut, Kakaoextrakt.

Fürs Wohlbefinden
Zirbenglück wirkt beruhigend auf ein aufgewühltes Nervensystem und lässt uns tiefer schlafen.

Räucherzutaten
geraspelte Zirbenkiefer, ein Hauch erfrischender Dammar Harz sowie Rosmarin
Als zusätzliche ätherische Öle eignen sich verschiedene Nadelöldüfte.

Lavendel
ist klärend, reinigend und hat eine beruhigende Wirkung.

Räucherzutaten
Lavendel, Melisse und/oder Minze sowie Blüten aus Malve, Kornblume und Calendula
Dies kann durch die passenden ätherischen Öle verstärkt werden.

RÄUCHERKERZE ENTZÜNDEN

Warnhinweis

Eine Räucherkerze brennt aufgrund des Räucherwerks anders ab als eine normale Kerze. Eine Räucherkerze mit einer Höhe von 10 cm und einem Durchmesser von 3 cm brennt ca. 3,5 Stunden und verleiht dem Raum einen wohligen und natürlichen Duft. Räucherkerzen sollten nie unbeaufsichtigt bleiben. Idealerweise einen feuerfesten Kerzenhalter verwenden, auf den das Wachs gut abtropfen kann.

Wenn die Kerze schon ein Weilchen angezündet ist und nach unten brennt, können Teile des Räucherwerks anbrennen. Das ist nicht weiter schlimm, da sie in der Regel nach wenigen Sekunden wieder erlöschen. Falls dies nicht der Fall sein sollte, empfehlen wir, die Kerze zu löschen und das entzündete Räucherstück mithilfe einer Nadel oder eines Zahnstochers zu beseitigen. Im Anschluss die Kerze wieder anzünden und weiter brennen lassen.

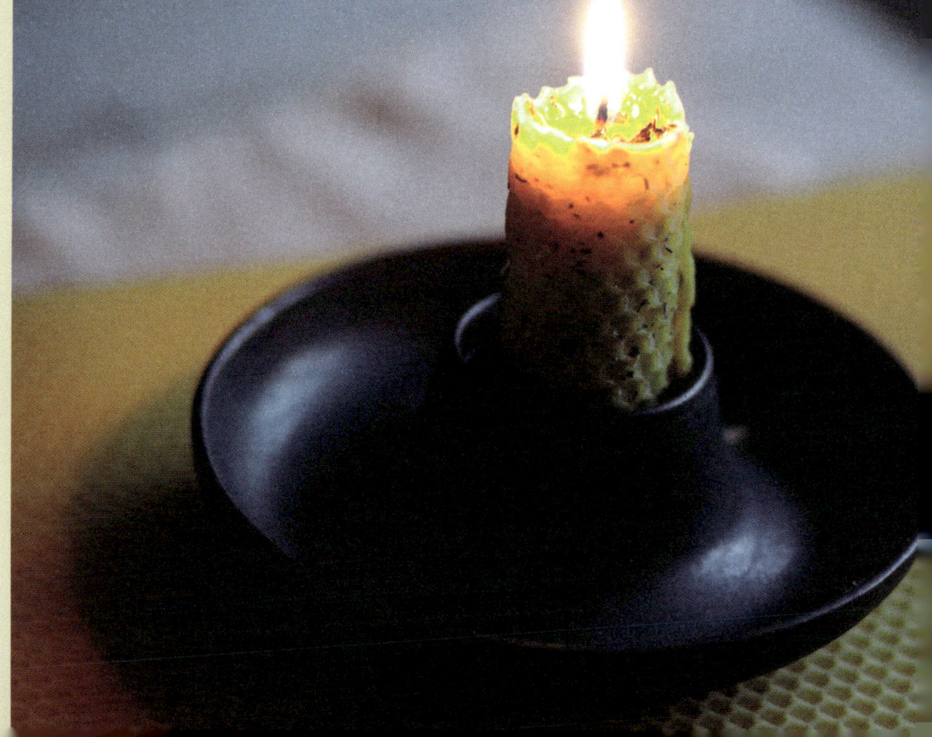

ZU SILVESTER UND NEUJAHR

SILVESTERSCHALE

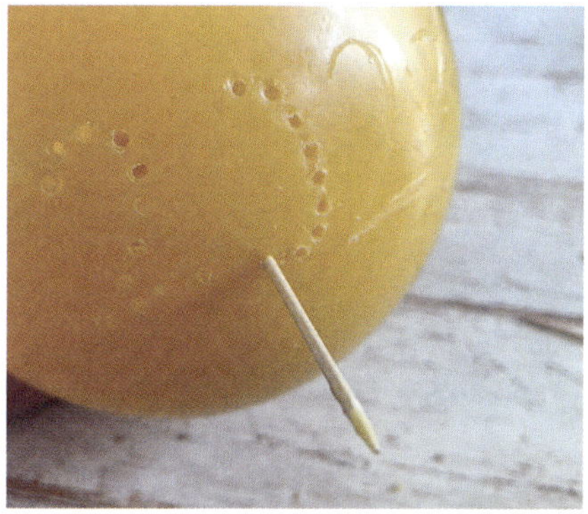

Anleitung

Die Bienenwachsschale mithilfe der Grundanleitung «Wachsschalen» ab S. 63 erstellen.
Mithilfe eines Zahnstochers kann die Schale auch mit Mustern, Namen oder Jahreszahlen verziert werden. Hierbei darauf achten, dass Raum und Schale eine warme Temperatur haben. Am besten das Motiv vorher mit einem Bleistift leicht vorzeichnen und im Anschluss das Wachs vorsichtig mit dem Zahnstocher immer wieder durchstechen, bis das gewünschte Muster entstanden ist.

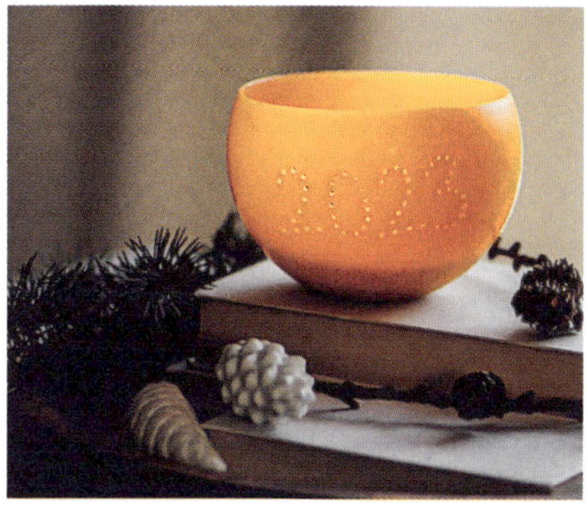

GLÜCKSSCHWEINCHEN AUF REISEN

Unsere rosa Glücksschweinchen-Teelichter überbringen allerherzlichste Glückwünsche fürs neue Jahr und zaubern dazu ganz gewiss ein Lächeln ins Gesicht, sobald sich der Deckel des Köfferchens öffnet.

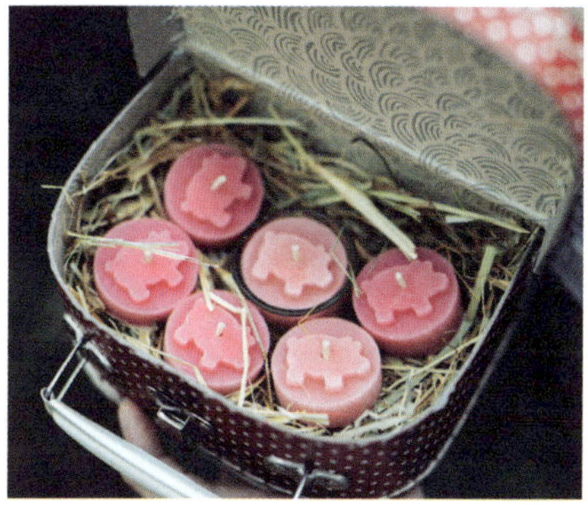

Material

kleines Pappköfferchen
Bienenwachs-Teelichter mit Schweinchen-Prägung in Rosa
Heu oder Stroh
1 Teelichtglas

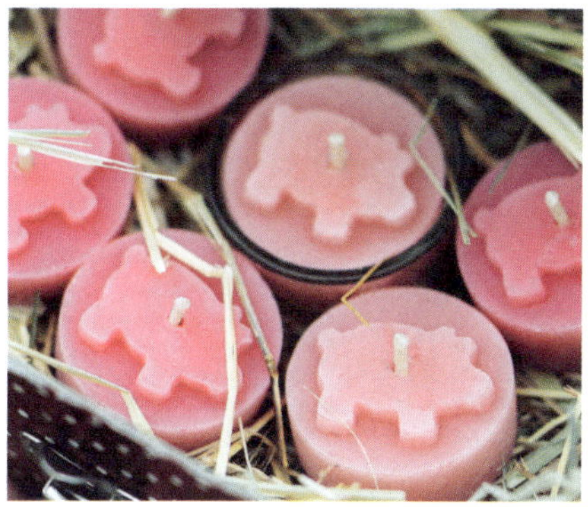

Anleitung

Teelichter aus rosa gefärbtem Bienenwachs gießen (siehe Anleitungen «Teelichter» ab S. 43 und «Bienenwachs färben» ab S. 27) und mit etwas Stroh oder Heu ins Pappköfferchen legen.

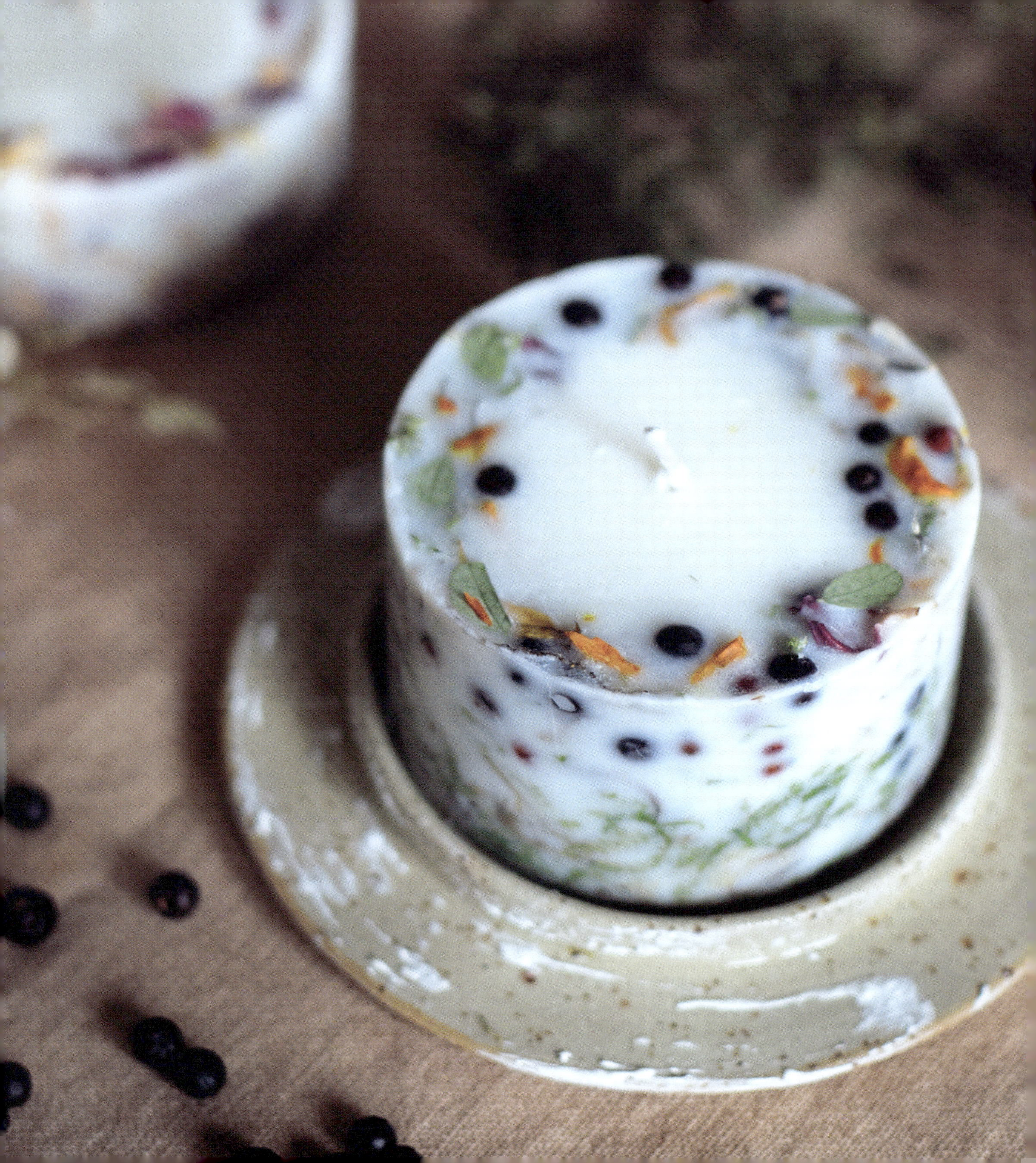

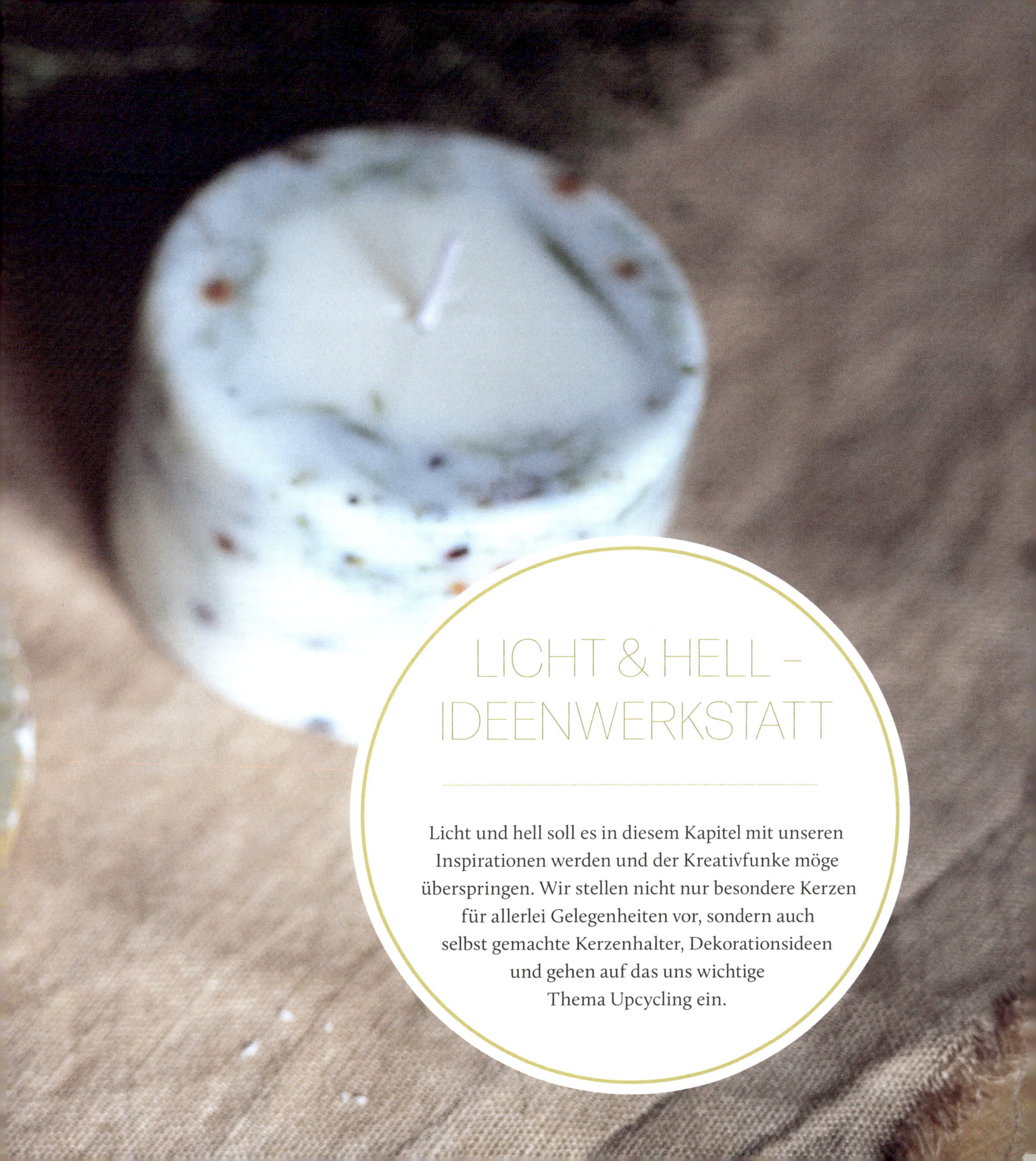

LICHT & HELL – IDEENWERKSTATT

Licht und hell soll es in diesem Kapitel mit unseren Inspirationen werden und der Kreativfunke möge überspringen. Wir stellen nicht nur besondere Kerzen für allerlei Gelegenheiten vor, sondern auch selbst gemachte Kerzenhalter, Dekorationsideen und gehen auf das uns wichtige Thema Upcycling ein.

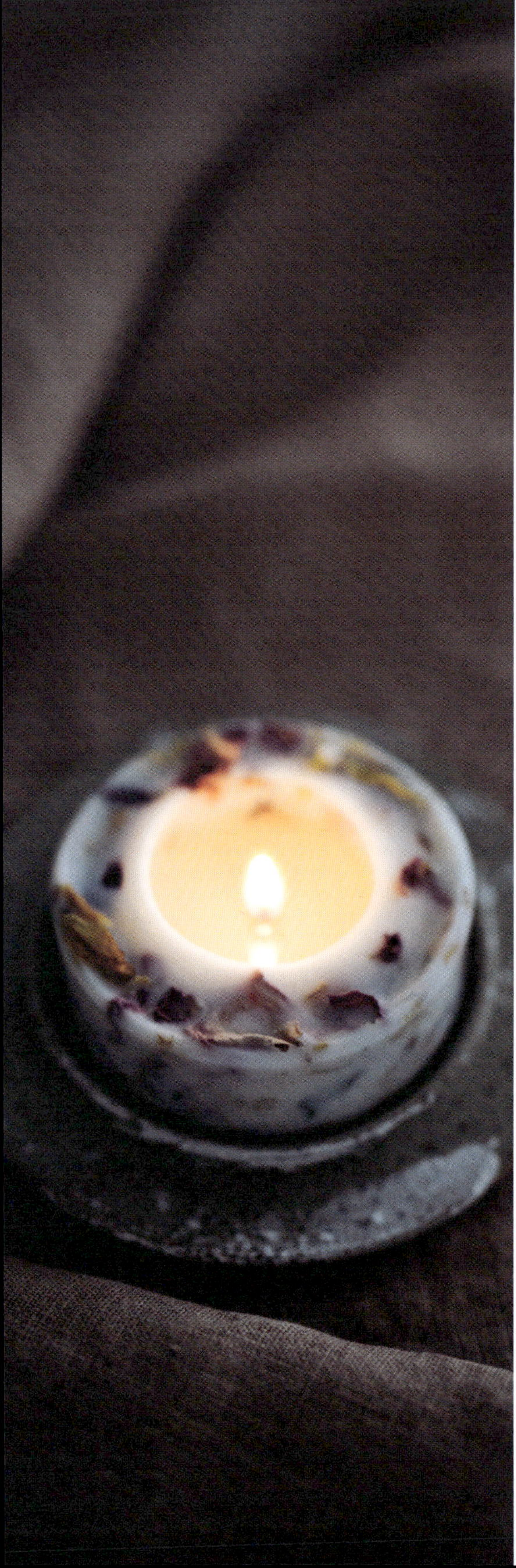

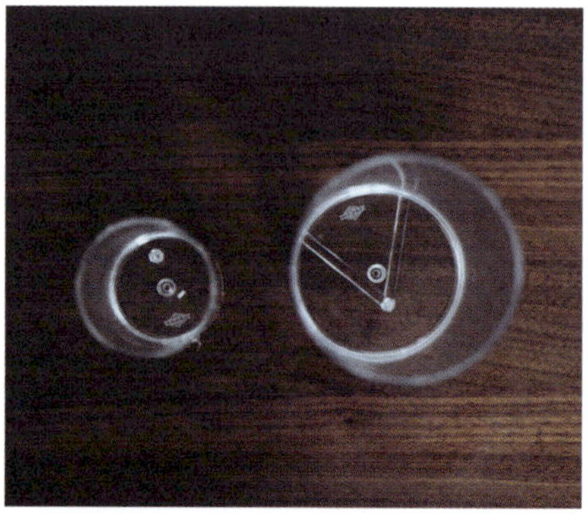

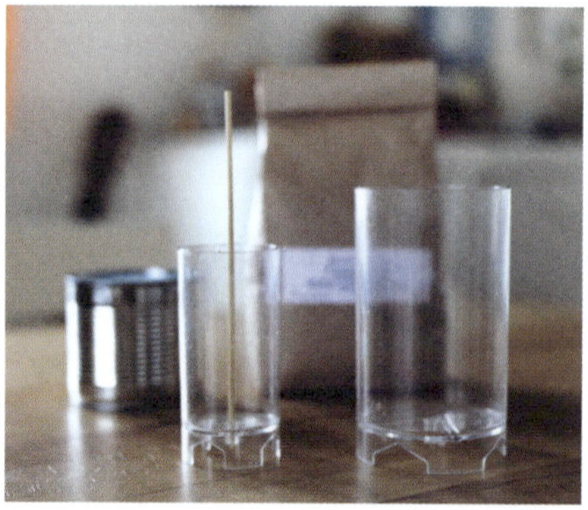

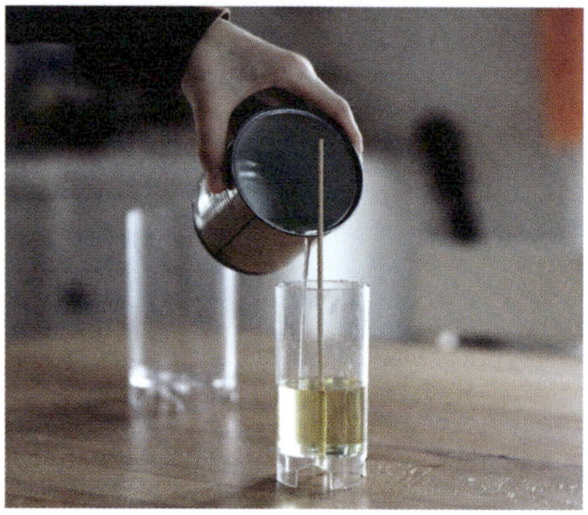

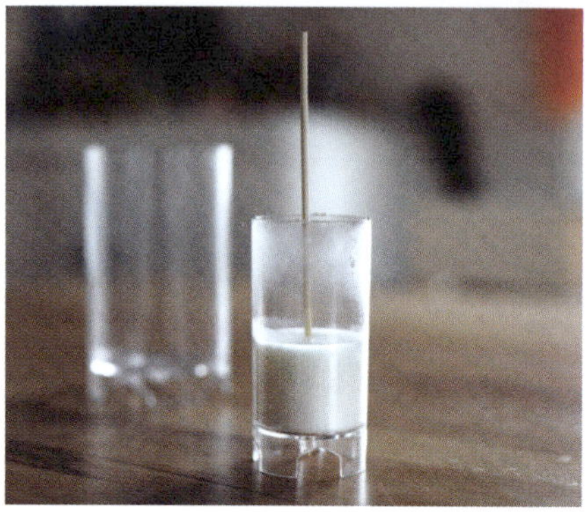

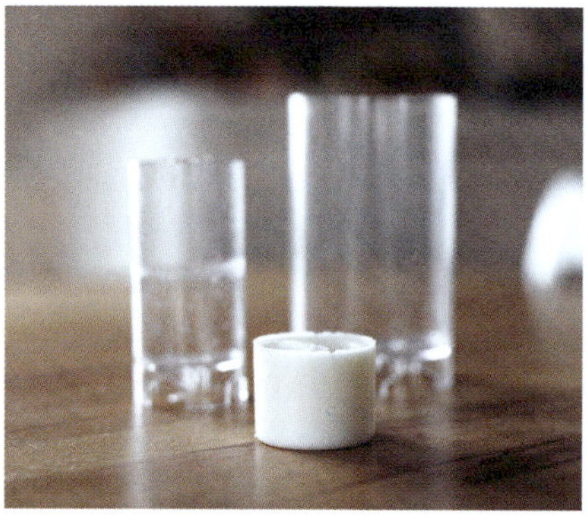

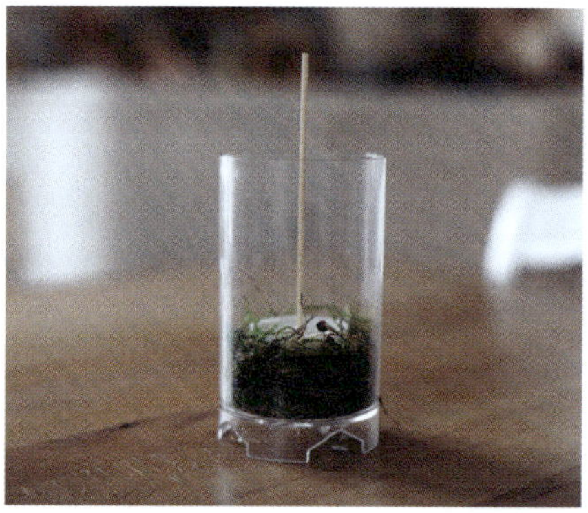

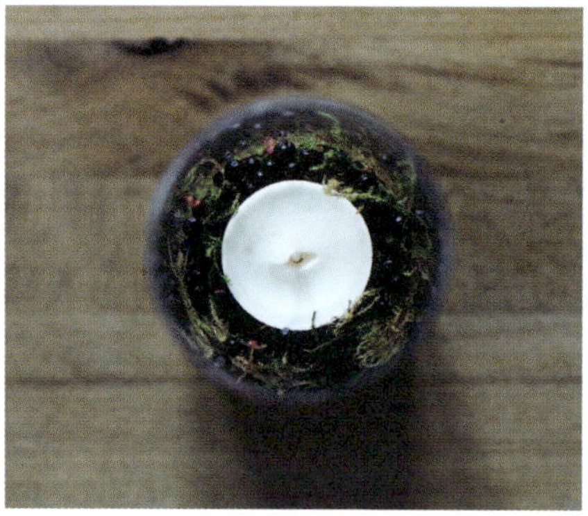

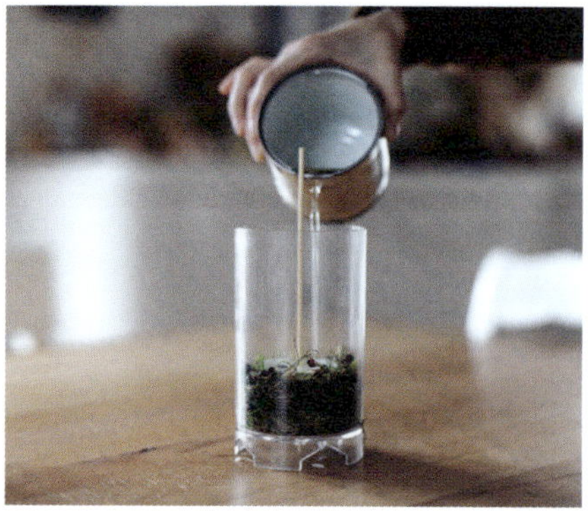

AROMAKERZE AUS RAPSWACHS MIT NATURRAND

Diese samtweichen Rapswachskerzen können uns – je nach Naturmaterial und Wahl der ätherischen Öle – durchs ganze Jahr begleiten, denn sie lassen sich ganz nach Herzenslust mit Blüten, Beeren, Kräutern, Moos, Zimtstangen, Zitronen-, Orangenschalen und anderen Naturmaterialien dekorieren. Werden ätherische Öle hinzugegeben, verströmen diese zusätzlich einen feinen Duft im Raum.
Beim Abbrennen wird die Kerze nach und nach innen ausgehöhlt, die am Rand eingeschlossenen Blüten, Kräuter usw. werden von innen beleuchtet.

Anleitung

1. Das Rapswachs schmelzen.
2. Einen Holzspieß (oder die beiliegende Nadel der Gussform) ins Loch am Boden der kleineren Gießform stecken, die Öffnung nach Bedarf zusätzlich mit der zugehörigen Dichtmasse abdichten.
3. Das leicht abgekühlte Rapswachs bis zu einer Höhe von ca. 4 bis 5 cm in die Zylinderform gießen.
4. Nun zügig die ätherischen Öle ins Wachs in der Gießform tropfen und sorgfältig mit einem Holzspieß verrühren.*
5. Damit sich die ätherischen Öle nicht verflüchtigen, die Gießform mit Klarsichtfolie oder einem kleinen Teller abdecken.
6. Das Wachs über mehrere Stunden bei Raumtemperatur in der Form erkalten lassen.
7. Die Kerze vorsichtig ausformen. Da sich das Wachs beim Abkühlen etwas zusammenzieht, löst sich die Kerze normalerweise recht einfach. Ansonsten die Form kopfüber mehrmals leicht auf die Handfläche klopfen.

Material

ca. 300 g Rapswachs, entsprechend der gewünschten Kerzenhöhe (Die Kerzen in unseren Beispielen haben einen Durchmesser von ca. 8 cm und eine Höhe von 4 bis 5 cm. Das Rapswachs sollte sich für frei stehende Kerzen eignen.)
Docht mit Fuß, geeignet für Naturwachse und für einen Kerzendurchmesser von ca. 50 mm
Kerzengießform Zylinder D 52 mm, H 97 mm (siehe Bezugsquellen)
Kerzengießform Zylinder D 82 mm, H 130 mm (siehe Bezugsquellen)
Naturmaterialien nach Wahl: Moos, getrocknete Kräuter, Beeren, Blüten, Orangen-, Zitronenschale, ...
ca. 3 bis 5 ml ätherische Öle nach Wahl (optional)
Schmelzgefäß für das Wachs
Wasser
Topf für das Wasserbad (Milchtopf o.Ä.)
hitzebeständiges Thermometer
Klarsichtfolie oder Untertasse
Schere

* Die ätherischen Öle können alternativ auch in die äußere Wachsschicht gegeben werden, wo diese nur indirekt und sacht erwärmt werden.

Hinweise

- Die Kerzengießformen bestehen aus Polykarbonat (hitzebeständig bis 120 °C). Der Temperaturunterschied zwischen Form und Wachs sollte nicht allzu groß sein, damit sich laut Hersteller die Kerze später besser aus der Form nehmen lässt. Es wird daher empfohlen, die Form vor dem Gießen bei ca. 60 °C im Backofen zu erwärmen. Aus Energiespargründen haben wir darauf verzichtetet und bekamen die Kerzen dennoch gut aus der Form (evtl. abhängig vom verwendeten Wachs). Notfalls kann die Form mit der bereits erkalteten Kerze vor dem Ausformen auch für ca. 15 Minuten in den Kühlschrank gestellt werden.
- Bei dieser Kerze bleibt nach dem Abbrennen ein dicker Rand stehen. Das Wachs kann samt Naturmaterial wieder eingeschmolzen werden, um daraus Ofenanzünder herzustellen.

8. Die restliche Wachsmenge im Wasserbad schmelzen.
9. Währenddessen die bereits fertige Kerze samt Nadel (Holzspieß) mittig in den größeren Zylinder stellen. Später wird nur dieser (innere) Teil der Kerze abbrennen, der äußere Rand, in dem sich das Naturmaterial befindet, bleibt erhalten.
10. Den Rand der Gießform rund um die kleine Kerze herum üppig mit getrockneten Blüten, Moos, Kräutern, Beeren usw. füllen und mit einem Holzspieß an den gewünschten Platz schieben.
11. Das flüssige Wachs nun am Rand bis zur Höhe der inneren Kerze über das Naturmaterial gießen.
12. Bei Bedarf das Naturmaterial mit dem Holzstäbchen erneut an Ort und Stelle schieben und noch eine dünne Schicht Wachs über die gesamte Fläche gießen, sodass eine glatte Oberfläche entsteht.
13. Die Kerze mehrere Stunden (besser über Nacht) abkühlen lassen, erst dann vorsichtig herausnehmen und die Nadel (den Holzspieß) entfernen. (Die Oberfläche der Kerze, die am Boden der Gießform war, ist sehr glatt und zum Rand hin etwas abgerundet, die andere Seite ist rauer und unregelmäßiger – beide können ganz nach Belieben als Kerzenoberseite gewählt werden.)
14. Den Docht von unten nach oben einfädeln, das Metallfüßchen vorsichtig etwas andrücken und den Docht auf ca. 1 cm kürzen.

Weil jeder Mensch ein anderes Empfinden und auch eigene Vorlieben hat, empfehlen wir, sich bei der Wahl ätherischer Öle vom persönlichen Bedürfnis und der eigenen Nase leiten zu lassen. Wir können die hochwertigen Duftkompositionen von Neumond, Primavera oder TAOASIS sehr empfehlen.

MÄRZENBECHER-LICHTERKETTE

Die Märzenbecher-Lichterkette sieht ganz bezaubernd an einem Fenster, auf einer Kommode, dem Esstisch, einem Regal oder zwischen Zweigen aus und wird genauso wie die Wachsschalen ab S. 63 gemacht.

Von der Grundanleitung abweichendes Material

gebleichte Bienenwachspastillen,
bzw. gebleichtes Bienenwachs mit grünem Pigment gefärbt
Holzspieß

Anleitung

1. Nach Schritt 1 bis 6 der Grundanleitung auf S. 65 vorgehen.

Zusätzlicher Arbeitsschritt: Die Märzenbecher werden aus gebleichtem Bienenwachs gemacht, wobei der Ballon am Ende noch 2- bis 3-mal wenige Zentimeter tief in grün eingefärbtes Bienenwachs getaucht wird. Die kleinen Pünktchen am «Blütenrand» entstehen, indem ein Holzspieß ins grüne Wachs getaucht wird und damit zügig kleine Tupfen auf den Rand getropft werden.

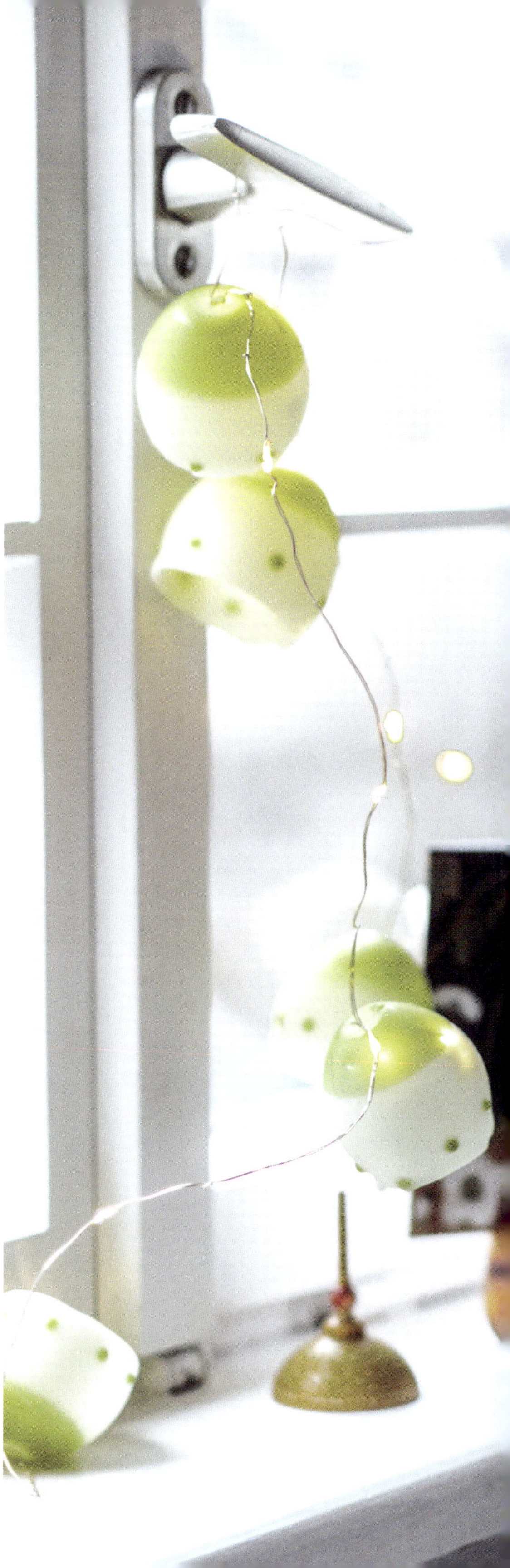

KERZENSTÄNDER

AST-KERZENSTÄNDER

Aus einem kleinen Ast mit Verästelungen, haben wir einen Kerzenständer hergestellt.
Der Ast sollte einen Durchmesser von ca. 5 cm haben, um eine Kerze aufstellen zu können. Idealerweise weist er drei Verästelungen auf, damit dieser auch sicher stehen kann. Am besten ausprobieren und die Verästelungen so zurechtschneiden, dass der Astkerzenständer sicher steht.
Wir haben eine Haselrute verwendet, da sich diese gut bearbeiten lässt. Geschnitten haben wir sie mit einer Astschere, es geht aber auch mit einer einfachen Säge. Mit einer Bohrmaschine eine Vertiefung bohren, sodass die Kerze befestigt werden kann. Fertig!

... AUS SELBSTTROCKNENDEM TON

Aus selbsttrocknendem Ton, auch lufttrocknender Ton genannt, der also nicht gebrannt werden muss, lassen sich sehr unkompliziert Kerzenständer herstellen. Dies lässt sich auch mit Kindern ganz wunderbar umsetzen.
Den selbsttrocknenden Ton gibt es in verschiedenen Farben. Sehr gern verwenden wir diesen im typischen Terrakottaton, aber auch in Weiß. Mit diesem Material kann nach Lust und Laune geformt und im Anschluss die Oberfläche bearbeitet, mit Farbe bemalt oder mit Mustern verziert werden.

... IN EDELSTEINOPTIK

Anleitung

1. Zuerst eine Tonkugel von ca. 10 bis 15 cm formen.
2. Dann mit einer flachen Kelle, in unserem Fall einem Kuchenheber, zu einem Edelstein formen.
3. Mithilfe einer Kerze ein Loch «bohren». Dieses etwas größer machen, da sich beim Trocknen der Ton etwas zusammenzieht (man könnte alternativ die Kerze während des Trocknens auch einfach im Ton belassen).
4. Anschließend trocknen lassen und fertig sind die Kerzenständer in Edelsteinform.

KERZENSTÄNDER MIT STRUKTUR

Anleitung

1. Aus selbstrocknendem Ton eine Form, wie zum Beispiel ein U oder S, formen.
2. Als Kerzenhalter haben wir hier eine Rohrverschlusskappe aus Kupfer eingesetzt, da diese sich dafür hervorragend eignen. Diese Rohrverschlusskappe in den weichen Ton drücken.

3. Mit einem spitzen Gegenstand ein Muster in den Ton arbeiten. Der Fantasie sind hierbei keine Grenzen gesetzt.
4. Nun alles trocknen lassen – und fertig ist der Kerzenständer, dessen Form man natürlich dem Buchstaben eines zu beschenkenden Menschens anpassen kann!

KLEINE SCHÄLCHEN FÜR TEELICHTER ODER EDELSTEINKERZEN

Gerade für kleine Kerzen oder Teelichter lassen sich Schälchen aus selbsttrocknendem Ton recht schnell und einfach formen. Zusammen mit einer Kerze ist dies ein nettes Mitbringsel oder eine schöne Möglichkeit für eine individuell gestaltete Festtagstafel.

GEMUSTERTER KERZENSTÄNDER

Anleitung

1. Kleine Kugeln von ca. 10 bis 15 cm aus dem selbsttrocknenden Ton formen.
2. Mithilfe einer Kerze ein Loch formen. Dieses etwas größer machen, da sich beim Trocknen der Ton etwas zusammenzieht (man kann alternativ die Kerze während des Trocknens auch einfach im Ton belassen).
3. Ringsum verschiedene Muster mithilfe eines spitzen Gegenstandes erzeugen.
4. Nach dem Trocknen kann der Kerzenständer mit Wasserfarbe bemalt werden. Besonders schön ist zum Beispiel ein Mix aus Farbe und Gold. Dazu einfach Wasserfarbe in Gold oder Silber verwenden. In unserem Fall haben wir die Farbe stark mit Wasser verdünnt, damit es pastellig wirkt.

KNOTENKERZENSTÄNDER MIT MUSTER

Anleitung

1. Zuerst aus dem selbsttrocknenden Ton eine Schlange rollen.
2. Diese dann zu einem Knoten formen.
3. Auch hier haben wir eine Verschlusskappe aus Kupfer als Kerzenhalter verwendet.
4. Nach dem Trocknen haben wir den Knoten mit Acrylfarbe im abstrakten Stil bemalt und als Finish an manchen Stellen etwas Blattgold aufgetragen.

Auf der folgenden Doppelseite sind die hier beschriebenen Kerzenständer zu sehen.

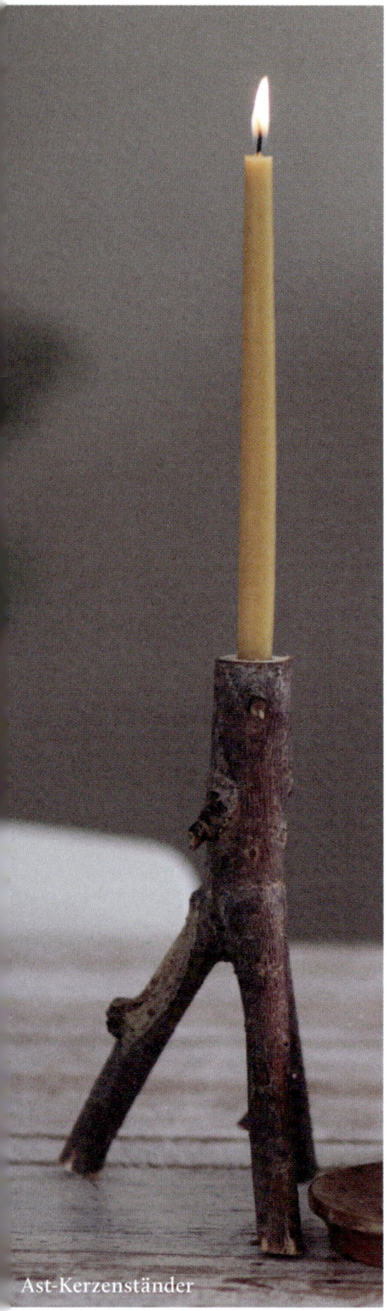

Ast-Kerzenständer

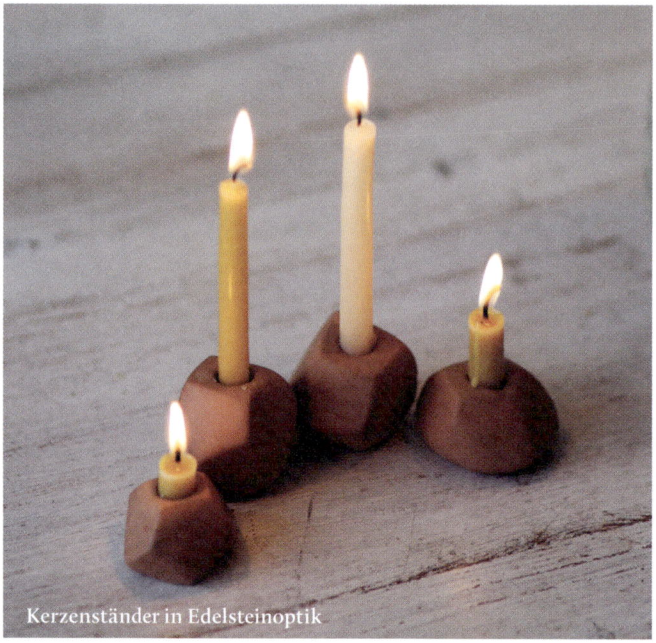

Kerzenständer in Edelsteinoptik

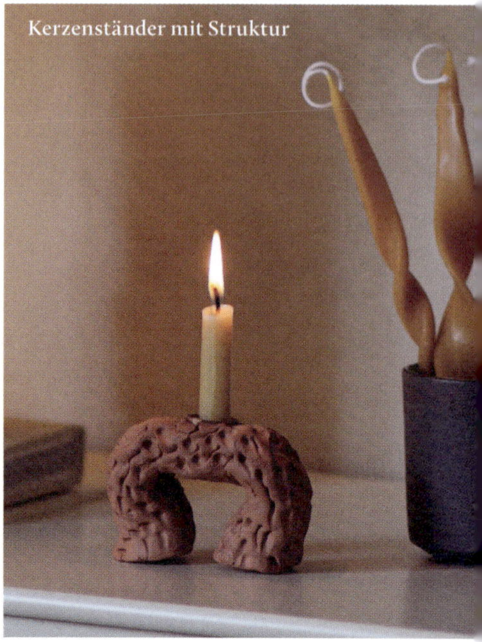

Kerzenständer mit Struktur

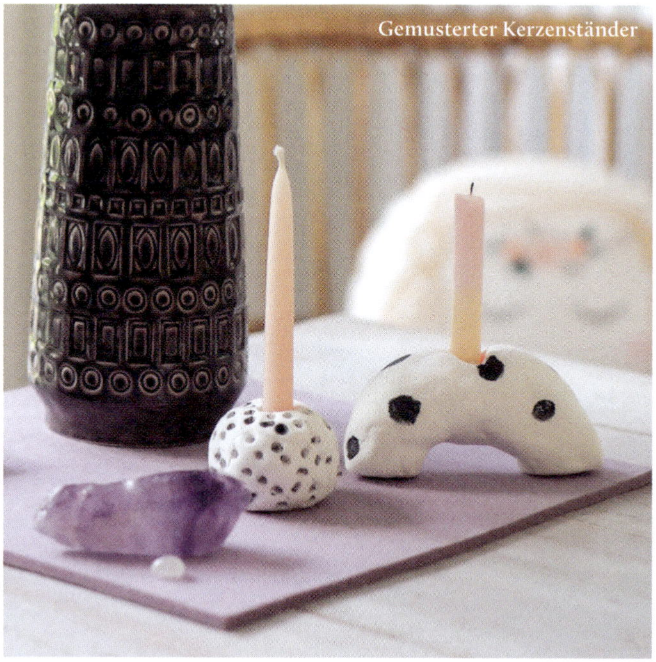

Gemusterter Kerzenständer

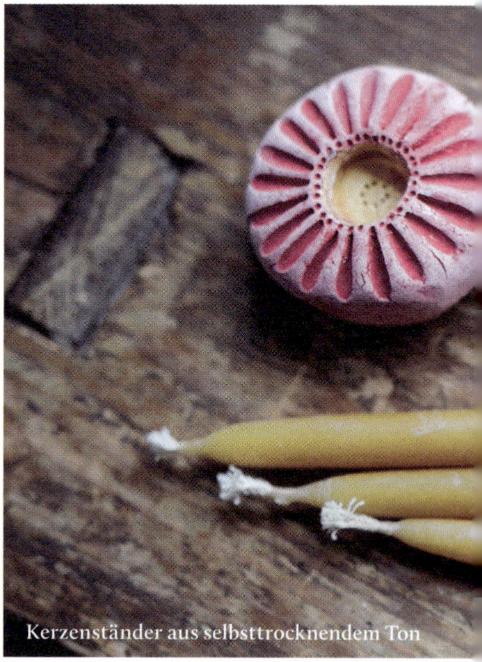

Kerzenständer aus selbsttrocknendem Ton

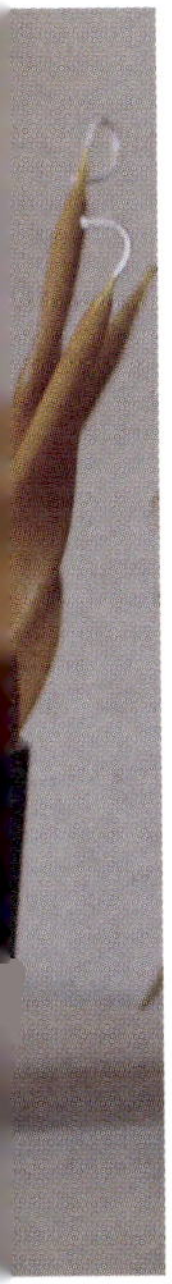

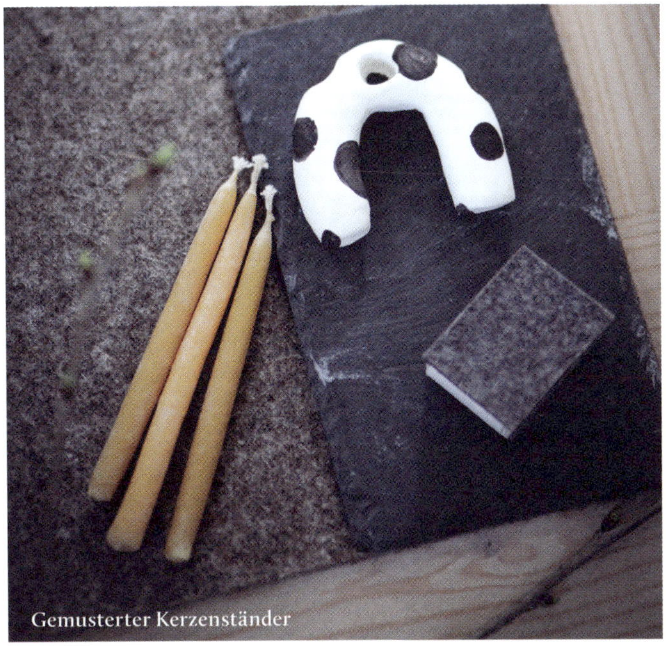

Gemusterter Kerzenständer

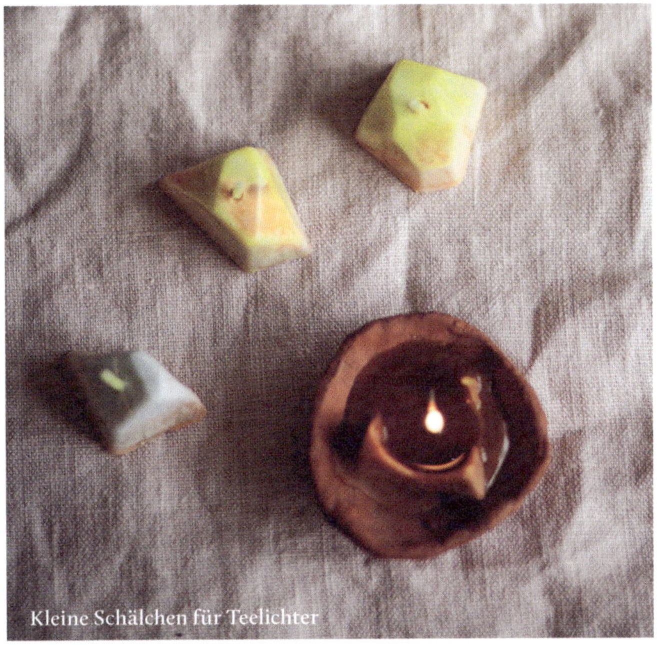

Kleine Schälchen für Teelichter

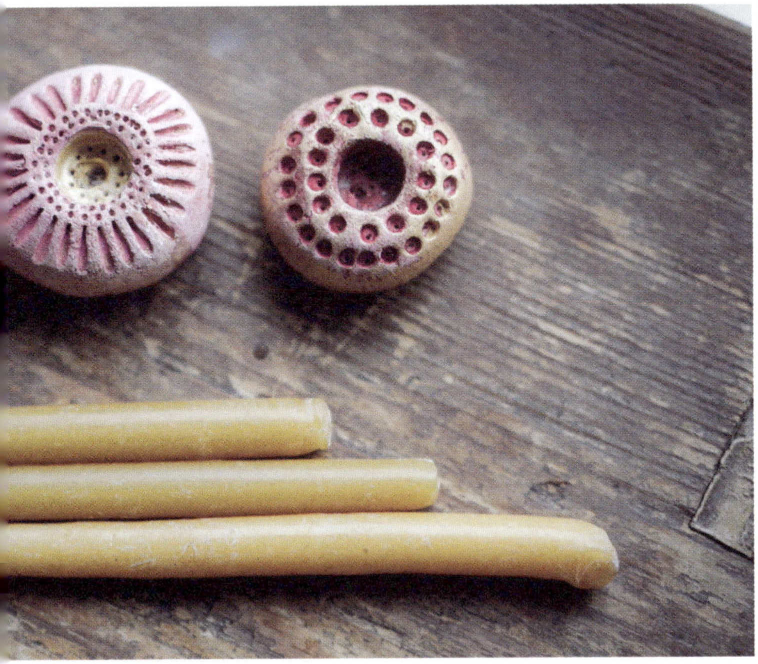

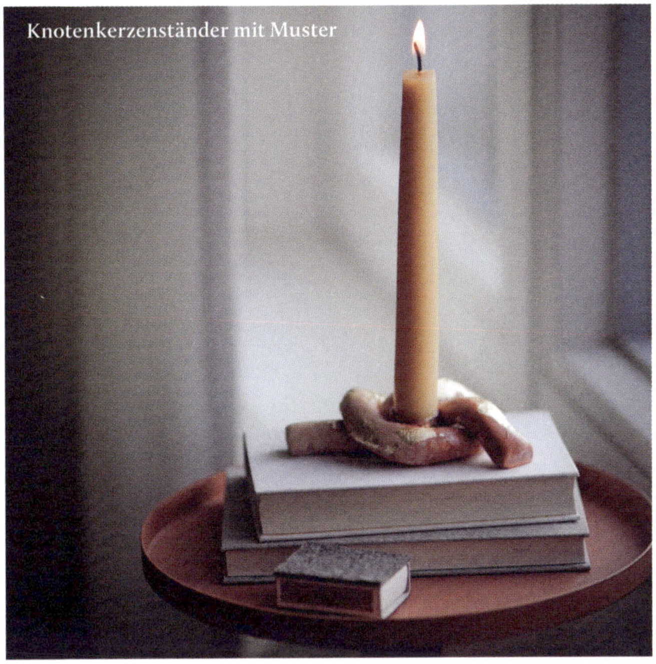

Knotenkerzenständer mit Muster

UPCYCLING

Verantwortungsbewusst mit Ressourcen umzugehen, ist uns wichtig. Bei all den kreativen Arbeiten, die wir hier zeigen, entstehen oft Reste der verwendeten Materialien. Für uns ist es immer wieder ein Ansporn, auch daraus etwas Neues zu entwickeln. Hier ein paar Anregungen dazu, was aus den Resten gefertigt werden kann.

EDELSTEINKERZEN

Wer gerne Kerzen aller Art gießt, für den lohnt es sich, kleine Gießförmchen zu kaufen (s. ab S. 39). In der Regel bleibt immer etwas flüssiges Wachs beim Gießen von Kerzen übrig und dann ist es sehr praktisch, solche kleinen Gießförmchen parat zu haben, um aus dem Restwachs kleine Kerzen herzustellen.
Wir persönlich finden kleine Edelsteinförmchen und klassische Teelichtförmchen sehr hübsch.

Material

Wachsreste
Gießform mit Edelsteinmotiv oder andere kleine Kerzenmotive
Teelichtdochte
Grundzubehör «Kerzen gießen» ab S. 30

Tipp

Diese kleinen Förmchen sind in der Regel ohne Dochtvorrichtung. Somit muss nach dem Gießen ein Loch gebohrt werden. Hierbei ist es wichtig, dass dies relativ zügig geschieht, bevor das Wachs komplett ausgehärtet ist, da es sonst schnell brechen kann. Gerade kleine filigrane Kerzen sind dafür sehr anfällig. Die Kerze dann aus der Form lösen und mithilfe eines Nagels oder einer Nadel das Loch bohren und einen Docht mit Füßchen durchstecken.

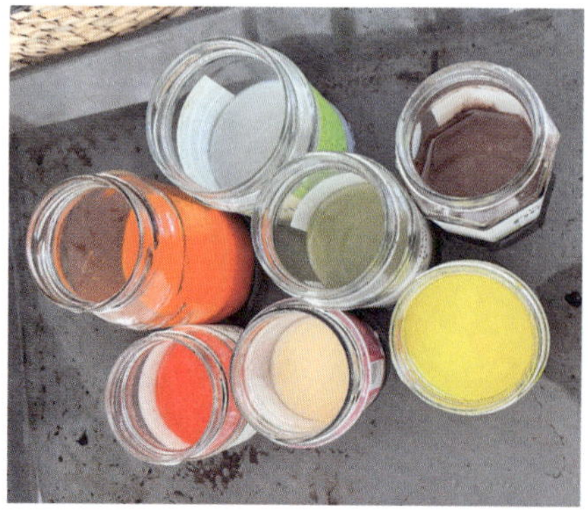

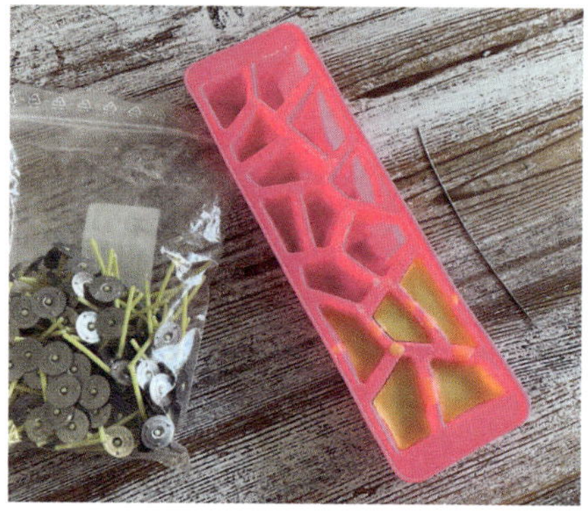

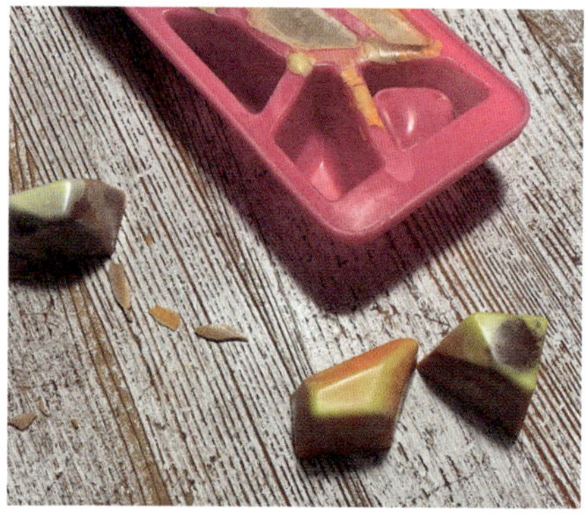

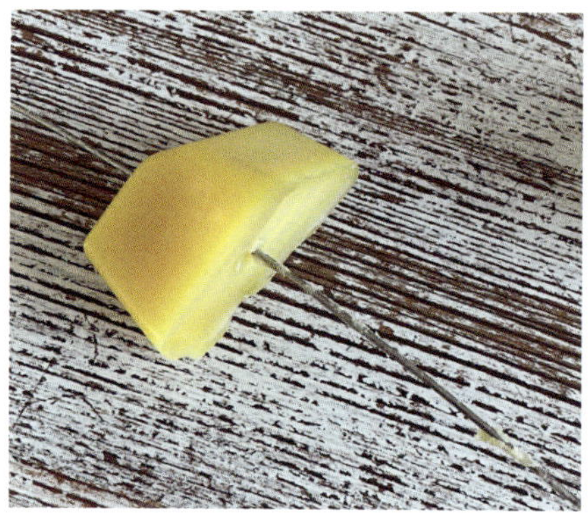

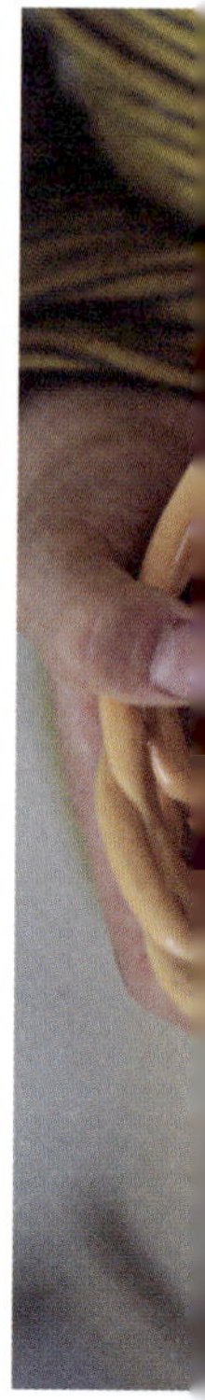

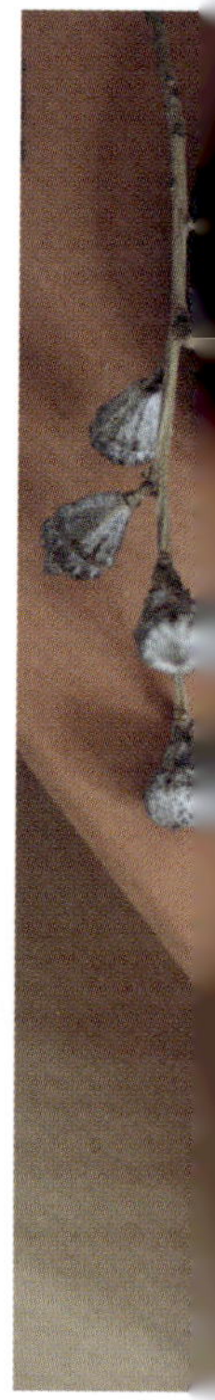

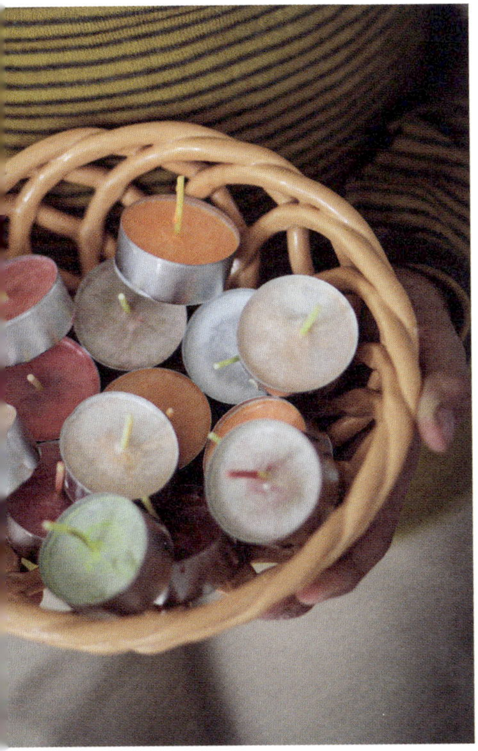

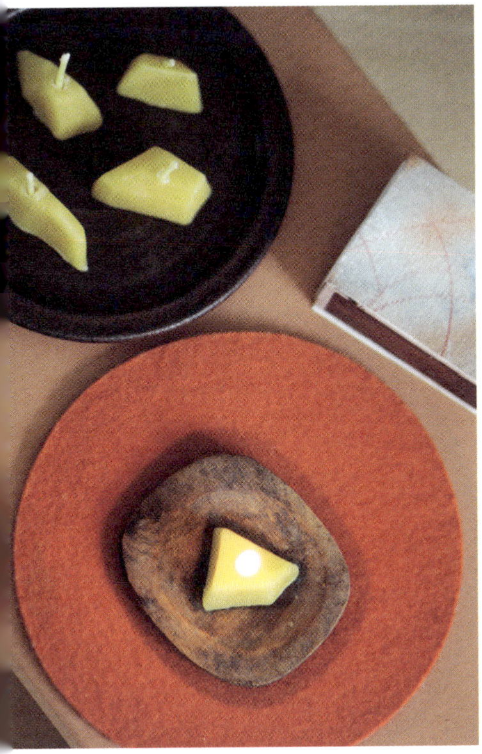

TEELICHTER AUS KERZENRESTEN

Material

Wachsreste
Aluhüllen für Teelichter oder Kerzenform für Teelichter
Teelichtdochte
Grundzubehör «Kerzen gießen» ab S. 39

Teelichter aus Kerzenresten sind eine tolle Möglichkeit, um all seine Wachsreste zu verarbeiten. Zudem ist es immer gut zu wissen, dass man Kerzen, die beim Herstellen nicht so schön geworden sind, einfach wieder einschmelzen und daraus neue Kerzen herstellen kann. Wenn bereits mit Farbe gearbeitet wurde, können die bunten Wachsreste oder verunglückten Kerzen ganz wunderbar als Teelichter umgegossen werden und sehen zudem verglichen zu den handelsüblichen schöner aus.
Das Wachs für die Teelichter nach der Grundanleitung «Kerzen gießen» auf S. 42 schmelzen.
Um interessante Farbverläufe zu erhalten, das farbige Wachs separat schmelzen und die verschiedenen Farben abwechselnd eingießen. Dadurch entstehen schöne Farbverläufe, die besonders hübsch bei Teelichtern ohne Alugehäuse oder bei Edelsteinkerzen aussehen.

ALUHÜLLEN

Die Aluhüllen können von bereits angebrannten Teelichtern gesammelt werden – sie sind ohnehin ein zu wertvoller Rohstoff, um sie nicht mehrfach zu verwenden! Kleiner Tipp: Wenn man sie für kurze Zeit ins Gefrierfach legt, lassen sich Docht- und Wachsüberreste gut lösen. Im Kerzenfachhandel oder Imkereibedarf können Aluhüllen und Teelichtdochte auch gekauft werden.

ALLGEMEINE SICHERHEITSHINWEISE

- Kerzen keinesfalls in der Nähe von brennbaren oder leicht entflammbaren Materialien aufstellen (beispielsweise Gardinen).
- Kerzen immer aufrecht und waagrecht stellen.
- Zugluft und andere Luftströmungen (Heizung) vermeiden.
- Auf einen festen, nicht brennbaren und geraden Untersatz für die Kerze achten.
- Kerzen nicht in Reichweite von Kindern oder Tieren anzünden. Kinder auch niemals beim Schmelzen von Wachs, bzw. mit heißem Wachs unbeaufsichtigt lassen.
- Auf genügend Abstand zu anderen Gegenständen achten: In Regalen mindestens 50 cm zur Seite und nach oben und 10 bis 15 cm zwischen mehreren Kerzen einhalten.
- Den Docht regelmäßig auf 1 cm kürzen.
- Kerzen niemals vollständig herunterbrennen lassen. Kerzen nur dann bewegen, wenn diese nicht brennen und das Wachs wieder ausgehärtet ist.
- Kerzen nicht auspusten, da sich glühende Partikel vom Docht lösen und auf brennbare Gegenstände fallen können. Die Kerzenflamme möglichst mit einem Kerzenlöscher ersticken oder den Docht mit einem nicht brennbaren Gegenstand kurz ins flüssige Wachs tauchen und sogleich wieder aufrichten.

SICHERHEITSHINWEISE FÜR BEHÄLTERKERZEN

- Der Docht sollte stets gerade sein und sich in der Kerzenmitte befinden.
- Behälterkerzen mindestens 1 und maximal 4 Stunden am Stück brennen lassen. Das Wachs sollte gleichmäßig bis zum Rand der Kerze geschmolzen sein, der Docht darf den Behälterrand nicht berühren.
- Der Behälter kann mit der Zeit sehr heiß werden. Beim Berühren darauf achten. Da auch der Gefäßboden heiß werden kann, die Kerze unbedingt auf eine hitzeunempfindliche Unterlage stellen.
- Um den Behälter vor Überhitzung und Beschädigung zu schützen, die Kerze nicht vollständig abbrennen lassen. Spätestens wenn sich nur noch 1 cm Restwachs im Behälter befindet, sollte die Kerze nicht mehr angezündet werden.

BEZUGSQUELLEN VON A BIS Z

actuma – Nachhaltige Wachsmalstifte
Hinter den Kirschkaten 1-3
23560 Lübeck
actuma.de

beegut GmbH – Bienenwachs, Bienenwachsplatten, Hanfdochte
Industriestraße 10
73489 Jagstzell
beegut.de

Bento Shop – Taubenausstecher divata UG
Rennbahn 25
99817 Eisenach
bentoshop.de/brotausstecher-foermchen

Bütic GmbH – Baumscheiben
Bahnhofstr. 12
07381 Pößneck
buetic.de

cats on appletrees OHG – Kerzenfolie, Stempelfarbe, Stempelreiniger
Bremer Str. 16
01067 Dresden
catsonappletrees.de

DistrEbution GmbH – Wachse, Dochte, Pigmente
Brookdeich 40
21029 Hamburg
distrebution.com

Little Star Events GmbH – Bio-Glitzer
Ginnheimer Landstr. 167
60431 Frankfurt
ybody-glitzer.de

GRIMM'S GmbH – Messingeinsätze und Kerzenhalter-Zubehör
Ostring 1
73269 Hochdorf
grimms.eu

Camphill Dorfgemeinschaft Hermannsberg e.V. – Bienenwachskerzen
88633 Heiligenberg
hermannsberg.de

Holzviecherl – Taube aus Holz
Ziegeleistraße 27
86567 Hilgertshausen
holzviecherl.de

Heinrich Holtermann KG – Zapfenformen, Bienenwachs, Dochte
Scheesseler Straße 12
27386 Brockel
holtermann-shop.de

Imkereibedarf Muhr – Kerzengießformen, Dochte, Bienenwachs
Hagengruber Straße 1
94267 Prackenbach
imkereibedarf-muhr.de

Katis Kerzentechnik – Teelichtformen mit Prägung
Ulmenweg 1
38159 Vechelde
etsy.com/de/shop/KatisKerzentechnik

Kerzenfarm Hahn – diverse Kerzen
Dorfstrasse 21
25596 Nienbüttel
kerzenfarm.com

Kerzen & Seife – Zylinder-Gießformen und Rapswachs
Bieselheider Weg 22a
13465 Berlin
kerzen-und-seife.de

Kukka-Punkt – Postkarten
Julia Andelfinger & Franziska Gulde
kukkapunkt@posteo.de
etsy.com/de/shop/KUKKApunkt

Lichtbringer Company – diverse Kerzen
Sallenthin Nr. 38
39624 Kalbe
lichtbringer.de

Mellifera e. V. – Mittelwände (Bienenwachsplatten)
Fischermühle 7
72348 Rosenfeld
mellifera.de/shop/imkerei-beutenzubehoer

Metz & Co. Furnier-Handels-GmbH – heimische Furniere
Heilbronner Str. 11-13
70771 Leinfelden-Echterdingen
metz-furniere.de

Neumond Düfte der Natur GmbH – ätherische Öle
Gewerbegebiet 2
82399 Raisting
neumond.de

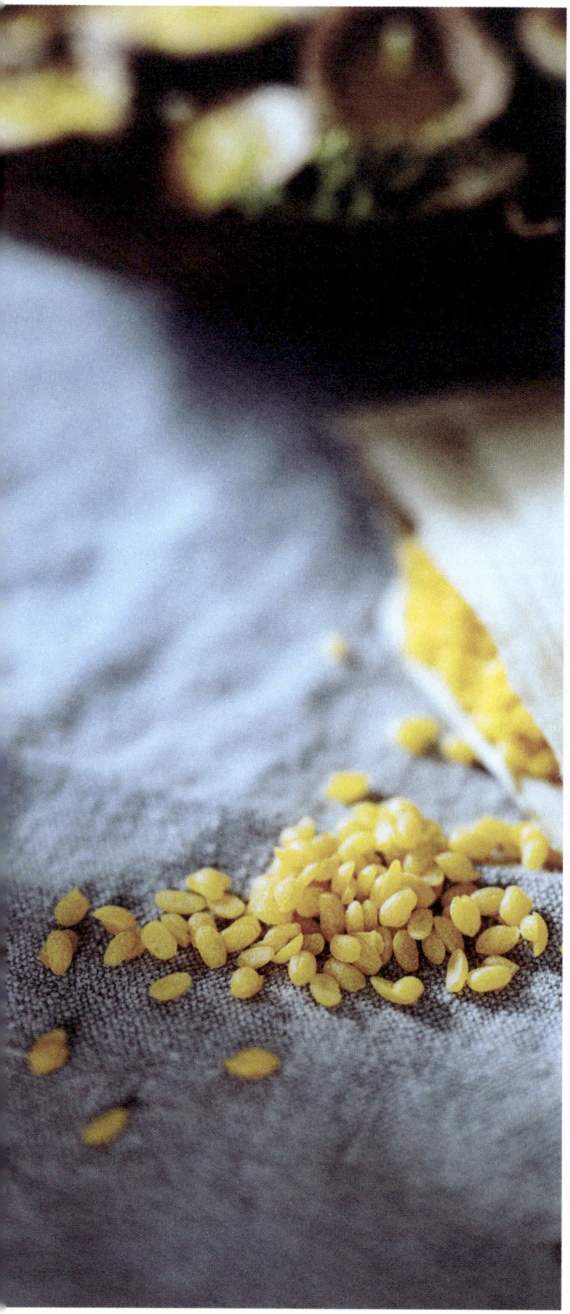

Nordkerze – diverse Rapswachskerzen
Achterberg 34
18311 Klockenhagen
nordkerze.de

Paliti Bio-Kerzen e.U. – diverse Rapswachskerzen
Lerchenfelder Straße 65
1070 Wien
bio-kerzen.at

Primavera Life GmbH – ätherische Öle
Naturparadies 1
87466 Oy-Mittelberg
primaveralife.com

Stempel Jazz – Stempel
Zur Schmiede 6
29576 Barum
stempel-jazz.de

Hans Stockmar GmbH & Co. KG – Wachsmalstifte, Wachsfolie, Bienenwachskerzen, Zubehör
Borsigstr. 7
24568 Kaltenkirchen
stockmar.de

STUDIO KARAMELO – Stempel
Waterloostr. 12
50733 Köln
studio-karamelo.com

TAOASIS GmbH Natur Duft Manufaktur – ätherische Öle
Am Duftgarten 1
32791 Lage
taoasis.com

Wachsmann – bunte Bienenwachsplatten
Nagel & Köpfe GmbH
Gerhardstr. 25b
47137 Duisburg
wachsmann-bienenprodukte.de

Waldorfshop – diverse Kerzen, selbsttrocknender Ton, Zubehör
Rankinestraße 4
86899 Landsberg am Lech
waldorfshop.eu

ÜBER DIE AUTORINNEN

Michèle Brunnmeier

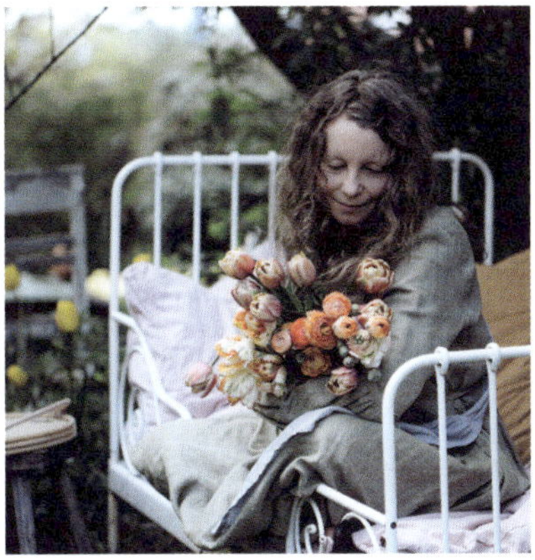

ist Mutter von sechs Kindern und arbeitet als Erzieherin in der Wiegestube eines Waldorfkindergartens sowie als selbstständige Fotografin. Unter dem Label *Amselle* vereint sie ihre beiden Leidenschaften Handarbeit und Fotografie – ihre Arbeiten erscheinen nicht nur seit vielen Jahren in Magazinen und Kreativbüchern (u.a. im Verlag *acufactum*), die liebevollen Bildergeschichten sind seit nunmehr zwei Jahrzehnten auch in ihrem Blog zu finden.

amselle.de
Instagram: @amselle.de

Stephanie Friedrich

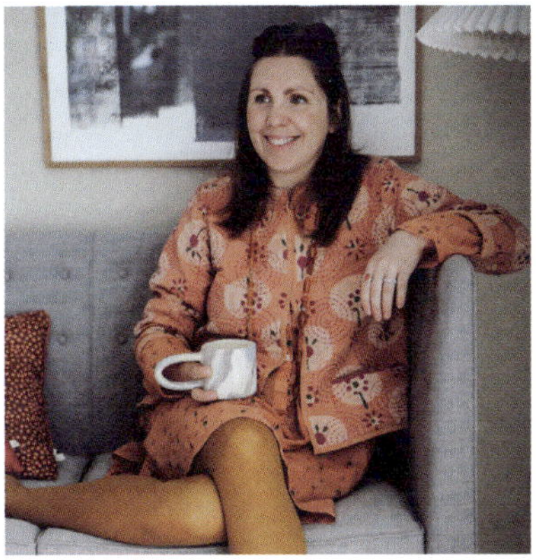

ist Designerin sowie Dozentin für angewandte Kunst. Zudem sind ihre Arbeiten unter dem Label *Fräulein Otten* in diversen Magazinen und Kreativbüchern erschienen. Seit mehr als zehn Jahren schreibt sie über natürliches Wohnen, die Freuden des Gärtnerns, ihre Familie und vor allem das Selbermachen. Sie liebt die Natur und genießt das ländliche, natürliche Leben, was sich auch in ihrem Zuhause und in ihren Produkten widerspiegelt.

fraeulein-otten.blogspot.com
Instagram: @fraeuleinotten

2. Auflage 2024

Verlag Freies Geistesleben
Landhausstraße 82, 70190 Stuttgart
geistesleben.de

ISBN 978-3-7725-3143-9

Fotos: Michèle Brunnmeier, Stephanie Friedrich
Gestaltung & Satz: Bianca Bonfert
Druck: DZS Grafik, Ljubljana
Printed in Slovenia

MIX
Papier | Fördert gute Waldnutzung
FSC
www.fsc.org
FSC® C106600

Druckprodukt mit finanziellem
Klimabeitrag
ClimatePartner.com/13357-2410-1005